Mein oheimliche Oheim,

Das Leben ist komisch.
Man überlebt es nur
mit einem Augenzwinkern.
Ausserdem hilfreich:
Oheimlich inspirierende Oheime.
Danke, Jakob!

Wien
25.12.2017

Willi Näf

GESEGNET SEI DAS ZEITLICHE

Die endgültige Schweizer Nahtodkomödie

Unterstützt durch die Kulturförderung
Appenzell Ausserrhoden

MIX
Papier aus verantwor-
tungsvollen Quellen
FSC® C068066

© 2017, Schwabe AG, Verlag Johannes Petri, Basel
Lektorat: Satu Binggeli
Umschlaggestaltung: Stephanie Kübler
Umschlagbild: Silvan Wegmann (SWEN)
Gesetzt aus: Bembo
Gesamtherstellung: Schwabe AG, Druckerei, Basel/Muttenz
Printed in Switzerland
ISBN Print 978-3-03784-135-8

www.verlag-johannes-petri.ch

Willi Näf

GESEGNET SEI DAS ZEITLICHE

Die endgültige Schweizer Nahtodkomödie

Verlag Johannes Petri

Samstag, 14.45 Uhr

Es war Samstagnachmittag, Viertel vor drei, und Nik Hofmann lebte noch. Immerhin etwas.

Das Wochenende hatte prächtig begonnen. Die altersmilde Novembersonne warf ihre Strahlen auf die altgelben Birkenhaine nördlich des Dorfes, auf die Häuser und auf die verwitterte Tafel am Haus beim Postplatz mit dem ins Holz gekerbten Schriftzug *Babettas historischer Coiffeursalon*. Ein paar vorwitzige Strahlen gingen gar noch weiter und fielen durch das blitzsaubere Schaufenster direkt auf Nik Hofmann, der im Salon seinem Broterwerb nachging. Der bestand darin, mittels Kamm, Schere und Haarschneider seine Kundschaft schöner zu machen oder wenigstens von ihren Gesichtern abzulenken, was ihm bisweilen auch gelang.

Mit seinen 47 Jahren war Nik noch nicht allzu alt. Er war auch nicht allzu schlank oder allzu gross oder allzu attraktiv. Nichts an ihm war auffällig, abgesehen von seinen dichten braunen Haaren, die er am richtigen Ort trug, nämlich auf dem Kopf, und nicht in den Ohren wie zum Beispiel der alte Walter.

Niks Empfangsdame lag in der Ecke. Sie hörte auf den Namen Lassie und galt als dümmster Collie weiterum. Sie mochte alle, bis auf eine Ausnahme. Die hing im Moment im mittleren Coiffeurstuhl, war 20 Jahre alt, 191 Zentimeter lang und mit riesigen Ohren ausgestattet, die aber so bemerkenswert eng an den Kopf angelegt waren, dass die Lästermäuler Birkweils behaupteten, die Hebamme Johanna, die die ganze Dorfbevölkerung der Neuzeit aus der Taufe gehoben hatte, habe ihm damals eine halbe Stunde nach seiner Entbindung aus lauter Mitleid seine Ohren am Kopf festgeleimt. Die Häme hatte erst ihr Ende gefunden, als Boris gross genug geworden war, um die Spötter in den Brunnen vor dem Pfarrhaus zu tauchen, was er auch mehrfach und ausführlich getan hatte, mitnichten genussvoll allerdings, sondern stets mit der ihm eigenen Portion Missmut.

«Sie haben Schnee angesagt.» Nik bog mit der Linken Boris' linkes Ohr nach vorne, um es mit der Schere in der Rechten freizuschnipseln.

Er war aus Prinzip sonnig gelaunt während der Öffnungszeiten. Fröhlichkeit sei aller Zaster Anfang in dieser Branche, davon war er überzeugt. Deshalb pflegte er ein breites Spektrum an Plauderthemen. Prominente, Gesundheit und Esoterik deckte er mit den Magazinen in seiner Warteecke ab, die er vor dem Auflegen selber las, um gegenüber seiner Kundschaft einen Wissensvorsprung zu haben. Über Politik und Sport hielt er sich mittels Radio und TV auf dem Laufenden. Auch seine Filmtipps waren gefragt. Zudem hatte er im Lauf der Jahre eine gesunde Fantasie entwickelt, mit der er sich geschickt von einem Thema zu einem andern hangeln konnte, ohne dass die zwei wirklich etwas miteinander zu tun haben mussten. Und wenn jemand bei einem bestimmten Glied in der Themenkette einhakte, dann verweilte er dort bis er den Haarschnitt beendet hatte. Über etwas so Banales wie das Wetter sprach er nur mit Kotzbrocken.

«Schnee, jetzt schon. Zwei, drei frostige Nächte, und schon macht der November die Natur kalt. Ein guter Monat zum Sterben, man kommt dann auch um das ganze Weihnachts-Trallalla herum.»

Boris verdrehte die Augen. «Bist du schon mal gestorben?»

Nik verzog das Gesicht. Kunden mit Mundgeruch gehörten zum Beruf, da musste man hindurch. Aber Boris' Schlund war die Pforte zur Hölle. Sonja hatte ihn einmal als wandelnde Vergärungsanlage bezeichnet, und Nik schwor sich jedes Mal, bei Boris' nächstem Besuch zu schweigen. Aber er schaffte es einfach nicht. Er hasste Stille im Salon.

«Ob ich schon einmal gestorben bin?» Nik sah zur Sitzecke hinüber. «Weisst du zufällig, ob ich bereits gestorben bin, Nelly?»

Samstag, 14.46 Uhr

Mit ihrem iPhone am Ohr lag Sonja bäuchlings auf dem Spannteppich ihres grossen Schlafzimmers. Ihr Festnetztelefon stand auf dem Sideboard, aber Sonja benutzte grundsätzlich das Smartphone. Darauf war ihr Leben gespeichert. Besonders Sascha.

«Gut, um vier bin ich bei Dušanka. Holst du mich ab?»

Sonja duftete geduscht, klang verliebt und fuhr sich eins ums andere Mal durch ihre rotblonden Locken. Sie hatte freche Grübchen, das Gebiss einer Miss und Kurven, die Jungs rot und Mädchen gelb werden liessen.

«Klar ist Dušanka informiert. Offiziell bin ich den ganzen Abend mit ihr zusammen. Schreib mir, wenn du losfährst.»

Sonja beendete das Gespräch, schlenderte in die Küche und goss sich ihren dritten Kaffee ein. Die Wohnung lag im ersten Stock, und vom Haus auf der andern Seite des Birkweiler Kirchplatzes hätte jeder sehen können, dass sie bloss einen rosa Sport-BH und einen gleichfarbigen Slip trug. Das war ihr so was von egal.

Eine Viertelstunde und zwei Croissants später zog Sonja sich ein Shirt und einen Rollkragenpullover über und stieg in ihre schwarze Jeans. Sie verliess die Wohnung und hüpfte die lange, dunkle Holztreppe in den Hausgang hinunter.

Samstag, 15.02 Uhr

Nelly hatte den Wortwechsel zwischen Nik und Boris sehr wohl mitverfolgt, doch sie war still im lindengrünen Biedermeiersofa gesessen und hatte getan, als ob sie furchtbar in ihre Lektüre vertieft gewesen wäre.

Unschuldig blickte sie nun über den Heftrand: «Wie bitte?»

«Weisst du zufällig, ob ich bereits gestorben bin?»

«Natürlich, in deinem früheren Leben», antwortete Nelly und blickte weise, «vielleicht als Tiger.»

«Und in meinem jetzigen Leben?»

Boris verdrehte die Augen.

Nelly sah Boris trotzig an. «Nik ist das Leben in Person.»

Boris antwortete mit einem lauten Schweigen.

«Ich bin beruhigt, ich lebe noch», sagte Nik.

Nelly lächelte befriedigt. Er hatte ja keine Ahnung, wie sehr sein Leben sich noch verändern würde.

Nik stand hinter Boris, musterte ihn im grossen Wandspiegel und hielt ihm einen zweiten Spiegel hinter den Kopf. «Gut?»

Boris sah sich im Spiegel kurz an, nickte, stand wortlos auf, bezahlte, zog seine Jacke an und brummte: «Lebt wohl.» Als er die Holztüre mit den Milchglasfenstern öffnete, die in den Hausgang hinausführte, stiess er mit Sonja zusammen.

«Grüss dich», sagte Sonja kurz angebunden.

Boris blickte eisig an ihr vorbei, ging grusslos die wenigen Schritte durch den Hausgang zur Haustüre und liess sie ins Schloss krachen.

«Morgen, Nelly, Paps und Lassie», rief Sonja.

Lassie sprang auf und rannte ihr entgegen. Sie gehörte Sonja. Oder umgekehrt. Nik hatte seiner Tochter die Hündin vor sechs Jahren als Spielgefährtin gekauft.

«Guten Morgen, Sonne», sagte Nik väterlich.

Sonja mochte den süsslich besorgten Ton nicht, den ihr Vater immer noch anschlug, aber sie hatte ihm wenigstens abgewöhnt, sie bei jeder Gelegenheit auf die Stirn zu küssen.

Mit dem andern liess es sich leben. Es sprachen handfeste Gründe dafür, gut für einen Paps zu sorgen, der einen abgöttisch liebte.

Sonja setzte ihren Kleinmädchenblick auf. «Paps, würdest du heute Abend bitte mit Lassie die Waldrunde übernehmen? Ich möchte dieses Wochenende zu Dušanka, wir wollen lernen.»

Nik lächelte.

«Danke.» Sonja ging fröhlich zur Türe, drehte sich dann aber noch einmal um: «Paps … nach dem Lernen gehen wir in die Stadt, eine Wohnung besichtigen, und dann wollten wir noch ins Kino. Und weil ich bei Dušanka was essen kann, hätte ich sie gerne eingeladen. Aber eigentlich … Ich wollte mein Geld ja für den Führerschein beiseitelegen.»

Ohne zu zögern trat Nik zum historischen Prunkstück seines Salons, einer knapp hundertjährigen, silberglänzenden mechanischen Registrierkasse aus der National-Manufaktur, von der aufgrund ihres gewaltigen Krachs zu vermuten war, dass sie in einem späteren Leben als Maschinengewehr zur Welt kommen würde. Mit einem kräftigen Stoss schob er die Geldschublade hinein, die zurückfederte und ihm gehorsam entgegenschoss, und entnahm ihr eine Fünfzigernote.

«Du bist ein Schatz», Sonja drückte ihrem Vater einen Kuss auf die Backe. «Ach ja, danke auch für die Croissants.»

«Gern geschehen. Ich hole dich ab.»

«Brauchst du nicht. Ich schlafe wieder bei Dušanka, morgen wollen wir den ganzen Tag lernen, am Abend vermutlich auch, Prüfung am Dienstag, wird sicher spät, geniess den Fernsehabend. Ciao Paps, ciao Nelly.»

Gut gelaunt hüpfte Sonja in den Gang, liess die Türe ins Schloss fallen und freute sich auf den Abend mit Sascha.

Samstag, 15.15 Uhr

Nelly legte das Magazin beiseite, und obwohl sie den wissenschaftlichen Artikel zum Thema «Abnehmen mit Tarot» nicht zu Ende hatte lesen können, strahlte sie. Nun war sie an der Reihe. Sie wuchtete sich aus dem Sofa empor, schleppte sich so leichtfüssig wie möglich über das Parkett, das unter der aussergewöhnlichen Last verzweifelt ächzte, und warf dabei einen Kontrollblick auf ihr eindrückliches Décolleté. Sass sie erst einmal im Coiffeurstuhl, dann würde Nik ihr den Umhang umlegen. Ihr Ausschnitt hatte also nur wenige Sekunden Zeit, seine Wirkung zu entfalten. Und in diesen musste freie Sicht gewährleistet sein.

Nelly presste sich beglückt zwischen die Lehnen des mittleren Sessels, lehnte sich zurück, harrte der Hände, die da kommen würden, und behielt den grossen Spiegel vor sich im Auge. Ein Blick in dieses Décolleté war für den Coiffeur kaum zu vermeiden. Nelly beobachtete einmal mehr zufrieden, wie verzweifelt der brave Nik beim Umlegen des Umhangs Gleichgültigkeit demonstrierte, bis er zu guter Letzt mit einem lautlosen Seufzer in Nellys Genick den Klettverschluss des Umhangs zumachte.

Nik liess das Wasser ins Waschbecken laufen, wartete ein paar Sekunden und benetzte kurz Nellys Hinterkopf. «Warm genug?»

«Wunderbar», schnurrte sie und gab sich ihm demonstrativ hin. Nik spülte ihre dunklen Haare und begann, sie zu schamponieren. Sie hatte nie ein Hehl daraus gemacht, dass sie sein Kraulen bis in die letzte Haarwurzel hinein genoss.

«Gut, dass Sonja mit dieser hohlen Giraffe Schluss gemacht hat», sagte Nelly unvermittelt.

«Hat sie nicht», erwiderte Nik, ohne seine Kraulen zu unterbrechen, «sie war nie mit Boris befreundet.»

«Er scheint aber anderer Meinung zu sein.»

Nik zog die Augenbrauen hoch. «Das ändert nichts daran. Bei Dušanka war es dasselbe Theater. Der Bursche bleibt ein Einzelgänger. Und meine Kleine ist sowieso noch zu jung für einen Exfreund.»

«Wie jung?», fragte Nelly unschuldig.
«17, das weisst du doch.»
«Nein, 18, bald jedenfalls, das weisst du doch. Mit Dušanka zusammenziehen wird sie, sobald die zwei eine Wohung haben. Ein Freund wird in ihr Leben treten und eine Frau in deins.»

«Das Birkenwasser schlägt ja prächtig an», stellte Nik in geschäftigem Tonfall fest, «hast du die Flasche schon leer?»

Nelly lächelte. «Es steht in deinem Horoskop für die nächsten 14 Tage und Nächte, quasi wirst du endlich wieder zu leben beginnen, eine Frau wird dich verführen.»

«Vom eigenen Birkenwasser habe ich nur noch wenige Flaschen. Bis im Frühling werden die mir nicht reichen, mein selbst gezapftes Wasser ist nun einmal beliebter als dieses industrielle Zeugs, das darüber hinaus auch noch teuer ist. Wobei der Preis eigentlich reell ist, ich sehe ja selber, wie viel Arbeit es gibt, selber zu zapfen. Bohren, kanalisieren, sammeln und stetig das Gefäss kontrollieren, zuletzt das Loch mit Baumwachs verschliessen.»

«Rote Spitzen wird sie tragen und dir deine Wünsche von den Lippen ablesen.»

«Ich kann ja noch froh sein, dass ich meinen Birkenhain fast vor der Haustüre habe, die alte Babetta hat das sehr klug gemacht damals, das mit ihren eigenen Birken, meine ich, überhaupt, welcher Coiffeur zapft denn noch selber Birkensaft und weiss das wertvolle Naturprodukt dann auch so einzusetzen, dass seine haarkräftigenden Eigenschaften optimal zur Wirkung kommen, ich muss zugeben, von Babetta habe ich einiges gelernt, auch wenn sie selber wohl kaum wusste, woraus Birkensaft eigentlich besteht, dass er viele Mineralstoffe und Spurenelemente wie Kalzium, Magnesium, Natrium oder Fruktose enthält, und wie hervorragend mein Birkenwasser funktioniert, sieht man ja an meinem eigenen dichten Haarwuchs.»

Nelly sah triumphierend in den Wandspiegel, wo ihre Blicke sich trafen.

Einen Augenblick lang herrschte Stille. Dann begann Nik, Nellys Haar oberflächlich zu frottieren. «Und wenn ich mir von ihr wünschte, dass ihr klar wird, dass ich gar keine Wünsche habe?»

Nellys gesamtes Gesicht formte sich zu einem unverschämten Lächeln. «Das überhörte sie. Eine kluge Frau liest ihrem Mann nur die klugen Wünsche von den Lippen ab und nicht etwa die dummen. Quasi will sie ja sein Bestes.»

«Den Haarschnitt wie immer?»

«Ich möchte, dass du mich so frisierst, wie es dir gefällt.»

«Dann könnte ich dir ja den Kopf kahl rasieren.»

«Sicher», antwortete Nelly zartschmelzend, «aber das wirst du nicht.»

Samstag, 19.00 Uhr

Müdegeliebt sassen Sonja und Sascha in Sonjas Lieblingslounge und assen Scampi. Sie hatten jede Minute der Viertelstunde Fahrzeit nach Hardstadt in Saschas altem Audi genossen – und jede Minute zuvor in Saschas Apartement.

Sonja betrachtete Sascha, diesen grossen, schlanken, blonden Künstler, dem Geld so entsetzlich unwichtig war, weil er als Spross einer Münchener Industriellenfamilie reichlich davon besass. Dass er nicht Recht oder Ökonomie studierte, sondern die Fachschule für Gestaltung absolvierte, und das erst noch in der Schweiz, sah ihm seine reiche Sippschaft nach. Ein Künstler verlieh jeder erfolgreichen Unternehmerfamilie intellektuellen Schick, und es gefiel Sonja, einen Künstler zum Freund zu haben.

Der Kellner räumte ab und brachte den Kaffee. Sascha zog seinen Kugelschreiber aus dem Jackett, zupfte eine Serviette aus dem Serviettenhalter und begann, Sonjas Gesicht darauf zu skizzieren. Immer wieder blickte er auf und betrachtete sie. Gekonnt beendete Sascha ihr filigranes Porträt und gab ihr die Serviette. Sie lächelte. Genau so wollte sie gesehen werden.

Eine Weile hingen sie ihren Gedanken nach. Sonjas Doppelleben mit Sascha dauerte schon fast zwei Jahre. Bereits mit 14 war sie zum ersten Mal allein in ihr regelmässiges Wochenende zu ihrer Mutter nach München gefahren, Paps war beinahe gestorben vor Angst. Mit 16 hatte sie Sascha kennengelernt. So lange gingen sie schon zusammen. In München hatten sie ihre Freundschaft geniessen können, aber seit Saschas Studienbeginn im letzten Jahr in Hardstadt war das Doppelleben intensiver und komplizierter geworden.

«Ich werde es Paps sagen», sagte Sonja leise. Sie verstaute die Serviette mit ihrem Porträt sorgfältig in der Tasche ihrer Jacke. «Ich mag dieses Versteckspiel ja auch nicht mehr.»

Am Sonntagabend war ihr Vater in der Regel entspannt, dann würde er den Schock am ehesten überleben. Fürchterlich würde es trotzdem werden.

«Er wird es überstehen», sagte Sascha. «Du bist volljährig. Und ich bin kein Monster, soweit ich das beurteilen kann.»

«Aber ein Deutscher», seufzte Sonja.

Sonntag, 10.30 Uhr

Nik sass in der Kirchenbank. Die andern sangen, er lächelte. Wie jeden Sonntag. Der Besuch des Gottesdienstes gehörte zum Marketing eines Coiffeurs. Darüber hinaus gab es noch einen weiteren Grund für den regelmässigen Kirchgang: Es gab einen Deutschen im Dorf, nämlich den alten Knorr, und der war an den Gottesdiensten auch immer anwesend. Knorr war einer dieser Ekelfrommen, die ohne Anlass und ohne Unterlass predigten, und dazu besass er als Dorfpfarrer einen Freipass. Deshalb sass Nik jeden Sonntag in der Kirche, verpasste dem Gesangbuch Eselsohren, hasste den Pfarrer und lächelte dazu. Und am meisten hasste er ihn, wenn er in seinem widerlich geschliffenen Hochdeutsch über Solidarität und Gerechtigkeit predigte. Also immer.

Nicht wenige im Dorf waren der Ansicht, der hagere Deutsche mit seiner Lederhaut wäre gescheiter Missionar in Tansania geblieben und dort gelegentlich von einem Löwen gefressen worden, statt Moralapostel in Birkweil zu werden. Ausgerechnet in Birkweil, wo nun wirklich keiner etwas dafür konnte, dass es in Afrika unten nicht funktionierte, und überhaupt.

Aber damals, vor zehn Jahren, hatte Birkweil schon seit Langem vergeblich einen Hirten gesucht, und als ein gewisser Pfarrer Theodor Oswald Knorr sich meldete, um nach 21 Jahren in Afrika wieder nach Europa zurückzukehren, wählte man ihn trotz Afrika, trotz deutscher Zunge und trotz seines säuerlichen Robin-Williams-Lächelns. Sonjas Schulkameradin Dušanka hatte vor ein paar Jahren einmal Stubenarrest gefasst, nachdem sie den Pfarrer auf der Strasse mit «Guten Morgen, Mrs. Doubtfire» gegrüsst hatte.

Als Sonja vor zwei Jahren konfirmiert worden war, hatte Nik allerdings verwundert festgestellt, dass Knorr bei den Teenagern beliebt war, weil er im Religionsunterricht mehr von Afrika erzählte als von der Bibel. Bei den übrigen Birkweilern dagegen waren seine Beliebtheitswerte so schnell im

Keller gewesen wie die eines Politikers nach 100 Tagen im Amt. Einige waren entschlossen der Ansicht, dass Knorr aus Afrika nebst seinem Hüftleiden und seinem Gerechtigkeitswahn etliche intellektuelle Dysfunktionen mitgebracht hatte. Vermutlich von der Sonne.

Heute trug dieser Mensch wieder einmal die ganze Last der Welt auf seinen Schultern, und seine Predigt gehörte zur Kategorie «von Ewigkeit zu Ewigkeit». Nik gab sich seinen Fantasien hin. Ausgangspunkt war der Schlüssel für den Hintereingang zum Pfarrhaus. Sonja und Dušanka hatten ihn einst beim Spielen im Pfarrgarten entdeckt, während Dušankas Vater Janosch, Sigrist und Allround-Arbeiter und aufgrund seiner vielfältigen Begabungen «Janosch für alles» genannt, in eben diesem Pfarrgarten den Rasen mähte und die Sträucher schnitt. Der Schlüssel lag diskret versteckt unter einem Blumentopf neben der Türe.

Das Wissen um dieses Versteck hatte Nik beim Überstehen so mancher Predigt geholfen. Es gewährte ihm in seiner Fantasie freien Eintritt ins Pfarrhaus. Und dort konnte man allerhand tun. Den Bildschirm des Computers mit Tipp-Ex beschmieren. Die Tabakpfeifen mit Chilipulver präparieren. In sein Bett pinkeln, zwei Stunden bevor die Putzfrau kam. Und eines Tages würde er seine Fantasien in die Tat umsetzen.

Aber auch bei den bösesten Herzenswünschen gelang es Nik nicht immer, seine Abneigung bis zum Schluss der langen Predigt wachzuhalten. Sein Blick wurde dann träger und blieb schliesslich auf den Glasmalereien der schmalen hohen Spitzbogenfenster kleben. Die Fenster liessen nicht allzu viel Licht in das Kirchenschiff, die Glasmaler hatten es etwas zu bunt getrieben damals. Eine Ausnahme war der Heiligenschein über Petrus auf dem vordersten Fenster der Südseite, den die Künstler lediglich mit einem leichten elfenbeinfarbenen Schleier versehen hatten. Er schien die Sonnenstrahlen zu bündeln und geradewegs in die Kirche hineinzuleiten, und Petrus wirkte bei gutem Wetter immer wahnsinnig erleuchtet. Trotz Glatze. Vor zweitausend Jahren war ein kahler Kopf vermutlich noch keine Schande gewesen, eher eine Auszeichnung, wenigstens bei Männern.

Nik hatte sich öfter gefragt, welche Frisur Jesus getragen haben mochte. Auf Skizzen und Malereien trug er immer lange Haare, vermutlich damit er feminin wirkte. Und einen zarten Bart, vermutlich damit er trotzdem nicht für eine Frau gehalten wurde. Einmal hatte Nik in der Traubibel nach Hinweisen auf die Frisur Jesu gesucht, ohne Erfolg, und Knorrs Vorgänger im Pfarramt hatte dem verwunderten Coiffeur bestätigt, dass es in der ganzen Bibel nicht einen einzigen Hinweis auf das Aussehen Jesu gebe, und damit auch nicht auf seine Frisur. «Holder Knabe im lockigen Haar» war vermutlich übertrieben, die wenigsten Kinder kamen lockig zur Welt, hatte Nik sich damals gedacht. Und blond war das Christkind schon gar nicht gewesen, schliesslich war es ein Jude oder Palästinenser oder sonst etwas Afrikanisches.

Am Schluss der Predigt waren die Zuhörer erlöst, bei Nik setzten Abneigung und Lächeln wieder ein. Der Pfarrer teilte mit, die heutige Kollekte sei für ein deutsches Hilfswerk bestimmt, und des Coiffeurs Lächeln wurde noch eine Spur seliger.

Nach dem Segen begannen die Gläubigen, diskret in ihren Geldsäckeln zu nesteln. Die Orgel setzte ein, die Gottesdienstbesucher erhoben sich umständlich und bewegten sich dann langsam durch den Mittelgang zur Türe, in den Händen unauffällig einen Obolus.

Die Kollektentöpfe waren beidseits der Türe angebracht, zwei rechteckige Kupferkästchen mit Einwurfschlitz. Wie viel jemand gab, liess sich allenfalls aufgrund der Lautstärke des Klimperns abschätzen, wenn das Geld in die Kollektenkästchen fiel. Leises Klimpern waren kleine Münzen, lautes Klimpen waren grosse Münzen, gar kein Klimpern war Notengeld, ohne Zweifel.

Als Nik seine Hand über den Einwurfschlitz bewegte, klimperte es. Es klimperte oft. Nik suchte den Blick des Pfarrers, der vor dem Aufgang zur Empore stand, und lächelte liebenswürdig. Der alte Knorr lächelte ebenso liebenswürdig zurück.

Nik mochte dieses zähneknirschende Lächeln des Pfarrers, der zusehen musste, wie Nik rostige Nägel in den Schlitz des Kollektenkästchens fallen liess. Er hatte gefälligst zu lächeln während der Arbeitszeiten, schliesslich gehörte das zum Jobprofil eines Pfarrers. Das war nur gerecht, und Gerechtigkeit war diesem Deutschling nun einmal wichtig. Im Übrigen war er selber schuld, denn er war mit Sicherheit der letzte Pfarrer auf diesem Planeten, der noch die Unverschämtheit besass, sich nach dem Gottesdienst in Sichtweite des Kollektenkästchens zu platzieren. Aber was konnte man anderes erwarten von einem, der so lange in Afrika an der Sonne gewesen war.

Nelly, die Nik kaum je aus den Augen liess, ging hinter ihm her. Auch sie führte die Hand über den Einwurfschlitz, doch es klimperte nicht. Pfarrer Knorrs Sauerlächeln wirkte jetzt noch eine Spur gefrorener. Mehr als einmal schon hatte das Kollektenkästchen bei Nelly nicht geklimpert, nach dem Gottesdienst dann aber trotzdem nur Münzen freigegeben. Nellys Lächeln war weitaus breiter als das Lächeln des Pfarrers, was nicht zuletzt der voralpinen Topografie ihres Gesichtes zu verdanken war.

Sie trat ins Freie und sah zu Nik.

Dieser warf ihr einen anerkennenden Blick zu und machte sich zufrieden auf den Spaziergang nach Hause, hinein in einen entspannten Restsonntag, wie immer. Am Nachmittag eine Komödie, vielleicht was mit Jack Lemmon und Walter Matthau. Dann Lassie, dann Nachtessen und zum Schluss etwas Lustiges ohne Robin Williams.

Sonntag, 13.00 Uhr

Auch Nelly war nach dem Gottesdienst nach Hause gegangen. Sie hatte Nik ausnahmsweise nicht mehr angesprochen. Das hob sie sich auf für das grosse Finale heute Abend. Im Wohnzimmer ihrer Dreizimmerwohnung schob sie eine *Best of* von Bryan Adams ein, füllte die Fressnäpfe von Shakira, Clooney, Doktor Renz und Bridget mit Katzenfutter, setzte sich in die Küche und ass ein kleines Salätchen zu Mittag. Das war ein Trick, mit dem das erfolgreiche «Achtsam abnehmen mit Tarot» noch unterstützt würde, wie sie gelesen hatte. Nelly war dermassen aufgeregt, dass sie sogar auf die Schokolade zum Dessert verzichtete und direkt zu den Zigaretten überging. Es war wie ein Traum. So anerkennend wie heute beim Portal der Kirche hatte Nik sie noch nie angesehen. Er war bereit. Sie auch.

Nelly war in den 37 langen Jahren ihres Lebens schon in fast jeden halbwegs männlichen Einwohner von Birkweil einmal unsterblich verliebt gewesen, abgesehen von den durchaus sterblichen Bewohnern der *Abendsonne* gegenüber von ihrem Mehrfamilienhaus, die gern in der Cafeteria des Alters- und Pflegeheims sassen, den Rollator neben sich, und Wetten abschlossen, ob Nelly ihren Mazda in die Parklücke bekam. Nellys Appetit war ungestillt geblieben, und sie wusste auch warum: Männer küssen nicht gerne aufwärts. Und sie war 1,80 gross. Man konnte noch so attraktiv sein als Frau, aber mit 1,80 war man angeschmiert, echt.

Bei Nik standen Nellys Chancen aber gut. Er mit seinen 1,70 war gewohnt, aufwärts zu küssen, seine Exfrau war nämlich grösser gewesen als er. Einsam war er auch. Und schüchtern. Er brauchte eben Zeit. Und die hatte sie ihm gegeben, fast sechs Jahre. So lange war er schon solo und hatte weder aufwärts noch abwärts geküsst, soweit Nelly das beurteilen konnte. Und das konnte sie, hatte sie ihn doch schon seit jenem Tag scharf beobachtet, an dem Sheryl ihn überstürzt verlassen hatte. Dem Universum war es zu verdanken gewesen, dass ausgerechnet sie, Nelly, am Vormittag nach Sheryls Auszug seine erste Kundin gewesen war. Mit wohliger Befriedigung erinnerte sie sich, wie Nik alle Hemmungen verloren und alle Prinzipien über den Haufen geworfen und sich bei ihr, seiner Kundin, ausgeheult hatte, wie sie ihn tröstend in ihre eutergrossen Brüste gepresst hatte und wie er fast darin erstickt wäre.

In jener Sekunde hatte sie ihn annektiert. Hatte ihn nun fünf Jahre, sieben Monate und elf Tage lang umworben, die Nächte nicht mitgezählt, die sie mit ihm verbracht hatte, ohne dass er es gewusst hätte. Und dass er für sie bestimmt war, wusste Nelly zweifelsfrei. Sie war nämlich sensitiv, unheimlich sensitiv, schon als Kind war sie es gewesen. Immer wieder war sie selber überrascht, wie glasklar sie die Atmosphäre in einem Raum und die Schwingungen von Menschen wahrnehmen konnte. Kein Wunder, dass sie sich ihrer Sache so sicher war. Er frisierte sie immer genau so, wie sie es wollte. Er kannte ihre Lieblingslektüre. Er traf stets die perfekte Wassertemperatur. Alle Filme, die sie toll fand, fand er auch toll, und künftig würden sie ihre täglichen Fernsehabende wohl gemeinsam geniessen, sofern der Film dabei überhaupt noch eine Rolle spielte.

Das alles war kein Zufall. Nelly stand in engem Kontakt zum Universum, bei dem sie Nik bestellt hatte, und den sie nun endlich bekommen würde, wenn auch nach einer etwas zu langen Lieferfrist, was bei den enormen Distanzen im Universum jedoch verständlich war. Nur deshalb hatte sie so lange auf ihn gewartet, und weil die übrigen Flirts ergebnislos geblieben waren.

Natürlich hätte Nelly sich Nik längst an die Brust genommen, wenn er nicht stets beteuert hätte, seiner kleinen Sonja niemals eine Stiefmutter zuzumuten, nie, niemals. Sie hatte sämtliche ihr zu Verfügung stehenden Argumente zielgerichtet eingesetzt, vollumfänglich, hatte aber nichts ausrichten können, Nik war hart geblieben: Keine Stiefmutter für seine Kleine.

Doch nun war Sonja auf Wohnungssuche, nächste Woche wurde sie 18, und heute Abend würde Nelly die Ernte einfahren. Hundert Mal hatte sie Niks Eroberung schon mit dem Universum durchgesprochen und mit der passenden Wäsche durchgespielt, die sie im letzten Jahr gekauft hatte. Mehrmals hatte sie sich vor dem Spiegel ihres Schlafzimmerschranks hineingezwängt und dann am Küchentisch achtsam abgenommen mit ihrem Tarotmagazin und Truffes.

Nelly holte sich aus dem Kühlschrank eine Büchse Prosecco und beschloss, erst um halb elf bei Nik aufzutauchen. Je verruchter die Tages- oder eher Nachtzeit, desto besser. Sie war von ihrer eigenen Kühnheit überrascht. Sonja würde sie nicht stören, sie übernachtete ja bei Dušanka. Höchst zufrieden setzte sie sich auf ihr Sofa und setzte die Dose an ihre Lippen. «Prost, Doktor Renz!» Sie lachte und sah den getigerten alten Kater an. «Quasi ist Prosecco gut für die Hemmungslosigkeit!»

Nach vier Folgen *Bergdoktor* stellte Nelly sich vor den Spiegel und strahlte. Nichts konnte sie daran hindern, heute Abend die schärfste Beute zu sein, die je einem Jäger auflauerte. Sie würde sich Nik dermassen hingeben, dass ihm Hören und Sehen vergehen würde. Heute Abend blieb keine Zeit für Achtsamkeit. Dass die Spitzen-Zierbänder ihrer halterlosen Netzstrümpfe in ihrer Oberschenkelmasse bestimmt rote Striemen hinterliessen, war ihr egal; das Universum hatte vorgesehen, dass sie sie nicht lange tragen müsste.

«Bridget, so ein Mist!» Nelly lachte. «Ich bin viel zu früh. Es ist ja erst sechs Uhr.» Sie kicherte. «Sechs, Bridget, hast du gehört? Sechs, wie klingt das, na? Komm, wir trinken noch eine Büchse zusammen.»

Sonntag, 18.03 Uhr

Es war dunkel, als Nik mit Lassie zurückkam. Zwei Stunden waren sie im Wald unterwegs gewesen, etwas länger als üblich. Birkweil lag am Fuss eines ausgedehnten, sanft abfallenden Hügelzuges, der mit einem wohltuenden Teppich aus Birken, Rotbuchen und Fichten bedeckt war. Normalerweise brauchte Nik 14 Minuten vom Postplatz zum Parkplatz am Waldrand, wo die Sportskanonen ihre Karossen abstellten, bevor sie auf dem weit verzweigten Netz von Waldwegen der Konkurrenz ihren neusten atmungsaktiven Hightechmist vorführten. Nur wenn Lassie heftig unter Druck stand, schafften sie es auch mal in neun oder sogar acht Minuten an den Riegelhäusern, Ställen, Gärten, Brunnen und Misthaufen der Birkenstrasse entlang hinauf. Nik genoss die langen Spaziergänge mit der Hündin, und wenn er nach einem langen Marsch mit ihr bei Fuss wieder ins Dorf hinuntertrottete, schien ihm das Leben oft freundlicher als zuvor.

Eine Melodie summend betrat Nik um drei Minuten nach sechs den Hausgang. Die Deckenlampe war an. Er seufzte. Genau so fing es an, das Älterwerden. Erst liess man das Licht brennen, dann die Herdplatte, dann fand man die Schalter nicht mehr, dann den Heimweg, und dann zog man zum Sterben in die *Abendsonne*.

Nik hängte den Mantel an den Haken links neben der Salontüre mit den Milchglasfenstern und ging hinter Lassie durch den Hausgang zur Treppe, die jeden seiner Schritte mit einem ehrfurchtgebietenden Knarren beantwortete.

Auf der Treppenmitte blieb Lassie stehen und begann, fröhlich mit dem Schwanz zu wedeln. Nik sah auf. Vor der Wohnungstüre am oberen Ende der Treppe stand ein grosser Mann in einem dunklen Mantel, das Gesicht zur Türe gerichtet. Offensichtlich suchte er den Knopf der Wohnungsglocke. Das schummrige Licht der Funzel im Hausgang reichte nicht aus, um zu erkennen, wer es war.

«Ja hallo!» Nik stieg weiter die Treppe empor auf den Besucher zu. Er versuchte, mit dem fröhlichen Plaudern eines routinierten Coiffeurs jene Zeit zu gewinnen, die er brauchte, um dem Besucher den richtigen Namen zuzuordnen, ohne dass dieser begriff, dass er ihn nicht sofort erkannt hatte. «Was für eine Überraschung, ein Sonntagsbesuch! Gut, dass ich gerade heimgekommen bin.»

Weder gab der Mann eine Antwort noch drehte er sich um. Seltsam.

Nik blieb stehen. Plötzlich lachte er auf: «Lassie, schau her, Walter, das alte Haus! Findet die Glocke nicht, und mich hört er auch nicht. Der nächste Haarschnitt ist überfällig!»

Schon seit Jahren hegte Nik die Vermutung, dass Haarbüschel in den Gehörgängen das Hörvermögen beeinträchtigten, doch beweisen konnte er es nur schon deshalb nicht, weil Männer, denen Haare aus den Ohren wuchsen, für gewöhnlich in einem Alter waren, in dem sie auch ohne Haare im Gehörgang gern schwerhörig wurden. Und Walter war in diesem Alter.

Nik stieg die letzten Tritte hoch, doch noch bevor er Walter auf die Schulter tippen konnte, drehte der sich um. Nik stiess einen erschreckten Schrei aus; der Mann trug eine Sturmhaube. Er versetzte Nik einen heftigen Stoss. Dieser krachte die Treppe hinunter, überschlug sich mehrmals, knallte mit dem Kopf auf den Bodenkacheln des Hausgangs auf und war auf der Stelle tot.

Lassie schien nicht recht zu wissen, was sie davon halten sollte, und in solchen Situationen entschloss ihr sonniges Gemüt sich stets für ein optimistisches Wedeln mit dem Schwanz.

Sonntag, 18.05 Uhr

Walter Jakob sass am Küchentisch und putzte mit einer alten Zahnbürste sein Gewehr. Er war 81 Jahre alt, das Gewehr 63, die Zipfelmütze 25, die Zahnbürste 14. Zeitlebens hatte der grosse Mann in dem baufälligen Bauernhäuschen eine Viertelstunde ausserhalb des Dorfes gewohnt, und beinahe zeitlebens hatte er den Sonntagnachmittag damit verbracht, mit der Zahnbürste sein Gewehr zu putzen, egal ob er vorher damit gejagt hatte oder nicht. Für seine letzten Zähne und Stummel brauchte er keine Zahnbürste mehr.

In neuerer Zeit hatte Walter das Gewehr oft auch am Dienstag- oder Freitagnachmittag geputzt. Mit den Wochentagen kam er nämlich nicht mehr ganz klar, und wenn er sich nicht sicher war, welcher Tag war, was ihm am Morgen beim Aufstehen genauso passieren konnte wie nach dem Mittagsschläfchen, dann beschloss er, dass es ein Sonntag sei. Der Kalender an der Küchenwand half ihm auch nicht weiter, den hatte immer Johanna ersetzt, bis sie vor einem knappen Jahr kurz vor ihrem 98. Geburtstag eine selber gebrühte Medizin gegen allgemeine Altersgebresten eingenommen hatte, woraufhin der gewünschte Effekt eingetreten war, wenn auch nicht ganz im Sinne ihrer Anwenderin. Seit dem Tod seiner Mutter benutzte Walter nun eben denselben alten Monatskalender, den er fast jede Woche treu umblätterte.

«So, Josef», sagte Walter feierlich zu seinem Gewehr, «jetzt sind wir wieder sauber, gell.»

Er öffnete den Kühlschrank, aber an diesem Abend schien Josef zu gross für den Kühlschrank. Walter dachte scharf nach und kam zum Schluss, dass der Kühlschrank zu voll sei. Kurz entschlossen räumte er ihn leer: Käse, Milch, Abwaschmittel, eine Beige Unterhosen, ein halbes Dutzend unvollständiger Jasskarten-Sets, ein Bild des heiligen Christophorus und eines von sich selber als Kind, eine alte Bibel und zwei Dutzend Fläschchen mit verschiedensten Substanzen, die Johanna ihm hinterlassen hatte. Doch der Kühlschrank war immer noch zu klein für sein Gewehr. Walter schaute fünf Minuten lang hinein. Dann wurde ihm kalt und er räumte alles wieder in den Kühlschrank.

«Tut mir leid, Josef», sagte er zu seinem Gewehr, «du musst draussen übernachten.»

Walter stapfte in den Flur, hängte Josef an den Kleiderhaken und machte grosse Augen: Auf der Hutablage lagen Ottilie und Berthold, beide tot. In letzter Zeit war er nur noch selten auf die Jagd gegangen, und auch nur dann, wenn niemand ihn sah. Und noch viel seltener war er mit Beute aus dem Wald zurückgekehrt. Meistens war er nach erfolgloser Jagd hinter das Haus gestiefelt und hatte sich im Hühnerstall stattdessen eine Legehenne geschossen. An Ottilies Gackern konnte er sich noch erinnern, aber Berthold? Irgendjemand musste ihn erlegt und hier deponiert haben. Hier lag er nun und roch, und jetzt besass Walter keinen Hahn mehr.

Walter kratzte sich im Ohr und sagte: «Hast wieder mal den Kopf nicht bei der Sache, du Birne.» Das erinnerte ihn so sehr an seine Mutter, die ihn stets Birne genannt hatte, dass er ein bisschen weinen musste. Immer wieder hatte die alte Hebamme ihren geistig zurückgebliebenen Buben mit allerhand Tinkturen, Pülverchen oder Kräutern aus Wald und Garten behandelt, wobei nicht immer klar war, ob sie ihn damit heilen wollte oder ob sie an ihm ein neues Tinktürchen ausprobierte. In Sachen Heilung hatten die Versuche so wenig gebracht wie seinerzeit die Sonderschule, weshalb Johanna den Buben zeitlebens bei sich behalten und ihm ihr reiches Programm an Borstigkeiten und Schrullen weitervermittelt hatte.

Ausgelacht worden war Walter trotzdem kaum je. Die wenigen Buben, die es gewagt hatten, waren von Johanna ebenfalls behandelt worden, wenn auch nicht mit Kräutern, sondern mit der Fahrradpumpe, die sie selbst bei flotter Fahrt in Sekundenschnelle aus der Klemmhalterung gerissen hatte, um dem Ziel ihres Angriffs eins überzubraten.

Zudem liess Walter oft auch eine Portion Schalk oder gar Liebenswürdigkeit aufblitzen, weswegen die Erwachsenen ihn genauso mochten wie die Kinder. Also hatte man ihn in der Obhut seiner Mutter gelassen. Aber mit seiner zunehmenden Demenz war es je länger, je weniger tragbar, ihn in seinem alten

Haus allein wohnen zu lassen. Er stand denn auch auf der Warteliste der *Abendsonne*, und wenn dort in zwei, drei Wochen die erste Wintergrippe vorbeischaute, würde bestimmt ein Zimmer frei für ihn. Alle ausser ihm wussten das.

«Hast wieder mal den Kopf nicht bei der Sache, du Birne», wiederholte Walter, packte seinen toten Hahn, stiefelte hinaus und vergrub ihn im Lauchbeet auf der Südseite des Holzhauses, im Andenken an Johannas Rezept für Hähnchen mit Lauch. Dazu heulte er laut. Wie immer klang Walters Heulen wie das Wiehern eines Pferdes. Dem gab man im Dorf nicht allzu viel Gewicht. Aufmerksamkeit war erst dann angebracht, wenn sein Heulen klang wie ein drei Minuten dauernder Schleuderunfall.

Nach Bertholds feierlicher Beisetzung marschierte Walter in den Schuppen, wo er gut gelaunt Ottilie rupfte und mit ihr plauderte. «So, fertig, altes Kalb!», rief er nach ein paar Minuten, «Zeit für die Medizin.» Er schneuzte sich, stieg aus seinen Stiefeln, tappte in seine kleine Stube und betrachtete die ungezählten Fläschchen mit Flüssigkeiten und Dosen mit Pulvern auf dem Stubenbuffet, Mutters Hausapotheke.

Walter schüttete wahllos Ingredienzen in ein seit Tagen ungewaschenes Glas, schloss die Augen, sagte «Gesundheit!» und kippte die Mixtur in einem Zug hinunter. Anschliessend schlurfte er in die Küche, machte im kleinen Holzherd ein Feuer und stellte ein Pfännchen Milch darauf. Mit einem Milchkaffee setzte er sich schliesslich an den Küchentisch und verteilte sich selber Jasskarten. Plötzlich sah er auf, blickte auf den heiligen Sebastian an der Wand, rief «Verreckt, es wirkt» und rannte zur Toilette.

Sonntag, 18.07 Uhr

Nik hockte auf der untersten Treppenstufe und starrte fassungslos auf den Boden des langen Hausganges. Da stand Lassie und leckte fröhlich wedelnd ein Gesicht ab. Es war sein eigenes.

Nik sah sich selber am Boden liegen. Er spürte, wie sein Herz pochte. Das war doch gar nicht möglich! Wenn er dort am Boden lag, tot, wie konnte er denn gleichzeitig danebensitzen? Und wie konnte er einen Puls fühlen? Noch einmal sah er sich den Körper auf dem Boden genauer an. Doch, das war eindeutig er selber, Nik Hofmann. Also befand er sich ausserhalb seines eigenen Körpers. War das jetzt eines dieser sogenannten Nahtoderlebnisse?

Er blickte an sich hinunter. Seine Hand lag auf einer halb offenen schwarzen Wildlederjacke mit grauem Futter. Darunter trug er ein schwarzes Leinenhemd mit senkrechten, fingerbreiten und sehr eleganten silbergrauen Streifen. Die Hose, die Socken und die stilvollen gefütterten Winterschuhe waren schwarz und sassen perfekt. Nik erinnerte sich, wo er diese Kleider schon einmal gesehen hatte: im Versandkatalog, vor drei oder vier Tagen. Es war exakt jene Kombination, die er sich geleistet hätte, wenn er sie sich hätte leisten können. Und nun trug er sie. Offenbar hatte er jetzt also einen zweiten Körper. Sehr seltsam.

Nik atmete auf. Von Dingen, die er in den Tagen zuvor gesehen oder erlebt hatte, träumte er des Öftern. Bestimmt schlief er nur, und der Wecker würde ihn aus diesem Albtraum erlösen.

Er stellte sich vor, wie er im Bett lag, und versuchte, im Rücken seine Matratze zu spüren, im Genick das Kopfkissen, in der Blase den Druck. Zum ersten Mal im Leben ersehnte er das nervtötende Piepsen seines Weckers. Eine, zwei Minuten sass er regungslos da. Je länger er wartete, desto mehr zerbröckelte seine Hoffnung, und als er die Augen wieder öffnete, sah er sich genau wie zuvor daliegen, der Oberkörper auf dem Boden des Gangs und die Beine auf den untersten beiden Treppenstufen. Es sah scheusslich definitiv aus. Nacktes Entsetzen erfasste ihn.

Nik erhob sich und gab seinem Körper mit dem Fuss einen leichten Tritt. Er bewegte sich nicht. «Steh auf», flüsterte er, doch sein Körper tat nichts dergleichen. Ihn zu beatmen brachte wohl auch nichts, so wie es aussah, hatte er sich das Genick gebrochen. Das da auf dem Boden war nicht sein Körper, sondern – sein Leichnam. Nik erschauerte. Er war tot.

Die Erkenntnis schnürte ihm die Kehle zu. Wenn er tot war, war Sonja allein. Nik stiess einen wütenden Schrei aus, sodass Lassie erschrocken zusammenzuckte und einen Moment lang vergass, das Gesicht der Leiche abzulecken. Der unbekannte Maskierte war über alle Berge, aber Nik schleuderte ihm trotzdem noch alle Flüche, die ihm einfielen, durch den Hausgang hinterher, was nicht allzu viele waren, und Lassie zog den Schwanz ein.

Der Verstorbene dachte nach. Walter konnte es nicht gewesen sein. Dafür war er zu sonnig und zu einfältig. Ausserdem mochte Walter ihn, so wie er grundsätzlich alle Menschen mochte, und er hätte auch gar keinen Grund gehabt, ihn umzubringen. Eigentlich hatte überhaupt niemand einen Grund gehabt, ihn umzubringen. Man tötet seinen Coiffeur ja nicht gleich, nur weil mal ein Schnitt nicht ganz den Erwartungen entsprach.

Müdigkeit und Resignation befielen Nik. Das war so irrwitzig sinnlos. Er setzte sich wieder auf die Treppe, richtete seinen Blick auf seine Leiche und verstummte. Sonja würde nach Hause kommen und ihren Paps am Treppenabsatz finden, unschön verrenkt und mit gebrochenem Genick. Es sah aus wie ein Unfall, ein Sturz von der Treppe, und niemand würde das Geringste ahnen.

Eine Weile brütete Nik vor sich hin. Dann sagte er laut: «Du bist tot.» Es klang schockierend, und doch tat es irgendwie gut, die eigene Stimme zu hören, denn das hiess nichts anderes, als dass er immer noch ein bisschen am Leben war. «Tot bist du, Nik Hofmann, was für ein überraschend gemütlicher Sonntagabend, aber am Montag ist der Salon sowieso geschlossen, du brauchst nicht mal Kunden zu verschieben.»

Nik blickte erneut an sich herunter. Sein Bäuchlein war verschwunden, in seinen Kleidern sah er unglaublich gut aus. Wer mochte ihn so angezogen haben? Wie kam es überhaupt, dass er einen zweiten Körper hatte, wenn doch sein eigener vor ihm auf dem Boden lag? Nik erhob sich, stellte sich vor seinen leblosen Körper und gab diesem einen kräftigen Tritt in die Seite. Ein stechender Schmerz durchfuhr seinen rechten Fuss, und er verzog das Gesicht. Trotz des heftigen Tritts war seine Leiche bewegungslos geblieben, wogegen sich sein Fuss anfühlte, als hätte er versucht, eine Betonmauer als Freistoss zu treten. Nik verbiss sich ein Fluchen. Sterben und sich dann den Fuss verstauchen, grossartig. Das waren dann wohl Phantomschmerzen. Und er war dann wohl ein Phantom.

Nik biss die Zähne zusammen, humpelte vor den Afri-Cola-Spiegel aus den Fünfzigern, der rechts neben der Türe zum Salon hing, und blickte hinein. Ein hinreissend aussehender Nik Hofmann im Alter von 25 Jahren betrachtete ihn, mit dichtem Haar und coolem Dreitagebart. Er sah genau so aus, wie er sich immer gewünscht hatte. Nik drehte sich nach rechts, blickte über die linke Schulter, neigte seinen Kopf, fuhr sich mit der Hand in einer eleganten und schwungvollen Bewegung durch die Haare, sah sich dabei zu und wusste nicht, ob er lachen oder heulen sollte. Vorsichtig tastete er sich ab, rieb die Stoffe seiner neuen Kleider zwischen den Fingern, kniff sich. Es schmerzte. Sehen, hören und fühlen – alles funktionierte einwandfrei.

Irgendwie hatte Nik sich das Totsein toter vorgestellt. So musste Bruce Willis sich in *The Sixth Sense* gefühlt haben, zumindest nach der Schlusspointe. Nik hatte die meisten Filme mit Bruce Willis gesehen. Diese Saftwurzel hatte eine Glatze und spielte trotzdem Hauptrollen, als Einziger seit Kojak, der aber schon deswegen nicht zählte, weil seine Glatze künstlicher Natur gewesen war. Normalerweise starben die Kahlköpfigen in Hollywood ja immer zuerst. Ob bei der Mafia, im Raumschiff oder in der Armee: Wer zuerst gefällt wurde, den hatte man mit einer Glatze oder zumindest mit schütterem Haar gekennzeichnet. Vermutlich als Orientierungshilfe für den Regisseur. Bei den Frauen waren es die Dicken, die Brünetten und sicher die Brillenträgerinnen. Zuletzt starb dann noch die Alibischwarze, und nur die Blondine erlebte das Happyend. Manchmal mit Bruce Willis zusammen, der die Blondine dann auch noch kriegte, und das obwohl er eine Glatze hatte und bei Filmende meist auch etwas verbeult aussah.

Nik wandte seinen Blick vom Afri-Cola-Spiegel ab, richtete sich auf und sagte: «Also. Jemand hat mich von der Treppe geschubst. Ein grosser Kerl. Habe ich Feinde? Nein. Es war nur ein Einbrecher. Ich habe ihn überrascht, er schubste mich. Dass ich mir dabei das Genick gebrochen habe, ist einfach nur Pech. Mein Tod ist ein kleiner, zufälliger Unfall.»

Und was jetzt? Was würde passieren mit Sonja, mit dem Salon? Und was mit ihm? Und wie war das mit Himmel und Hölle und dem lieben Gott und dem Jüngsten Gericht und so?

Nik wurde mulmig zumute. In die Kirche war er durchaus regelmässig gegangen. Quantitativ konnte man ihm da nicht viel ankreiden. Und da er nun überrascht konstatieren musste, dass er zwar tot war, aber trotzdem noch lebte, war es auch nicht mehr undenkbar, dass es einen Gott gab. Eine ungemütliche Vorstellung. Womöglich hatte der ja auch regelmässigen Blickkontakt zu den Kollektenkästchen.

Lassie lag auf dem Boden und spielte mit Niks Perücke, die ihm beim Sturz vom Kopf gerissen worden war. Nun würden auch noch alle vom beschämenden kleinen Geheimnis ihres Coiffeurs erfahren. Dem halben Dorf hatte er sein Birkenwasser angedreht. Alle würden es aus ihren Spiegelschränken holen und in die Toilette schütten. Wie ein Lauffeuer würde es sich verbreiten, dass er, ausgerechnet er, Nik Hofmann, Inhaber und Betreiber von *Babettas historischem Coiffeursalon*, Bruce Willis' Frisur gehabt hatte. Nun war er selber so ein früh gefällter Glatzenträger. Und keiner wusste, dass er eine Art Geistkörper hatte, der aussah wie der junge George Clooney. Leider taugte der Körper nun zu nichts mehr. Er konnte ja Lassie nicht einmal mehr die Perücke wegnehmen. «Dummer Hund!», brummte Nik.

Lassie hörte unvermittelt auf, mit dem Schwanz zu wedeln, schaute auf und blickte irritiert in seine Richtung.

Menschenskind – sie hörte ihn ja!

Nun war Nik hellwach. «Komm Lassie, komm!», rief er.

Lassie stellte ihre Ohren auf und bellte verwirrt. Nik humpelte auf sie zu. Ihr Blick folgte ihm nicht.

Vorsichtig berührte Nik Lassie am Hinterkopf. Er spürte, wie seine Finger zwischen die langen Haare des Collies fuhren, doch das Fell bewegte sich nicht, und Lassie reagierte nicht. Nik runzelte die Stirn. Er streichelte sie kraftvoll, packte sie spielerisch und spürte ihren weichen Balg. Das Fell blieb ohne jegliche Bewegung. Sie konnte ihn also nur hören, aber weder sehen noch riechen noch spüren. Das war komplett absurd.

Unvermittelt hob Lassie den Kopf und spitzte die Ohren. Dann sprang sie auf und rannte zur Haustüre.

Sonntag, 22.14 Uhr

Sonja drückte vor Saschas Appartement den Starter ihres Rollers und machte sich auf den Heimweg. Sie fühlte sich scheusslich. Hundert Varianten für einen Gesprächseinstieg hatte sie sich zurechtgelegt, jede einzelne davon hasste sie.

Zwanzig Minuten später schob sie den Roller in den Hinterhof, stellte ihn ab, und betrat mit dem orangen Helm unter dem Arm durch den Hintereingang den Salon. Durch die Milchglastür sah sie überrascht, dass im Hausgang das Licht brannte. Paps vergass das Licht sonst nie.

Als sie die Tür öffnete, stand Lassie vor ihr und wedelte aufgeregt mit dem Schwanz. «Was machst du denn hier unten?», fragte Sonja und strich ihrer Hündin durch das Fell. Dann trat sie in den Hausgang hinein und sah ihren Vater vor der Treppe liegen.

Sonja liess den Helm fallen, stürzte zu ihrem Vater, ging in die Knie, sah ihn an und erkannte sofort, dass er tot war. Seine Augen waren ohne jeglichen Blick. Einen Moment verharrte sie regungslos. Dann sprang sie auf, rannte zur kleinen Besuchertoilette hinter dem Salon und übergab sich.

Als Sonja zurückkam, sah sie um Jahre älter aus. Sie kniete sich neben ihren Vater und schluchzte. Ein Sturz von der Treppe, wie war denn das möglich? Und jetzt war er tot. Und sie war zu spät gekommen, um ihm die Wahrheit zu sagen. Eine zwei Jahre andauernde Lüge würde an ihr kleben bleiben. Musste er sterben, weil er es nicht ertragen hätte, dass sie einen Freund hatte, und erst noch einen Deutschen?

Sonja zog ihren Vater so weit in Richtung Ausgang, bis seine Beine nicht mehr auf den unteren Treppenstufen lagen. Dann bettete sie ihn in eine etwas bequemere Stellung.

Als sie ihre gefütterte rote Winterjacke auszog, um ihn damit zuzudecken, damit er nicht so fror, rutschte unbemerkt die Serviette mit Saschas Skizze ihres Gesichts aus der Tasche.

Sonja hielt die Luft an und schloss Nik mit zitternder Hand die Augen. Er sah nun etwas friedlicher aus. Doch sein toter

Blick hatte sich bereits in ihr Gedächtnis eingebrannt. Sonja wusste, dass sie ihn nie mehr loswerden würde. Sie setzte sich auf die unterste Treppenstufe und schluchzte.

Nik sass neben ihr und tat es ihr gleich.

Wohl eine Viertelstunde sass Sonja so im Gang, umgeben von Trost- und Sinnlosigkeit. Schliesslich gab sie sich einen Ruck, erhob sich und atmete ein paar Mal tief durch. Sie zog das iPhone aus der Handtasche, doch noch bevor es Saschas Nummer angewählt hatte, brach sie den Anruf ab und steckte das Gerät wieder ein. Es fühlte sich nicht richtig an, in Paps' Gegenwart mit Sascha zu telefonieren, den sie ihm zwei Jahre lang verheimlicht hatte. Sie würde Sascha nicht mit einbeziehen, jedenfalls im Moment nicht. Paps sollte sie ganz für sich haben, und sie ihren Paps. Der Gedanke entlastete Sonja ein wenig. Sie wischte sich die Tränen aus dem Gesicht und rief stattdessen Dušanka an.

Nik liess seinen Blick über die surreale Szenerie schweifen. Plötzlich stutzte er: Neben seiner Leiche, bei Sonjas Jacke, lag ein weisses Papier. Das musste er zuvor übersehen haben. Es war eine nur halb zusammengefaltete Papierserviette, auf deren Innenseite etwas skizziert war. Nik sah genauer hin und erkannte Sonjas Gesicht. Der Strich des Kugelschreibers war ihm unbekannt, jedenfalls war es nicht jener von Sonja, dafür war er zu filigran. Wie kam diese Serviette hier neben seiner Leiche zu liegen? Niks Herz begann wieder zu pochen. Der Maskierte musste sie bei der Flucht verloren haben. Aber wozu hatte er eine Zeichnung von Sonja bei sich? Was, wenn er den Maskierten gar nicht bei einem simplen Einbruch überrascht hatte, sondern wenn der es auf Sonja …?

Ein kalter Schauer lief Nik über den Rücken.

Freitag, 14.45 Uhr

Nik stand hinter seinem geschlossenen Sarg und murrte vor sich hin. Ausgerechnet am Tag seiner Beerdigung schneite es zum ersten Mal in diesem Spätherbst. Wenn es wenigstens richtiger schöner Schnee gewesen wäre, aber nein, vom trüben Himmel tropfte hässlicher, kalter Matsch. Ausserdem war es kalt im Aufbahrungsraum.

«Knorr, wirf endlich die Heizung an, meiner Leiche ist kalt», rief Nik grimmig.

Für Zurückhaltung gab es keinen Grund mehr, und den alten Knorr hasste er hemmungsloser denn je. Dass er Sonja bei dem mühsamen administrativen Krempel unterstützte, den ein Todesfall mit sich brachte, ging noch an, das war sein verdammter Job als Pfarrer, und wehe ihm, wenn er es unterlassen hätte. Doch dass ausgerechnet er Sonja tröstete, an seiner Stelle, dass er sich in der Küche auf seinen Stuhl gesetzt und für die Notizen im Zusammenhang mit der Trauerfeier seinen L'Oréal-Kugelschreiber benutzt hatte ... Niks Hände ballten sich zu Fäusten.

Sigrist Janosch für alles kam herein und öffnete mit einem Helfer den Sarg.

«Ein Sturz von der Treppe als Todesursache», bemerkte der Helfer.

War da ein spöttischer Unterton? Wütend presste Nik die Lippen zusammen.

Seit er gestorben war, hatte er kaum ein Auge zugetan. Es waren die fünf erbärmlichsten Tage seines Lebens gewesen, sofern die überhaupt noch zum Leben gehörten. Über den Maskierten hatte er nicht das Geringste in Erfahrung gebracht, geschweige denn über die Gefahr, in der Sonja sich zweifellos befand.

Vor allem war jeder Versuch misslungen, mit Sonja Kontakt aufzunehmen. Nik hatte gelernt durch Wände und Türen zu gehen. Materie stellte für ihn als Phantom kein Hindernis mehr dar. Er spürte immer noch alle Impulse und Signale, konnte selber aber keine mehr aussenden. Lassie bellte, wenn sie ihn hörte, aber für eine Dressur war sie zu dumm. Nik Hofmann war spurlos geworden. Spurlos, aber nicht empfindungslos. Ein paar Mal hatte er sogar Phantomhunger gehabt, er war phantommüde gewesen, und obwohl er ja gar nicht essen konnte und wohl auch nicht zu essen brauchte, war er schon phantomverstopft gewesen. Nicht zu können, obwohl man gar nicht musste, war wirklich beschissen.

Dušanka und Sonja betraten den Aufbahrungsraum. Dušanka war so schwarz gekleidet und geschminkt wie immer, Sonja trug ihren schwarzen Rollkragenpullover und eine ihrer gleichfarbigen Hosen.

Ihr Blick war so traurig, dass es Nik Tränen in die Augen trieb.

Wieder und wieder hatte er darüber gebrütet, wieso der Kerl, der ihn von der Treppe gestossen hatte, eine Skizze von Sonja mit sich getragen hatte. Und ausgerechnet jetzt, wo sie sich in Gefahr befand, war sie auf sich allein gestellt, seit fünf Tagen schon, hatte allein mit Knorrs Hilfe die Beerdigung ihres Vaters organisieren müssen, einfach nur weil Sheryl und ihr deutscher Arzt wieder mal in Neuseeland unten durch die Gegend tourten, statt zu arbeiten.

Zum Glück hatte wenigstens Dušanka die letzten Nächte bei Sonja geschlafen. Sie war zwar ein Schandmaul, viel zu dunkel gekleidet für ihre blonde Igelfrisur, und ihre Tattoos und Piercings gingen einem unter die Haut, aber die inneren Werte schienen von alldem nicht betroffen.

Sonja trat an den Sarg und betrachtete ihren Vater. Nik verspürte einen Kloss im Hals.

Kurz darauf näherte sich ein lautes Wimmern dem Sarg. Es war Nelly. Sie trug Schwarz, mitsamt Witwenschleier, und sie sah erbärmlich aus.

Am Montagmorgen war sie auf dem Bett erwacht, geschminkt und fein angezogen, besonders darunter, und mit einem Brummschädel im Gegenwert von drei Büchsen Prosecco. Nachdem sie begriffen hatte, dass sie betrunken ihre Hochzeitsnacht verpasst hatte, hatte sie eine Tablette eingeworfen, die Strapse ausgezogen, sich die roten Striemen massiert und ihr Vorhaben gezwungenermassen um eine Woche verschoben. Am Nachmittag dann hatte sie erfahren, dass sie am Vorabend ihrer verpassten Hochzeitsnacht Witwe geworden war. Das war etwas viel auf einmal gewesen. Seither war sie beim Transportdienst des Unispitals, wo sie arbeitete, krankgeschrieben.

Nelly trat zum Sarg, beugte sich über ihn und schluchzte leise. «Wäre ich nur gekommen», heulte sie, «dann wärst du noch am Leben! Doch ich kam nicht, und du hast dich von der Treppe gestürzt; verzeih mir, wenn nur der Prosecco nicht gewesen wäre, ich wäre gekommen, bestimmt, die Kleider trug ich ja schon!»

Sonja sah Dušanka an, die ratlos mit den Schultern zuckte und ihren Ring in der Augenbraue wackeln liess.

Nelly griff in den Sarg und strich Nik so inbrünstig übers Haar, dass die Perücke herunterrutschte. Vor Schreck unterbrach sie ihr Schluchzen.

Sonja trat zu ihr und rückte Niks Perücke wieder zurecht, worauf Nelly das Schluchzen wieder aufnahm, anschwellen liess und Sonja um den Hals fiel.

Weitere Trauergäste betraten den Aufbahrungsraum, um bei Sonja erschüttert zu trauern und beim Sarg wohlig zu schauern. So also hatte Nik ausgesehen ohne Brille, wenn niemand ihn beobachten konnte, beim Duschen, beim Schlafen, beim Lieben.

Auch der alte Walter trat herzu. «Hallo, Nik», winkte er in den Sarg, «ich bin's. Ich habe Kopfschmerzen. Es ist das Wetter, sicher. Ich habe für diesen Wintertag extra meine neue Zipfelmütze angezogen, siehst du? Berthold ist auch gestorben. Mutter hat immer gesagt, man muss sehr aufpassen beim Treppensteigen, du halt auch, aber gell, Leben und Tod gehören halt zusammen, der Herr hat's gegeben, der Herr hat's genommen, der Name des Herrn sei gelobet.»

Begleitet vom Geläut der Kirchenglocken schritten die letzten Trauergäste in die Kirche und verteilten sich in die Bankreihen.

Nachdem Janosch für alles die Tür geschlossen hatte, trugen vier Helfer den Sarg durch Matsch und Schneeregen auf den Friedhof. Nelly war draussen geblieben, um ihm nun zu folgen. Wenn auch alle andern Nik im Stich liessen und sich in die warme Kirche setzten, sie nicht. Sie nicht. Ihr war keine Witterung zu widrig, um ihn zu begleiten und aufzupassen, dass er würdevoll und glücklich zu seiner letzten Ruhe gebettet würde.

Am frisch ausgehobenen Grab lagen die Seile bereit. Nassschnee und Erdreste machten die Bretter rund um das Erdloch glitschig wie Seife. Jeder der Helfer griff sich ein Seilende, um den Sarg sachte hinunterzulassen.

«Adieu», schluchzte Nelly mit tropfender Nase.

Dann rutschte einer der Helfer auf einem der nassen Bretter aus und verschwand mit einem lauten Schrei im Grab, zusammen mit dem Sarg. Kurz darauf ertönte wüstes Fluchen aus der Erde; der Helfer sass auf dem Sarg, mit Dreck verschmiert, und hielt sich das Knie. Der Sarg lag auf der Seite, Niks Leichnam war halb herausgefallen und seine Perücke lag im Dreck. Nellys Heulen schwoll an.

Freitag, 15.05 Uhr

Das Eingangsspiel der Orgel und Knorrs Begrüssung waren traurig ausgefallen. Das erste Kirchenlied im Prinzip auch, was allerdings nicht weiter auffiel, der Gesang in der Kirche zu Birkweil klang selbst an den sonnigsten Osterfeiern tragisch.

Sonja sass in der ersten Reihe, links von ihr Dušanka, der Platz rechts war eigentlich reserviert für Sheryl, nun aber besetzt von Nik, der vor Wut kochte. Sheryl war ja immer zu spät gekommen, immer, er immer zu früh und sie immer zu spät, und nun hätte sie doch wenigstens jetzt rechtzeitig hier sein können, da Sonja ihre Mutter doch so sehr brauchte.

Als das Lied zu Ende war und der alte Knorr seinen deutschen Mund öffnete, um die Trauerfeier zu eröffnen, platzte Nik der Kragen. «Gopf, Sheryl, du Kuh, wo bleibst du!», rief er, stand auf und tigerte durch den Mittelgang nach hinten. «Irgendein Verrückter will Sonja etwas antun, und mich beerdigt man, wenigstens einmal könntest du da sein, wenn du gebraucht wirst, wenigstens einmal, Herrgott noch mal!»

«Ja bitte?», sagte eine Stimme.

Niks Herzschlag setzte kurz aus. Erst blieb er regungslos stehen. Dann drehte er sich langsam wieder nach vorne und liess seinen Blick über die Bankreihen schweifen. Doch die Trauernden sassen ruhig da, Knorr schwatzte, und ausser Nik schien niemand dieses «Ja bitte» gehört zu haben. Jetzt hatte er also auch noch Halluzinationen.

«Das ist nichts Neues», sagte die Stimme trocken.

Wer war das? Nik sah sich noch einmal um, entdeckte aber nichts Auffälliges. Er spürte, wie sein Mund austrocknete. Schliesslich holte er Luft und stotterte: «Sind Sie ... falls Sie ... der liebe Gott sein sollten –»

«Wenn ich das wäre, dann bäte ich um Ruhe, dein Gebrüll nervt.»

Hochdeutsch, lieber Himmel, der sprach Hochdeutsch! Dieses aufgeblasene, affektierte Hochdeutsch! Nik riss sich zusammen. «Verzeihung, ich dachte, niemand würde mich hören ...»

«Irren ist menschlich, in deinem Fall besonders.» Die Stimme gluckste.

Nik war verwirrt. Das hatte beinahe ironisch geklungen. Er zögerte. «Sicher, ich habe auch Fehler gemacht im Leben, so wie alle, aber …»

«Aber?»

«Aber ich war immer in der Kirche. Und ich habe nie Kunden betrogen. Und ich glaube sagen zu dürfen, dass ich ein ganz guter Coiffeur war. Und ein sehr guter Vater. Und …»

«Klingt gut», fiel ihm die Stimme ins Wort, «aber ganz ehrlich, du hast doch wohl nicht ernsthaft an einen Gott geglaubt?»

«Wie … wie bitte?»

«Hast du ernsthaft an einen Gott geglaubt, Nik Hofmann?»

Das war bestimmt eine Fangfrage. «Ein bisschen», antwortete Nik zögerlich.

«Ein bisschen glauben», sagte die Stimme, «endlich mal ein origineller Ansatz.» Wieder klang es, als ob da jemand grinste.

«Dann sind Sie also wirklich … Gott?»

«Da sind die Meinungen geteilt.» Jetzt lachte die Stimme laut. «Nenn mich wie du willst, meinetwegen auch Gott. Das ist kurz und man kann es sich merken.»

Wenn der wirklich Gott war, wieso gab er es nicht einfach zu?

«Ich bin, wer ich bin», sagte die Stimme, als ob sie Niks Gedanken erraten hätte. «Bist du auch schon der, der du bist, oder arbeitest du noch dran?»

«Ich … arbeite nicht mehr dran, ich bin ja tot.»

«Schöne Bescherung. Wie ist es denn passiert?»

Als Gott musste der das doch wissen! Sicher wieder eine Fangfrage. «Jemand … hat mir das Genick gebrochen.»

«Oha, da würde ich auch in der Kirche herumbrüllen. Wer war es denn, und warum?»

«Keine Ahnung. Er war maskiert.» Nik zögerte. «Vielleicht …»

«Vielleicht was?»

«Vielleicht hat er es auf meine Tochter abgesehen und … lieber Gott, Sie müssen sie beschützen!»

«Muss ich?»

Nik schluckte.

«Obwohl du nur ein bisschen an mich glaubst?»

«Das war, als ich noch gelebt habe, aber inzwischen glaube ich natürlich viel mehr an Sie.»

Die Stimme lachte. «Das trifft sich gut, ich glaube nämlich auch an dich, auch wenn's nicht immer einfach ist.»

Nik fiel ein Stein vom Herzen. Es entstand eine kurze Pause. Er holte Luft. «Können Sie Sonja beschützen?»

«Wieso hat es dein unbekannter Täter denn auf sie abgesehen?»

«Ich habe keine Ahnung. Es ist einfach ... sie ist jetzt allein.»

«Und schafft es nicht ohne dich?»

Nik setzte zu einer Antwort an, liess es aber bleiben. Eine fiese Frage, da konnte er nur eine falsche Antwort geben, weshalb er sich auf ein Schulterzucken beschränkte.

«Du solltest deine Beerdigung nicht verpassen», sagte die Stimme. «Wär ja schade, so was erlebt man nicht alle Tage. Treffen wir uns ein anderes Mal. Komm morgen Abend um acht hierher in die Kirche. Natürlich nur, wenn du den Termin noch frei hast.» Die Stimme lachte wieder. «Bis dann verweilst du noch ein wenig bei deinen Lieben.»

«Und ... was werden wir dann hier tun?»

«Plaudern.»

Nie im Leben wollte der nur plaudern, hier ging es schliesslich um Leben und Tod! «Aber bis morgen Abend ... hat mein Mörder vielleicht Sonja etwas angetan.»

«Vielleicht.»

«Könnten Sie nicht dafür sorgen, dass ...?»

«Wenn euer Gott alle Gebete erhören würde, sässt ihr ganz schön in der Tinte. Also dann, morgen Abend, acht Uhr. Lass doch schon mal dein Leben Revue passieren, dann fällt es leichter, deine weitere Laufbahn zu planen. Die Wahrheit ist wie eine Medizin, in kleinen Dosierungen verursacht sie weniger Bauchschmerzen. Man sieht sich.» Die Stimme lachte und verstummte.

Nik sah sich um. Die Leute sassen in den Bänken, Knorr schwatzte – niemand hatte etwas mitbekommen. «Morgen Abend um acht», murmelte Nik. Er hatte kein gutes Gefühl. Ein eigenartiger Gott war das. Er wich aus, gab keine Antworten, er war ironisch, wollte nicht einmal zugeben, dass er Gott war – vielleicht war er es ja wirklich nicht. Dann brauchte er morgen

Abend um acht gar nicht zu erscheinen. Aber wenn er es doch war, dann wäre nachher vielleicht nicht mehr gut Kirschen essen mit ihm, er hatte Hochdeutsch gesprochen. Am besten war wohl, wenn er die Stimme bei Laune hielt, egal wer es war. Völlig unmöglich schien das nicht, und bisher hatte er sich ganz gut geschlagen, fand Nik.

Er betrachtete die Trauergemeinde, und für einen Moment vergass er die Gefahr, in der Sonja war. Das halbe Dorf war gekommen, nur wegen ihm.

Freitag, 15.20 Uhr

«Liebe Trauerfamilie, liebe Verwandte und Freunde, liebe Trauergemeinde. Ihnen von Nik Hofmann zu erzählen, hiesse Wasser in den Rhein tragen. Wir alle kannten ihn. Nik Hofmann erblickte am 17. Februar 1969 das Licht der Welt, als erstes und einziges Kind seiner Mutter Gertrude Hofmann. Von den Vätern meldete sich keiner.»

Nik knirschte mit den Zähnen.

«Als Nik neun Jahre alt war, verstarb seine Mutter an einer schweren Krankheit, worauf die alte Babetta sich des Buben annahm. So wuchs Nik in seinen Beruf hinein. Wie die meisten jungen Menschen träumte auch er davon, in der Welt herumzukommen, doch dann starb völlig überraschend Babetta, in ihrem siebzigsten Lebensjahr, beim Scheren von Walters linker Kopfhälfte. Nik, der schon während seiner Lehrjahre in Hardstadt gelegentlich in ihrem Salon ausgeholfen hatte, übernahm am nächsten Vormittag Walters rechte Kopfhälfte. Und die weiteren Kunden, die schon eingeschrieben waren. Er wollte die Menschen nicht im Stich lassen. Ich glaube, wir alle wissen, welch treue Seele Nik war.

Während der schwierigen Suche nach einem Nachfolger für Babettas Salon lernte er auf einem Zeltplatz eine lebensfreudige junge Tramperin aus Irland kennen und lieben. Von nun an träumten sie gemeinsam davon, die Welt zu erobern. Irland wollten sie erkunden, die Heimat von Sheryl. Neun Monate lang schmiedeten sie Reisepläne, bis Sheryl einem gesunden Mädchen das Leben schenkte, zwei Wochen nach der Hochzeit.»

Nik verkniff sich lautes Schimpfen. Gott hörte vielleicht mit.

Draussen war es noch eine Spur kälter geworden. Dichter Schneefall hatte eingesetzt, über den hässlichen Matsch legte sich eine weisse Decke voller Unschuld. Aus dem Grab fluchte es. Zwei Helfer standen darin, schweissgebadet und von Kopf bis Fuss mit nasser Erde verschmiert. Sie nahmen einen erneuten Anlauf, den herausgefallenen Nik wieder in den Sarg zu wursteln, doch wieder flutschte er ihnen aus ihren kalten und nassen Händen.

Nelly stand daneben und schluchzte zum Steinerweichen. Sie kniff ihre Augen zu, um nicht mit ansehen zu müssen, wie ihr designierter Geliebter in die ewige Ruhe gequetscht wurde.

«Aufgeschoben ist nicht aufgehoben», sagte sich der stets fröhliche Nik. Für ihn war es selbstverständlich, die Verantwortung für seine junge Familie zu tragen. So verdiente er seinen bescheidenen Lebensunterhalt mit Babettas altem Salon, bis ein Nachfolger gefunden wäre und er sich mit Sheryl und der kleinen Sonja zu neuen Ufern aufmachen würde. Nunmehr 21 Jahre lang war er uns eine treue Übergangslösung. Wobei wir nicht vergessen möchten, dass er Babettas Salon auch eine persönliche Handschrift verlieh. Wer erinnert sich nicht gern an seine Investition in die Zukunft, als er auf die Leiter stieg und das Schild *Babettas Coiffeursalon* eigenhändig ergänzte zu *Babettas historischer Coiffeursalon* und sich beim Heruntersteigen von der Leiter das Bein brach. Nik Hofmann versuchte, uns nicht nur nach bestem Wissen und Gewissen zu verschönern, sondern oft auch mit seiner Fröhlichkeit anzustecken.»

Nik runzelte die Stirn. Einige nickten, ein paar schneuzten sich, immerhin. Walter, sesshaft in der dritten Reihe bei der Seniorenfraktion, unterbrach sein vernehmliches Schnarchen mit einem vernehmlichen Grunzen.

«Ein guter Kirchgänger war er durchaus, Nik Hofmann, wenn er auch leider» – an dieser Stelle machte Pfarrer Knorr eine bedeutsame kurze Pause, um dann mit einem noch liebenswürdigeren Lächeln fortzufahren – «wenn er auch leider zu jener grossen Fraktion gehörte, die ihre zweifellos ausgeprägte Solidarität mit der Dritten Welt anderswo auslebte als am Kollektentopf.»

Die Zuhörer verdrehten die Augen.

«In den letzten Jahren ist Nik Hofmann ein treuer und besorgter alleinerziehender Vater seiner Tochter gewesen. In seinen freien Stunden haben wir alle ihn oft oben auf dem Waldweg angetroffen, zusammen mit Lassie. Dass er nun, ausgerechnet während der jahrzehntelangen Suche nach einem Nachfolger für Babettas Salon, überraschend durch einen tragischen Sturz von der Treppe aus dem Leben gerissen wurde, und dies im blühenden Alter von 47 Jahren, stimmt uns alle traurig.»

Auf einen Schlag hatte Nik wieder das Treppenhaus vor Augen, die grosse, maskierte Gestalt, seinen Sturz, seinen Tod, die Serviette, die sein Mörder auf der Flucht verloren hatte. Vielleicht sass er irgendwo in den Reihen, dieser Serviettenzeichner. Und wartete auf eine gute Gelegenheit, Sonja irgendetwas anzutun.

In diesem Moment erklang das laute Knarren der Kirchentüre. Pfarrer Knorr sah vom Manuskript auf, die Trauernden drehten ihre Köpfe. Eine Frau trat ein.

«Sheryl», flüsterte Nik.

Ein Raunen ging durch die Reihen. Niks Ex hatte man im Dorf seit Jahren nicht mehr gesehen. Der junge Kronauer von der Post hatte sie vor drei oder vier Jahren mal getroffen, auf einem Campingplatz in Kanada, zusammen mit ihrem braun gebrannten Schwaben habe sie in einem Wohnmobil logiert, das viereinhalb Zimmer gross gewesen sei, mindestens, und mit Balkon und Internet und Cheminée und einem Billardtisch im Wohnzimmer, scheints seien sie schon fünf Monate unterwegs gewesen, er habe auch mit eigenen Augen Fotos vergangener Reisen nach Mikronesien und Australien gesehen, und zwar auf dem Breitband-Flachbildschirm vor dem Wasserbett im Schlafzimmer, Ehrenwort.

Aufrecht und selbstbewusst wie eh und je schritt Sheryl durch den Mittelgang nach vorne und sagte mit klarer, ruhiger Stimme: «Sorry für die Verspätung, wir sind erst heute gelandet, und der Schneeregen hat halb Süddeutschland lahmgelegt.» Pfarrer Knorr nickte ihr sein Verständnis entgegen. Sheryl setzte sich neben Sonja und umarmte sie. «Du hattest dein Smartphone nicht an», flüsterte sie.

Pfarrer Knorr fuhr fort, doch nicht einmal er selber hörte sich noch zu. Die Trauernden renkten sich beinahe die Hälse aus, um einen Blick auf Sheryl zu erhaschen. Krankenschwester war sie früher gewesen, oder Pflegefachfrau, wie das heutzutage ja heissen musste, war blitzgescheit und bildhübsch, hatte nach ihrem Wegzug nach Deutschland Medizin studiert, in Rekordzeit, wie es hiess, und war jetzt mit einem Arzt zusammen. Vermutlich hatte die karrieregeile Kuh inzwischen sogar einen deutschen Pass und sprach akzentfrei Hochdeutsch.

«Hallo Sheryl», flüsterte Nik. Sie hätte doch alles auch bei ihm haben können, wenn sie nur etwas gesagt hätte.

Freitag, 16.00 Uhr

Es schneite wie im tiefsten Winter. Niks Leichnam war im Sarg verstaut, und dieser lag wieder waagrecht im Grab, jedenfalls soweit man es von oben her erkennen konnte, und nur darum ging es ja. Die Kirchturmglocken begannen zu läuten, und die beiden Helfer schafften es gerade noch aus der Grube.

«Gott sei Dank», keuchte Janosch für alles mit feuerrotem Gesicht, während er die Leiter aus dem Grab zog.

Erst jetzt getraute sich Nelly, die Augen wieder zu öffnen. Sie warf einen verweinten Blick ins Grab, kreischte und kniff die Augen wieder zu. «Die Perücke!»

Janosch sah ins Grab. Aus dem Dreck neben dem Sarg lugte Niks Perücke.

«Schmeiss eine Schaufel Erde drüber», rief er, doch einer der Helfer war bereits ins Grab hinuntergesprungen. Die Kirchentüre knarrte. Der Helfer griff sich die schwere, nasse Perücke und warf sie in hohem Bogen aus dem Grab – Nelly ins Gesicht.

Kaum hatten die drei Sargträger ihren Kollegen aus dem Grab gezogen, öffnete sich das schmiedeeiserne Tor des Friedhofs, und die Trauergemeinde watete würdevoll durch den Schnee in Richtung Grab.

«Hinter den Geräteschuppen!», zischte Janosch.

Nelly wimmerte hinterher, das Gesicht gesprenkelt mit nasser Erde.

«Ich hätte Nik für seine Beerdigung besseres Wetter gewünscht», flüsterte eine der Trauernden, als sie am Grab standen. «Alles in allem war er ja doch nett.»

«Es ist nicht so schlimm, Nik», rief Walter ins Grab hinunter, «es ist im Sarg sicher schön trocken, und Berthold liegt jetzt auch im Lauch.»

Pfarrer Knorr hatte Erbarmen und spendete den Trost so kurz wie möglich. Dennoch kam den meisten Anwesenden vor Kälte die Trauer abhanden. «Mach's gut, Nik», sagten sie, schlossen mit der Rührung ab und schritten in die *Frohe Aussicht* zum traditionellen Trauermahl, Würstli mit Kartoffelsalat.

Sonja und Sheryl blieben noch einen Moment beim Grab. Arm in Arm standen Mutter und Tochter da und schauten zu, wie die Flocken aus dem Himmel fielen und den Sarg friedvoll zudeckten. Sie sagten kein Wort.

Nik traten Tränen in die Augen.

Schliesslich verliessen auch die beiden Frauen den Friedhof. Nik ging hinterher. Gut, dass Sonja die schwarzen Stiefel mit dem guten Profil trug, es war nun doch sehr rutschig. Nach einigen Schritten drehte Nik sich noch einmal um, um einen letzten Blick auf die Blumenkränze zu werfen. Jetzt erst bemerkte er eine vom frischen Schnee bereits leicht bedeckte dreckige braune Fussspur, die nicht zum Ausgang des Friedhofes führte.

Nik zögerte einen Augenblick. Dann folgte er der Spur. Sie führte von seinem Grab aus Richtung Geräteschuppen, aber nicht zum Eingang, sondern zur Seite und von dort zur Rückwand. Er trat zur Ecke, warf einen Blick auf die Rückseite und schnappte nach Luft: Fünf dreckstarrende und vor Kälte zitternde Gestalten drückten sich zusammen an die Wand, und eine davon war Nelly.

Ein Sargträger äugte soeben auf der anderen Seite des Schuppens hervor. «Sie sind draussen», schlotterte er, «keiner hat es gemerkt, Gott sei Dank.»

Nelly heulte vor Erleichterung los.

Nik konnte sich keinen Reim darauf machen, wieso die fünf sich vor der Trauergemeinde versteckten. Und wieso sie so nass und dreckig waren.

Auch die Sargträger verliessen nun den Friedhof. Nelly watschelte trotz klappernden Zähnen noch einmal zum Grab, um einen letzten Blick hineinzuwerfen.

«Adieu, geliebter Nik», wisperte sie schliesslich.

«Auf Wiedersehen», sagte Nik, «alles Gute, auch für deine Kopfhaut.»

Nelly blickte verdutzt auf.

Freitag, 16.30 Uhr

Nik starrte sie an. Und dann fiel es ihm wie Schuppen von den Augen: Natürlich, sie war doch sensitiv! Sie hatte schon immer behauptet, sie sei sensitiv und höre Stimmen!
«Nelly?»
Nelly zuckte zusammen. Einen Augenblick stand sie regungslos da.
«Ja, ich bin's, ich bin da!», brüllte Nik.
«Universum, bist du das?»
«Blödsinn!», rief Nik, «ich bin's, Nik, das kriegen wir hin Nelly, das kriegen wir hin!» Vor Aufregung zitterte Nik am ganzen Leib.
Nelly begann zu keuchen. Da war etwas. Die Vorsehung. Oder das Universum. Oder die Nerven. So klar hatte sie noch nie gefühlt, dass irgendetwas zu ihr sprechen wollte. Doch sie wusste, was zu tun war.
«Ruhig werden, Nelly», flüsterte sie, «entspann dich, atme achtsam, werde ruhig.»
Sie schloss die Augen und versuchte, sich zu entspannen, ohne dabei vor Aufregung zu platzen.
«Wir lassen uns ganz in Trance versinken, vertrauen uns dem Universum an und wollen es offen und liebevoll zu uns sprechen lassen.»
Eine Minute lang stand sie mucksmäuschenstill da, doch es wollte sich keine Trance einstellen, und das Universum schwieg …
«Universum», flüsterte Nelly, «komm, wir treffen uns bei mir daheim, da ist es wärmer.»
Dann öffnete sie die Augen und marschierte davon, dass der Matsch nur so an die Grabsteine spritzte.
Nik verfolgte sie rufend und flehend bis auf die Strasse. Aber es war zwecklos. Offenbar hörte sie ihn nur, wenn sie entspannt war.

Freitag, 16.50 Uhr

Guter Dinge sassen die Trauernden im kleinen Saal; zwar hatten sie noch einige Minuten auf die Würstli warten müssen, da sie wegen der Kälte weniger lang getrauert hatten als vorgesehen, aber sie hatten die Zeit zu nutzen gewusst und sich kräftig aufgewärmt mit Jägertee, Glühwein und Legenden über den interessantesten Teil des Verstorbenen, seine Exfrau.

Was deren Verhalten betraf, war die Trauergemeinde gespalten. Einige fanden es mutig, dass Sheryl trotz ihrer Verspätung die Kirche noch betreten hatte, um dem Verblichenen die letzte Ehre zu erweisen. Die meisten fanden es eine pietätlose Frechheit, dem Verstorbenen mitten in den Lebenslauf hineinzuplatzen, zumal als Geschiedene. Eine von Niks Kundinnen wies darauf hin, dass Nik sich einer Scheidung stets verweigert hätte. Andere meinten zu wissen, dass die Scheidung nach Ablauf der nötigen Frist durchaus vollzogen worden sei, dass Nik diese Tatsache aber weder sich selber noch andern habe eingestehen können.

Sheryl galt bei den Frauen als treuloses Luder. Bei den Männern auch, offiziell. Die Mütter waren sich uneins, wie einer Mutter zu begegnen sei, die nicht nur ihre Tochter beim Vater zurückgelassen, sondern nachher auch noch Karriere gemacht hatte. Auspeitschen? Brandmale? Auf Lippen, Décolleté oder beides? Dass diese ordinäre Figur mit dem braun gebrannten Gesicht und dem unverschämten Blick hart zu bestrafen war, darin waren sich die Frauen einig. Die Männer auch, offiziell.

Als Sheryl und Sonja den kleinen Saal betraten, stürzte der Geräuschpegel auf einen Tiefstwert. Während sie sich setzten, wurden sie so unauffällig ignoriert, dass man eine Stecknadel hätte zu Boden fallen hören können. Sheryl sah tatsächlich immer noch so vulgär aus, wie ihr Name klang, fanden die Frauen, eher noch mehr als früher, Sonja konnte ja dem Herrgott danken, dass sie ohne diese Rabenmutter aufwachsen durfte, die sie einfach im Stich gelassen hatte; und wie zum Geier ein phlegmatischer Kaltblüter wie Nik es damals geschafft hatte, dass diese neun Jahre jüngere, lebensfrohe Rassestute aus Irland nicht nur von ihm schwanger wurde, sondern ihn dann auch noch heiratete und in der Schweiz blieb, das war den Leuten im Dorf schon seit Jahren jedes Mal völlig egal gewesen, wenn sie sie gesehen hatten. Wahrscheinlich war sie dauergeil und dauerkatholisch gewesen und damit vom Regen direkt in die Traufe, also von der Schwangerschaft direkt in die Ehe geraten. Die Männer waren sich einig gewesen, dass es eines heissblütigeren Hengstes bedurft hätte, um diese Stute von München nach Birkweil zurückzuholen.

Aber das einzige Wilde an Nik war seine Wut auf alles Deutsche, die nach Sheryls Aus- und Umzug nach Deutschland seinen Anfang genommen hatte.

Als der Verstorbene zu seiner Trauergemeinde stiess, hatte sich der Geräuschpegel wieder leidlich erholt. Beleidigt konstatierte er, dass die Trauernden den gemütlichen Teil der Beerdigung mit guter Laune und bemerkenswertem Appetit absolvierten. Walter hatte sechs Würstli auf dem Teller und zwei im Mund. Es schien zu schmecken, und dies, obwohl in der Küche Boris Zenger die Kelle schwang, den er einfach nicht leiden mochte.

Nik gesellte sich zu Sonja und Sheryl. Die zwei fühlten sich offensichtlich unwohl und blieben unter sich.

Die förmlichen Kondolenzen hatte Sonja bereits vor der Trauerfeier entgegengenommen, und für eine Kontaktaufnahme, die über das Förmliche hinausging, fühlten sich die meisten Leute in der Gegenwart von Sheryl zu unsicher. Es gab hier im Dorf schlicht kein Ritual, welches festlegte, wie man einer Schlampe zum Tod ihres Exmannes anständig zu kondolieren hatte.

«Es ist gut, dass du Sascha gebeten hast, nicht zu kommen», sagte Sheryl.

«Das bin ich Paps schuldig», flüsterte Sonja.

Nik stutzte. Sascha? Was für ein Sascha?

«Versteh ich aber voll dass Sascha Stress hat weil er dich nicht umarmen kann jetzt», sagte Dušanka, die sich in der Zwischenzeit umgezogen hatte und nun wie so oft im Service aushalf. Sie stellte die Platte mit den Würstli auf den Tisch, liess den Ring in ihrer Augenbraue wackeln und ging zum nächsten Tisch.

Nik schnappte nach Luft. Umarmen? Sonja?!

Auf dem Tisch vibrierte Sonjas iPhone. Sie warf einen Blick auf das Display und blickte Sheryl überrascht an «Er ist unterwegs hierher.» Sonja schien nicht recht zu wissen, ob sie sich ärgern oder freuen sollte.

Sheryl lächelte. «Gute Männer entscheiden nicht immer richtig, aber sie entscheiden.»

Nik verzog das Gesicht. Sogar heute musste sie ihm Vorwürfe machen. Was für eine beschissene Beerdigung! Sonja hatte also einen Freund. Sheryl hatte es gewusst. Er nicht. Gut, sie hatte ihn wohl erst seit Kurzem und hätte es ihm demnächst gesagt. Bestimmt hatte dieses Bürschchen sie daran gehindert, ihn einzuweihen. Sascha, was für ein idiotischer Name, womöglich ein Franzose, das war ja noch schöner!

Eine Viertelstunde darauf erhielt Sonja eine weitere SMS und verliess den kleinen Saal. Nik folgte ihr.

Vor dem Eingang zum Restaurant stand ein junger Mann. Nik erfasste ihn mit dem erfahrenen Blick eines toten Coiffeurs: Er war gross, schlank, blond, dumm und charakterlos, für seine Tochter absolut ungenügend. Und dann umarmte er sie auch noch. «Himmel, Sonja!», rief Nik, «siehst du nicht, was das für ein … ein Feigling ist?»

Die Umarmung des Feiglings dauerte rund eine Ewigkeit. Nik japste; schlimmer konnte es nicht mehr kommen. Doch dann öffnete der Kerl seinen Mund und sprach nicht Französisch, nein, er sprach Hochdeutsch.

Freitag, 17.00 Uhr

Die Bewohnerinnen und Bewohner des *Pflegezentrums für Betagte, Abendsonne*, sassen im Bistro vor ihren Gallen- und Blasentees, stierten durch die grosse Fensterfront hinaus und versuchten zu erkennen, ob sich in der einbrechenden Nacht auf der schneebedeckten Lilienstrasse noch etwas tat. Die Greise kommentierten den Wintereinbruch, die alten Frauen kommentierten die Passanten, die ihm zu trotzen hatten, zum Beispiel die grosse Dicke, die sogar noch in der Dämmerung unübersehbar war, ach, wie hiess sie doch gleich, Herrgott, wie hiess sie doch wieder, und die soeben auf ihren fetten Schenkeln vorbeiruderte und im Mehrfamilienhaus verschwand, wo wieder einmal kein Mann auf sie wartete.

Nelly keuchte zähneklappernd die Treppe hinauf in den ersten Stock, öffnete die Türe, betrat den Gang ihrer kleinen Wohnung, schloss ab und stieg unverzüglich aus den glucksenden Schuhen, dem Mantel mit den Schneekrempen und der dreckigen Restkleidung. Nackt schlotterte sie durch den Gang, beim Garderobenspiegel den Blick streng geradeaus gerichtet, schnurstracks ins Badezimmer. Sie öffnete den Wasserhahn, liess sich ein heisses Bad ein, goss ein ganzes Fläschchen Achtsamkeits-Schaumbad Pink Orchidee Ylang-Ylang mit natürlichen Aromaölen und besonders lang anhaltendem Relaxschaum dazu, stieg langsam in die Wanne, schloss die Augen, genoss das wohlige Erschauern im heissen Wasser und wusch sich mit Niks Perücke, zärtlich und vollumfänglich.

Niesend und müde, aber aufgewärmt und achtsam duftend verliess sie eine Stunde später das Bad, legte die Perücke auf den Heizkörper, zog den Bademantel an, ass eine Tafel Schokolade, holte die halb trockene Perücke, setzte sich in ihren Schaukelstuhl und war dankbar, dass dieser Horrortag nun doch noch zwei gute Enden gefunden hatte. Das eine war die wohl schönste Devotionalie, die man von einem verstorbenen designierten Ehegatten haben konnte. Das zweite war die Ankündigung des Universums, sich ihr im Schlaf zu offenbaren. Dieser Tag war nicht das Ende, sondern der Anfang. Etwas Bedeutsames erwartete sie.

Nelly ging in die Küche, griff sich eine Büchse Prosecco aus dem Kühlschrank, zur Feier des Tages und um das Universum bei der Kontaktaufnahme zu unterstützen, kehrte mit einem müden Ächzen zurück in den Schaukelstuhl, schlug den Bademantel auf, nahm sich die Perücke zu Herzen und schlug den Bademantel wieder zu. Anschliessend schlürfte sie mit triefender Nase den Prosecco, flüsterte: «Universum, ich komme», und fiel in einen tiefen Schlaf.

Freitag, 17.10 Uhr

Nik stand hinter Sonjas Stuhl und schnaubte. Ein Deutschling, ausgerechnet, und Sonja schien sich nicht einmal zu wehren. Wie er dieses lackierte Hochdeutsch hasste! Die beiden mussten sich kennengelernt haben, als Sonja bei Sheryl zu Besuch in München gewesen war. Also vor drei Wochen. Ob sie womöglich schon ... Nik wurde kalt und heiss. Aber er wollte sich nichts vormachen. Sie wurde bald 18. Vermutlich hatten sie sich wirklich schon geküsst.

«Jetzt gehe ich heim, mir ist sauschlecht, und es ist Zeit für die Medizin», rief Walter. «Mein Tiramisu kann haben, wer will, dieses Geschmier ist mir zuwider!» Er schnappte sich noch ein Paar Würstli, «für Berthold, die hat er gern», steckte sie in die Tasche und trottete von dannen.

Von den übrigen Gästen machte keiner Anstalten, nach Hause zu gehen, denn hier war es entschieden interessanter als zu Hause. Erst war Sheryl aufgetaucht und dann der Deutsche bei Sonja.

«Ich hätte nicht kommen sollen», flüsterte Sascha.

«Allerdings!», knurrte Nik.

«Ist schon in Ordnung», erwiderte Sonja.

Dušanka, die sich kurz zu Sonja gesetzt hatte, meinte: «Die werden sich wieder einrenken hast eben einen Freund jetzt so what.»

Nik tigerte unruhig durchs Restaurant und blieb immer wieder bei Sonjas Tisch stehen. Natürlich hatte dieses Bürschchen sie davon abgehalten, ihrem Paps von ihm zu erzählen. Aus Angst vor dem routinierten Blick eines Coiffeurs, der sofort erkennt, was für einer einer ist. Womöglich hatte der Bursche gar nicht einmal viel dagegen, dass er tot war. Im Gegenteil, wenn er schon Angst hatte, dann ... Gopf! Dieser hochgewachsene Kerl war der Einzige, der ein Motiv hatte!

Andererseits – nein. Sonja war vielleicht etwas unerfahren, aber nicht dumm. Und es gab ja vielleicht auch anständige Deutschlinge. Das war zwar unwahrscheinlich, aber nicht auszuschliessen, man musste das in Betracht ziehen, und Nik war nie ein Befürworter von Vorurteilen gewesen.

Saschas Blick ruhte eine Weile auf Sonja. Dann griff er in die Innentasche seines Jacketts und zog einen Kugelschreiber hervor. Er nahm eine Papierserviette aus dem hölzernen Serviettenhalter in der Mitte des Tisches und begann, Sonja zu skizzieren.

Nik erkannte den filigranen Strich sofort. Er wurde totenblass.

Freitag, 18.00 Uhr

Abends um sechs Uhr sassen die alten Herrschaften in der *Abendsonne* ausnahmslos an ihren Suppentellern und versuchten, mit dem Löffel den Mund zu treffen, wenn möglich den eigenen. Das war auch heute der Fall. Darum bemerkten sie nicht, dass draussen ein Mann vorbeihastete, der zur Dicken mit dem roten Mazda wollte. Allerdings hatte es inzwischen auch bereits eingenachtet, sodass die Betagten den Mann gar nicht erkennen konnten. Ausserdem war er unsichtbar und im Gegensatz zu ihnen bereits gestorben.

Nik stieg über die dreckige Wäsche in Nellys Gang, warf einen Blick in jedes Zimmer und fand Nelly neben vier eingerollten schwarz-weissen Katzen tief schlafend auf ihrem Bett. Ihr Bademantel war grossflächig verrutscht, und im gedimmten Schein der Ständerlampe sah Nik, dass Nelly unter dem Bademantel nackt war. Und dass etwas zwischen ihren Brüsten hervorschaute. Eine Perücke. Seine Perücke. Nik griff sich an den Kopf und fühlte dichtes Haar, worauf ihm in den Sinn kam, dass die Perücke ja nicht auf seinem Kopf, sondern in seinem Sarg liegen müsste. «Gopf!»

Die Katzen schossen fauchend aus dem Schlafzimmer, Nelly riss die Augen auf und kreischte. Erschrocken richtete sie sich auf und sah sie sich im Schlafzimmer um, doch da war niemand. Sie atmete auf und liess sich aufs Bett fallen, um sogleich wie von der Tarantel gestochen wieder hochzuschiessen: «Ogottogottogott, das Universum!»

Nelly stand auf, stellte sich majestätisch neben das Bett, sah an die Decke und hauchte: «Universum, ich bin bereit.»

Dann liess sie den Bademantel zu Boden rutschen. Nik schloss entsetzt die Augen.

«Ich werde ruhig und höre», sprach Nelly langsam, «ich bin ganz bei mir, falle tief in eine friedliche Trance, Scheisse, bin ich aufgeregt.»

Nik presste die Lippen zusammen. Doch Nelly gab nicht auf, und eine halbe Stunde, einige Niesattacken und eine Büchse Prosecco später atmete sie tief und regelmässig.

Nik stellte sich direkt vor sie hin und sagte: «Ich bins, Nik.»

Nelly flüsterte: «Ja, Universum, ja, sprich zu mir über Nik! Ist er bei dir?»

«Nein, ich bin es selber, ich bin Nik!»

«Nik!», krähte Nelly und versuchte erst, mit ihrem linken Arm ihre Brüste und mit Niks Perücke weitere Sperrzonen zu bedecken, riss dann aber doch den Bademantel hoch und schaffte es, ihn sich in Sekundenschnelle umzuwerfen. «Nik? Bist du es? Oh, Nik! Was willst du mir sagen? Sag es, sag es mir, wir sind unter uns!»

«Es war kein Sturz, es war Mord, der Kerl, der sich als Sonjas Freund ausgibt, du musst sie warnen!»

«Nik? Nik! Nik, bitte sag etwas. Ogottogott, bin ich aufgeregt. Ruhig werden, Nelly, ruhig werden, tief atmen.»

Nik fluchte. Sie hörte ihn nur, wenn sie entspannt war, und das war sie nicht mehr, wenn sie ihn hörte. Vielleicht half ein Beruhigungsmittel. Oder sie liess sich volllaufen. Im Suff hatte Xaver Franzen selig auch oft behauptet, er höre Stimmen. Nur taugte sie im Suff wohl nicht mehr zum Sprachrohr. Sie musste sich einfach an ihn gewöhnen. Aber das konnte ewig dauern.

Nelly schien dieselbe Erkenntnis zu haben. «Nik ist hier», sagte sie und versuchte, ruhiger zu atmen. «Hallo, lieber Nik. Es ist nichts Aussergewöhnliches. Nur ein Geistwesen. Ich freue mich so, dass du da bist, Nik, ich entspanne mich jetzt so schnell es geht.»

Immerhin, das Problem hatte sie begriffen. Nik setzte sich auf den Hocker.

Eine weitere halbe Stunde verstrich. Nelly half ihrer Beruhigung auf die Sprünge mit Zigaretten, Duftkerzen und monotonem Selbstgespräch. Sie wurde immer schläfriger, und kurz bevor sie einschlief, stellte Nik sich vor sie hin und rief: «Es war Mord!»

Nelly schoss hoch. «Mord? Ruhig bleiben, Nelly, wieso Mord, Nik?» Sie zitterte vor Aufregung. Und wieder hörte sie nichts mehr. Bildete sie sich das alles nur ein? Falls ja, dann brauchte sie Prosecco. Falls nein, erst recht.

Eine halbe Stunde später waren zwei weitere Büchsen leer, und Nelly war voll. Vor allem aber hatte sie nicht die geringste

Ahnung, wen sie denn nun ermorden sollte. Sie wankte ins Bad, übergab sich und sank dann auf ihrem Bett in einen Tiefschlaf.

Nik, mindestens ebenso halbtot vor Aufregung, legte sich verzweifelt neben sie. Er kannte sonst niemanden, der sensitiv war. Nelly war seine einzige Chance.

Freitag, 19.30 Uhr

Als Sonja und ihre Mutter mit Lassie zur Hunderunde aufbrachen, hatte es aufgeklart. Die beiden schauten Lassie zu, die sich im Schnee vergnügte.

«Du, es hat sich viel Arbeit angestaut», sagte Sheryl und sah Sonja besorgt an.

Sonja nickte. «Kein Problem, Mom.»

«Aber Mittwochmittag bin ich wieder da, versprochen, und dann bleibe ich bis Sonntag.»

«Schön. Aber ums Geburtstagfeiern ist mir nicht zumute.»

Sheryl nickte. «Lass uns einfach essen gehen.»

«Ja, das würde ich gern. Wir beide und Sascha. Und Dušanka.»

Die zwei schritten zügig weiter und hingen ihren Gedanken nach. Nach der Trennung ihrer Eltern war Sonja mehrere Jahre lang bitter enttäuscht gewesen, insbesondere über ihre Mutter. Doch mit der Zeit hatte sie selber erfasst, welch ein Kraftakt es für Sheryl gewesen war, ihre Tochter als Zwölfjährige bei Nik zu lassen, obwohl sie damit rechnen musste, dass Sonja ihr lange böse sein würde. Aber die unzähligen Chats und nächtelangen Skypes während ihrer Pubertät, die vielen Wochenenden in München und die Schulferien mit gemeinsamen Reisen hatten sie zu engen Freundinnen zusammengeschweisst. Ihre Mom war nur 22 Jahre älter als sie selber, und ihre ungezähmten mädchenhaften Seiten hatte sie sich stets bewahren können.

«Du hast mir immer viel zugetraut», bemerkte Sonja.

Sheryl sah sie unsicher an.

Sonja zog sie an sich. «Zugetraut, Mom, nicht zugemutet.»

«Danke. Es tut gut, das hin und wieder zu hören.»

«Ich war gut aufgehoben.»

«Ja, sonst hätte ich es nicht getan. Er hat uns beide bemuttert. Für dich war es Liebe, für mich ein Korsett.»

Sonja nickte. «Etwa vor einem Jahr habe ich ihm an den Kopf geworfen, er habe von Frauen keine Ahnung, und dass du noch bei uns wärst, wenn er etwas mehr Pfupf gehabt hätte.»

Sheryl reichte ihr ein Taschentuch. «Keine Selbstvorwürfe.»
«Ich vermisse Paps.»
«Lass dir Zeit. Es kommt gut.»

Samstag, 10.10 Uhr

Am Samstagmorgen lag Birkweil unter einer Schneedecke. Eiskristalle flirrten im Sonnenlicht, aus vielen Kaminen stiegen friedlich Rauchfahnen, und die meisten Birkweiler lagen noch in ihren warmen Betten und warteten zähneknirschend, bis das Kreischen der Schneefräsen verstummte.

Um kurz nach zehn machte Sheryl sich auf den Weg Richtung München. Sonja winkte dem schwarzen BMW hinterher und begab sich dann auf eine kurze Hunderunde.

Lassie versank im Schnee, Sonja in Gedanken. Nach Abschluss der Fachmittelschule in eineinhalb Jahren konnte sie nach München ziehen, wenn sie wollte. Saschas Studium würde bis dann ebenfalls abgeschlossen sein. Überhaupt konnte sie nun tun und lassen, was sie wollte, zumal sie ja nächste Woche volljährig wurde. Sie konnte sogar den Salon verkaufen, den sie nun wohl erbte. Wie schäbig, jetzt schon an so etwas zu denken, dachte Sonja, doch sie konnte nichts dagegen tun, es dachte ganz von allein. Sie zog die kalte Winterluft tief in ihre Lunge und lief schneller.

Als sie kurz nach Mittag zurückkam, stand Sascha mit Blumen und Croissants vor der Türe. Mit gemischten Gefühlen stieg sie die Treppe hinauf. Sascha betrat zum ersten Mal in seinem Leben Sonjas Wohnung.

Zehn Minuten später sassen sie am Küchenfenster, tranken Kaffee und tankten Mittagssonne. Es kam Sonja unwirklich vor. Paps fehlte, stattdessen war Sascha da. Sogar Croissants hatte er mitgebracht wie früher Paps. Es war gleichermassen befremdlich wie befreiend.

Nik stand im Türrahmen und knirschte mit den Zähnen.

Nellys Grunzen hatte ihn geweckt. Sie würde wohl noch bis zum Abend auf ihrem Bett liegen und Prosecco ausatmen. Eine düstere Ahnung hatte ihn danach zu Sonja getrieben und sich prompt bestätigt. Der deutsche Serviettenzeichner hatte seinen Platz eingenommen. Er sah auch bei Tageslicht aus wie der Schleimbrocken neben Jodie Foster in *Contact*, der Schauspieler mit dem komplizierten Namen. Und er hatte nur vier Croissants mitgebracht, und nicht fünf wie Nik früher.

«Ich bin wie ... ausgetrauert», bemerkte Sonja und liess ihren Blick aus dem Küchenfenster über die Dächer schweifen. «Statt dass ich heule, geniesse ich die Sonne.»

«Man kann nicht immer traurig sein», sagte Sascha, «du solltest es zulassen, dich auch irgendwie ... befreit zu fühlen.»

Sonja sah Sascha dankbar in die Augen. Dann stand sie auf, setzte sich auf seine Oberschenkel, zog ihn an sich und küsste ihn.

Niks Augen wurden immer grösser. Die küssten sich eindeutig nicht zum ersten Mal. Genau so hatte auch Sheryl geküsst, ganz genau so, nicht auszudenken, was noch folgte; damals vor 19 Jahren war sie ihm dermassen an die Hosenträger gegangen, dass er hinterher fix und fertig gewesen war und sie schwanger.

«Du hast mir noch nicht alles gezeigt», sagte Sascha.

Sonja lächelte. «Was willst du sehen?»

«Alles eben, die ganze Wohnung.»

Im Salon lag immer noch diese Note von Canadoline in der Luft, von der Sonja eine Kindheit lang so viel eingeatmet hatte, dass sie bis an ihr Lebensende gegen Haarausfall und Schuppen immun sein würde. Die alten Blenden waren heruntergelassen, zwischen den defekten Lamellen warf die Nachmittagssonne vereinzelte Strahlen herein.

Sascha studierte die holzgerahmte alte Tafel mit den Damentarifen aus Babettas Zeiten. «Bleichen, Blondieren mit Ondulation oder Wasserwellen: 16 Franken», las er laut. «Dauerwellen Flachwicklung elektr. Dampf und stromlos (elektr. vorgeheizt) ganzer Kopf inklusive Service: 33 Franken.»

Die beiden lachten.

«Lachen tut wohl», sagte Sonja.

Sascha trat hinter sie und umschlang sie. Gemächlich fuhr er mit seinen Händen unter ihren Sweater, strich ihr über den Bauch ganz langsam gegen oben.

Sonja schloss die Augen.

«Du Schwein», zischte Nik unter dem Türrahmen.

Sascha zog Sonja den Sweater aus und begann, an ihren Schultern zu knabbern, bis sie erschauerte.

Nik drehte sich beinahe der Magen um.

Langsam öffnete Sascha den Verschluss ihres BHs.

«He! Was macht ihr da?»

Hinter dem Vorhang zwischen Kundenraum und Büroecke guckte Walter hervor und machte grosse Augen.

«Walter!», rief Sonja und lief rot an, während Sascha am BH-Verschluss herumnestelte.

Nik keuchte vor Erleichterung.

«Der Salon ist zu!», tadelte Sonja, «und du weisst doch, dass du den Vordereingang benutzen sollst.»

Walter kicherte. «Ich habe es ganz genau gesehen, ihr wollt heiraten.»

Sascha sah Sonja fragend an. «Ist der senil?»

Sonja nickte und zog sich den Sweater wieder über. «Du darfst nicht einfach hereinkommen, Walter», sagte sie, inzwischen eher amüsiert als verärgert.

Der alte Mann gluckste und zeigte mit dem Finger auf Saschas Hose: «Dem da unten sagt man Willi, und bei der Frau sagt man Uschi, und wenn man heiratet, gibt es Kinder.»

Sonja lachte. «Bist du sicher?»

Walter nickte eifrig. «Mutter hat gesagt, sie habe also genug Kinder auf die Welt gebracht, es reiche jetzt, aber bei euch ist es eine Ausnahme, Nik schneidet mir sicher noch die Haare, ich warte, bis er kommt, und ihr könnt so lange weiter heiraten, ich bin ganz still.»

«Paps kommt heute nicht mehr», antwortete Sonja.

«Und morgen?»

«Paps ist für längere Zeit weg, Walter, aber er hat mir gesagt, ich soll dir einen Gruss ausrichten, und ich solle dir die Haare schneiden.»

Walter nickte. «Ihr könnt aber gern zuerst fertig heiraten, ganz sicher, nur keine Umstände, ich habe auch einen Willi.»

«Setz dich auf den mittleren Sessel.»

Sascha sah Sonja erstaunt an. «Du kannst Haare schneiden!?»

«Walters Kopf mähen, kriege ich noch hin.» Sonja grinste.

Nik atmete auf. Solange Walter da war, konnte dieser Kerl ihr nicht an die Wäsche. Er musste Nelly holen, sie wachte bestimmt langsam auf.

Sascha musterte Walter. «Wo ist der denn entlaufen?»

«Nirgends», sagte Sonja, setzte den elektrischen Haarschneider an und begann, Walter zu scheren. «Einen Knick in der Fichte hatte er schon immer, und jetzt wird er auch noch dement. Er wohnt im Moment noch im Haus seiner Mutter, die letztes Jahr mit 100 Jahren gestorben ist. Sie war die Schwester von Babetta; die eine Hebamme, die andere Coiffeuse. Paps ist dann Walters Beistand geworden und – verflixt!» Sonja hielt inne. «Walter braucht einen neuen Beistand. Wer regelt solche Fragen?»

Sascha zog die Augenbrauen hoch. «Er braucht wohl eher ein Heim.»

Sonja sah Sascha leicht pikiert an. «Paps hat ihn natürlich in der *Abendsonne* angemeldet. Wenn ein Platz frei wird, muss er umziehen. Lustig wird das nicht.»

Samstag, 15.30 Uhr

Nelly stand unter der Dusche und flehte das Universum an, das Hämmern in ihrem Kopf zu beenden. An den Vorabend erinnerte sie sich nur undeutlich. Sie hatte Visionen und Prosecco gehabt, wusste aber nicht mehr, in welcher Reihenfolge. Und sie sollte jemanden ermorden, wusste aber nicht mehr, wen. Vermutlich hatte eher der Prosecco die Visionen ausgelöst als umgekehrt.

Nach der Dusche gönnte sie sich Kaffee, Zigaretten, eine weitere Tablette gegen Kopfschmerzen, ein kalorienreduziertes Joghurt, eine Tafel Schokolade und die wilde Entschlossenheit, ein neues Leben anzufangen. Es war November, bis im Mai lagen 15 Kilogramm drin und bis im Juni ein Mann; im Schrank hing ja noch der neue Jogginganzug, entwickelt von der NASA, schweineteuer und immer noch in der Originalverpackung, und Joggen war ja ein Trick, mit dem sich die Wirkung von «Achtsam abnehmen mit Tarot» noch unterstützen liess. Zudem würde sie mit Disziplin Dauerwerbesendungen gucken, bis sie jenes multifunktionale Fitnessgerät gefunden hatte, mit dem es am meisten Spass machte, die Pfunde nur so purzeln zu lassen.

Nelly föhnte sich ihre farblosen Haare trocken, grub den giftig neongelben Trainer mit den Reflektoren aus, stieg hinein, packte liebevoll Niks Perücke in die Seitentasche und verliess in der einbrechenden Dämmerung das Haus in Richtung Zukunft. Sie schickte einen flehenden Blick hinauf zum Universum, holte tief Luft und fiel in einen schweren Trab.

Samstag, 16.00 Uhr

«Du Birne», sagte Walter und betrachtete im milchigen alten Spiegel seines kleinen Badezimmers mit gerunzelter Stirn seinen kahlen Schädel, «hast wieder den Kopf nicht bei der Sache gehabt, hättest halt sagen müssen, dass sie es nicht so kurz schneiden soll, wenn es doch schneit, Schafe frieren ja auch an den Ranzen, wenn sie frisch gefräst werden.»

Walter schlurfte in die Küche, öffnete das Türchen zur Brennkammer seines kleinen Holzherdes und streckte den Kopf so weit hinein, wie die Wärme es zuliess. «So, hast wieder warm, du Glühbirne», sagte er nach zwei Minuten, legte noch ein Holzscheit nach, schloss das Türchen und begann, darüber nachzudenken, wie man mit einer Glatze einen Winter übersteht, in dem man voraussichtlich nicht immer einen Holzherd dabeihat.

Der rettende Gedanke kam ihm beim Milchkaffee. Er trank ihn aus, zog Stiefel und Jacke an, setzte das Magazin in sein Gewehr, gefüllt mit 24 Schuss, und marschierte ohne Verzug in den Wald, um sich ein Fell zu schiessen.

Samstag, 16.10 Uhr

Als Nik in Nellys Wohnung platzte, schossen die Katzen mit gesträubtem Nackenhaar ins Schlafzimmer unter das Bett. Er blickte in jedes Zimmer, doch Nelly war nicht mehr da. War sie womöglich doch nicht so betrunken gewesen? Nik brauchte nicht lange zu überlegen. Es gab nur einen Ort, an dem Nelly jetzt sein konnte.

Schon beim Eingang zum Friedhof sah Nik eine Gestalt an seinem Grab stehen. Treffer. Aber als er näher kam, erkannte er den alten Knorr. Ausgerechnet. Und trauern tat er auch nicht, im Gegenteil, er wirkte beinahe zufrieden. Vermutlich hatte er wieder getrunken. Aber wo um alles in der Welt steckte Nelly?

Vor dem Salon blieb Nik erneut stehen. Der Haarschneider war verstummt. Sollte er bleiben? Aber wozu? Ohne Nelly konnte er für Sonja sowieso nichts tun.

Nik trabte weiter. Nelly war sicher bald zurück, demnächst begannen die amerikanischen Vorabendserien, die ihr heilig waren.

Die Katzen fauchten erneut, als das Phantom ein paar Minuten später durch die Wohnungstüre rannte. Nelly war immer noch nicht da.

Eine geschlagene halbe Stunde lang tigerte Nik durch die Wohnung und versuchte, nicht daran zu denken, dass Sonja jetzt wohl mit dem deutschen Serviettenzeichner zusammen war, der ihren Paps umgebracht hatte. Schliesslich hielt er es nicht mehr aus. Warten war sinnlos, mit Nelly musste etwas geschehen sein. Nik stürzte hinaus und rannte zum Salon zurück.

Am Postplatz angekommen, war Nik zu sehr ausser Atem, um zu fluchen. Inzwischen war es auch in der Wohnung über dem Salon dunkel. Nik dachte kurz nach und hastete dann los in Richtung Wald. Sonja war vermutlich auf der Hunderunde, und vielleicht hatte Nelly sich ja angeschlossen.

Schon nach wenigen Minuten vernahm er Lassies Bellen. Sekunden später konnte er beim Parkplatz am Waldrand Sonja ausmachen, die in den Fahrweg zur Waldhütte einbog, neben sich ihren «Freund».

Nik schloss auf. Sonja hatte Lassie von der Leine gelassen. Typisch. Hundertmal hatte Nik an ihr Herz appelliert wegen der schutzlosen Rehe im Wald; vergebene Liebesmüh, in manchen Dingen war sie so locker und gedankenlos wie Sheryl. Und nun war er tot, und das schutzlose Reh, das war nun sie selber.

Lassie plätscherte alle paar Meter selig gelbe Löcher in den Schnee. Auf einmal blieb sie bockstill stehen, stellte die Ohren auf und bellte. Es bellte zurück. Sonja packte Lassie am Halsband und nahm sie nun doch an die Leine.

Gut. Das war Engelbert gewesen, der kalbsgrosse Hund von Nils Zimmermann. Der Rottweiler war zwar dressiert wie eine Maschine, aber er hatte trotzdem vor dem Salon draussen bleiben müssen, wenn Zimmermann sich von Nik seinen Altrockerzopf stutzen liess. Nik hasste fremde Hunde, die Lassie besteigen wollten.

Zimmermann kam Sonja und Sascha entgegen und deutete mit der Hand an der Krempe seines schwarzen Caps seinen üblichen coolen Gruss an.

Beim Anblick des Rottweilers an Nils' Seite schoss Nik ein Gedanke durch den Kopf. Er wartete noch eine Sekunde, bis die beiden Hundehalter sich kreuzten. Dann sah er Engelbert an, zeigte auf Sascha und brüllte: «Fass!»

Engelbert fletschte die Zähne und schoss nach vorne. Sonja schrie auf und stürzte rücklings auf den schneebedeckten Waldweg. Zimmermann hielt die Leine kurz, stemmte geistesgegenwärtig seine Füsse in den Schnee und zischte: «Fussss!» Sekunden später stand Engelbert brav an seiner Seite, als ob nichts gewesen wäre.

«Passen Sie bloss auf Ihren Satan auf!», presste Sascha hervor und half Sonja auf die Beine.

«Verdammt, was ist in dich gefahren?!», herrschte Zimmermann seinen Hund an. «Sorry Sonja, verdammt, sorry, alles in Ordnung?»

Sonja nickte, schlug sich den Schnee von der Jacke. Sascha nahm sie bei der Hand, gemeinsam stapften sie weiter.

Nik folgte den beiden. Ihm war halb schlecht. Fast hatte er seine eigene Tochter zerfleischen lassen, weil er nicht dran gedacht hatte, dass der Rottweiler ja gar nicht sehen konnte, auf wen er zeigte.

Keine fünf Minuten später blieb Lassie bei der Waldlichtung erneut stehen. Erst hörte man ein rhythmisches Keuchen, dann tauchte eine sehr voluminöse Gestalt aus dem Schatten der Bäume.

Samstag, 17.20 Uhr

Nelly dampfte. Mit 40 Minuten hatte sie ihre eigene Bestmarke um 35 Minuten übertroffen. Ihre Lungen wären geborsten, wenn sie nicht zu deren Schutz zwei viertelstündige Zigarettenpausen eingelegt hätte. Aber sie hatte tatsächlich so etwas wie einen Rhythmus gefunden, und den würde sie nun waldauswärts mittels purer Willenskraft durchziehen.

Auf einmal blieb sie stehen. Hatte da jemand ihren Namen gerufen? Sie sah sich um und entdeckte auf der anderen Seite der Waldlichtung zwei schemenhafte Konturen im Mondlicht. Wieder hörte sie, wie jemand ihren Namen rief. Es war Niks Stimme, eindeutig.

Nelly kreischte, machte rechtsum kehrt und floh in den Wald zurück. Mit Niks Geist zu sprechen, ging ja noch, aber Nik zu *sehen*, draussen im dunklen Wald, das bedeutete nichts anderes, als dass er ein Zombie geworden war, ein Untoter, er war ja auch in Begleitung, sie hatte es im Mondlicht genau gesehen, und dass Zombies in Gruppen auftraten, wusste sie.

Nelly brachte ein paar Hundert Meter zwischen sich und die Zombies. Kurz bevor ihre Lungen kollabierten, blickte sie zurück und stellte erleichtert fest, dass die Zombies ihr nicht gefolgt waren. Gott sei Dank. Dann brüllte es direkt neben ihrem Ohr: «Nelly!»

Nelly segelte in den Schnee. Dort blieb sie liegen, kniff die Augen zusammen und hoffte, dass sie nicht zu lange leiden musste.

«Herrgott, ich bin's doch nur, Nik, wieso rennst du davon?»

Nelly öffnete vorsichtig ihr linkes Auge. «Wo ... wo bist du?»

«Neben dir, wo denn sonst, du weisst doch, dass du mich nicht sehen kannst.»

«Wo ist der andere?»

«Welcher andere?»

«Der andere Zombie von der Lichtung.»

«Himmel, das waren Sonja und dieses Freundchen, ich bin doch kein Zombie.»

«Gott sei Dank», prustete Nelly. Sie setzte sich auf und wischte sich den Schweiss von der Stirn.

«Der Kerl hat mich die Treppe runtergeschubst. Du musst Sonja warnen!»

«Was sagst du?»

Niks Hände ballten sich zu Fäusten. Die Leitung brach wieder ab, jetzt musste es schnell gehen. «Du musst Sonja warnen!»

«Nik, ich verstehe dich nicht mehr, ich muss mich erst in Trance versetzen.» Nelly schloss die Augen und und versuchte, die Kontrolle über ihren Atem zurückzugewinnen.

Nik unterdrückte einen Fluch. Dann stutzte er. Wieso hatte sie ihn über mehrere Sätze hinweg verstanden, obwohl sie nicht in Trance gewesen war? Einen Augenblick später ging ihm ein Licht auf. Er stellte sich neben Nelly und brüllte ihr ins Ohr: «Renn!»

Nelly zuckte zusammen. «Rennen?» Ausgerechnet! War sie – in Gefahr? «Scheisse!», japste sie, wuchtete sich aus dem Schnee und trabte los, den Blick auf den Waldweg gerichtet, um nicht auf dem zugeschneiten Laub auszurutschen. Nach einigen Hundert Metern hatte sie wieder das Gefühl, ihre Lungen würden bersten.

«Renn weiter ... verstehst du mich?»

Nelly nickte.

«Halt bloss nicht an, solange du rennst, verstehst du mich, du musst hyperventilieren, also ganz nah am Kick bleiben. Hör mir jetzt genau zu, ich bin nicht von der Treppe gefallen, sondern dieser Kerl hat mich ermordet.»

Nelly riss einen Stopp.

«Renn weiter!»

Widerwillig quälte Nelly sich weiter. Es fiel ihr schwer, aus ihrem eigenen Schnaufen und dem Knirschen des Schnees unter ihren Tritten Niks Stimme herauszufiltern. Ausserdem gab der Joggingdress bei den Streifkollisionen ihrer fleischigen Oberschenkel jeweils ein pfeifartiges Geräusch von sich.

«Tu es für mich, Nelly, warne Sonja vor meinem Mörder.»

Nelly spürte ein Stechen in der Seite. «Wovor?»

«Davor, dass er mich umgebracht hat, renn weiter.»

«Ich habe Seitenstechen!»

«Nelly, ich liebe dich, renn weiter.»

Nelly glaubte, sich verhört zu haben.

«Ich habe mich nie getraut, es dir zu sagen, kehr um und warne Sonja, ich liebe dich ganz sicher, renn zurück und warn Sonja!»

Nelly versuchte, sich den brennenden Schweiss aus den Augen zu wischen. «Sie wird denken, ich spinne.»

«Sag ihr, ich hätte es dir gesagt.»

«Das glaubt sie mir doch nicht.»

«Erzähl ihr, sie habe mich mit ihrem Mantel zugedeckt und dann eine halbe Stunde neben mir geweint. Das kannst du nur von mir wissen!»

Nelly blieb stehen und krümmte sich.

«Ist gut, du hast Seitenstechen, kein Problem, versteh ich, du bist ein Goldstück, Nelly, grossartig, wie du es bisher geschafft hast. Du flüstert es Sonja ins Ohr, damit ihr Freundchen es nicht hört, verstehst du mich noch?»

Nellys Gesicht glühte, sie hielt den Blick auf den Boden gerichtet, doch sie hob den Daumen.

«Sehr gut. Sie kann ihm ja sagen, du hättest ihr von Frau zu Frau gratuliert zu dem feschen Burschen, so schöpft er keinen Verdacht, und dann soll sie die Polizei rufen, wenn sie die Gelegenheit hat, gut?»

Nellys schaffte ein schmerzverzerrtes Nicken. «Ich warte hier auf sie», pumpte sie, zog die Perücke aus der Seitentasche ihres Anzugs, tauchte sie in den Schnee, setzte sich auf eine der Scheiterbeigen am Wegesrand und rieb sich mit der Perücke den Schweiss aus Augen und Augenbrauen.

Nik stiess einen Siegesschrei aus, machte rechtsum kehrt und flog Sonja entgegen. Er war wie elektrisiert.

Nach kaum zwei Minuten sah er Lassie, die ihrer Besitzerin weit voraus war. Jeden Moment würde Sonja in seinem Blickfeld auftauchen.

Dann hallte ein Schuss durch den Wald.

Samstag, 18.00 Uhr

Lassie drehte um und raste auf dem Waldweg zurück.

Nik wurde von Panik erfasst und rannte ihr hinterher. Keine halbe Minute später entdeckte er Sonja, sie stand neben Sascha auf dem Waldweg, unversehrt. Vor Erleichterung brach Nik in Tränen aus.

Lassie war an Sonja vorbeigerast. «Bei Fuss, Lassie!», rief Sonja, doch der Hund rannte weiter in Richtung Dorf. «Shit, was ist heute Abend los in diesem Wald», rief sie genervt, drehte sich um und machte sich ebenfalls auf den Heimweg. Sascha folgte ihr. Dann knallte es ein zweites Mal.

Nik zuckte zusammen. Der Schuss schien aus dem Wald gekommen zu sein. Mit einer dumpfen Ahnung in der Brust rannte der Verstorbene zurück zu Nelly.

Als er sich der Scheiterbeige näherte, vernahm er ein Heulen. Aber es klang nicht nach Nelly. Es klang wie ein langer Schleuderunfall. Niks Puls raste.

Als die Scheiterbeige in Sichtweite kam, bestätigte sich Niks Befürchtung: Walter sass im fahlen Mondschein auf dem Boden vor der Scheiterbeige und heulte. Vor ihm lag Nelly auf dem Rücken, den Kopf auf seinem Oberschenkel, regungslos. Neben Walter lag ein dunkles, langes Etwas im Schnee. Nik erkannte ein Gewehr. Ihn schauderte. Um Himmels willen, Walter hatte doch wohl nicht Nelly mit einem Reh verwechselt?!

Nelly hatte die Augen geöffnet. Nik fiel ein ganzes Gebirge vom Herzen.

«Wo ist die Perücke?», flüsterte sie, den Blick starr in die Baumkronen gerichtet.

Walter heulte viel zu laut, als dass er sie gehört hätte. «Entschuldige, Nelly, ich treffe doch sonst auch nie, und jetzt bist du wegen mir noch gestorben!»

Nik kniete sich neben Nelly. «Bist du verletzt?»

«Wie schön», antworte Nelly leise.

«Was ist schön?»

«Ich höre dich. Und es tut nicht mehr weh.»

Nik presste die Lippen zusammen. «Wo hat er dich getroffen?»
Unvermittelt brach Walter sein Geheul ab. «Ich Birne!», rief er, sprang auf und liess Nellys Kopf unsanft in den Schnee rutschen. «Ich bringe dir meine Medizin, rühr dich nicht vom Fleck!» Damit rannte er davon. Sekunden später war es still.

Nik hätte schreien können. «Wo bist du verletzt?»
«Es tut nicht weh. Ich friere.»
«Ich kann dich nicht einmal zudecken.» Nik beugte sich über sie. Der Schnee unter Nellys Hüfte verfärbte sich blutrot, Niks Magen begann zu rumoren.

«Mach dir nichts draus. Möchtest du mich bei dir haben?»
«Doch, schon, aber du musst weiterleben, halt durch, Walter kommt bald.»

Walters Medizin, lächerlich. Johanna hatte es nie verwunden, dass von den zwei Generationen Birkweilern, die sie zur Welt gebracht hatte, ausgerechnet ihr eigener Sohn zwar ein grosses Herz, aber ein kleines Gehirn besass. Jahrzehntelang hatte das lederhäutige Weib in ihrem alten Bauernhaus Schränke voller Gläser, Töpfchen und Beutel mit Unmengen an Pasten, Kräutern, Salben und Extrakten angesammelt, die gegen fast alles wirkten – ausser gegen Walters fröhliche Einfalt. Als Johanna zur Erleichterung einiger doch noch starb, medizinierte Walter sich brav jeden Tag weiter. Am liebsten mit Johannas getrockneten Hanfblättern.

Nelly lächelte. «Höchste Sichtbarkeit in der Dämmerung, und damit höchste Sicherheit.»
«Was meinst du?»
«Beim nächsten Mal sage ich dem Sportartikelverkäufer, Neonfarben seien unsicher, darin werde man leicht erschossen.»

Nik war nicht nach Lachen zumute.

Nelly plauderte weiter. «Walter ist dazu auserwählt, meinen Lebenszyklus zu beenden. Ich bin unterwegs zu dir. Im Sterben gibt es nur noch Harmonie, wusstest du das?»
«Glaub nicht alles.»
«Ich habe es auf RTL II gesehen. Wo ist meine Perücke?»
«Im Schnee neben dir.»
«Leg sie auf meine Brust.»
«Ich kann nicht, ich bin tot.»
«Ach so, ja, entschuldige.»

«Nelly, bitte, ich brauche dich lebendig!»
«Möchtest du mich bei dir haben?»
«Nein!»
«Im Fernsehen sagen sie immer Ja.»
«Eben, darum sterben sie alle, wo bleibt Walter?»
«Im Fernsehen …» Nelly stockte. Eine Weile war es still. Schliesslich schloss sie die Augen und sagte: «Also, ich sterbe jetzt.»

Samstag, 18.45 Uhr

Nik sah zu den Baumkronen hinauf. Sein Wutschrei hätte die Birken und Tannen reihum gefällt, hätten sie ihn hören können. Einen Augenblick verharrte er auf den Knien, dann erhob er sich, drehte sich um und erstarrte.

Vor ihm stand eine verwirrte Latina. Sie war kaum älter als 20, hatte dichte, schulterlange schwarze Locken, volle Lippen und dunkle Rehaugen mit langen Wimpern und einem fassungslosen Blick. Nik spürte, wie sein Mund austrocknete.

«Nelly?»

Die junge Frau blickte an sich herunter. Sie trug einen ockerfarbenen Pullover aus Kaschmir, einen rostroten Jupe mit grossen, schwarzen Knöpfen auf der linken Seite, die dicken Winterstrümpfe darunter waren schwarz, die Lederstiefel wiederum rostrot.

«Davon habe ich immer geträumt», flüsterte sie. Sie klang etwas heller und etwas weniger rauchig, aber es war eindeutig Nellys Stimme.

Ungläubig tastete Nelly sich ab. Ihr Busen war atemberaubend, ihre Taille zart, und die Beine waren für die Ewigkeit. «So hätte ich ausgesehen, wenn ich nicht anders ausgesehen hätte», flüsterte sie. Sie drehte schwungvoll ihren Kopf nach rechts, ihre Locken federten hinterher wie in einem Werbespot. Dann brach sie in lautes Lachen aus. «Du hast wohl keinen Spiegel dabei?»

Nik war zu verblüfft, um die Stirn zu runzeln.

Mit ihren feinen Fingern berührte Nelly ihr Gesicht. «Ich bin nicht geschminkt, und ein Schminktäschchen habe ich keines gekriegt.»

«Du siehst jetzt ungeschminkt besser aus als früher geschminkt.»

«Trotzdem», murmelte Nelly.

Typisch Frau. Nicht mal perfekt war gut genug.

Nun musterte Nelly ihrerseits Nik. «Du siehst ebenfalls besser aus als früher», sagte sie schliesslich, «du hast etwas von Matthew McConaughey.»

«Von wem?»

«Der spirituelle Berater von Jodie Foster in *Contact*, den hast du sicher gesehen.»

Nik verzichtete auf eine Antwort.

«Sag mir, dass ich träume», sagte Nelly.

«Du träumst nicht», antwortete Nik, «du bist tot.»

«Wenn ich tot wäre, dann würde ich ja jetzt nicht mit dir sprechen. Wir sind also in der Zwischenwelt.» Nelly zeigte zufrieden auf ihren Leichnam. «Jetzt bin ich endlich ich und nicht mehr das da. Gefalle ich dir?»

«Du bist die schönste Tote, die ich je gesehen habe. Schade, dass du nicht echt bist.»

«Natürlich bin ich echt!»

Nik verdrehte die Augen. «Geh mal durch den Schnee.»

Nelly tat wie geheissen, und sie machte grosse Augen. «Ich hinterlasse ja gar keine Spuren! Bin ich so leicht?»

«Nein, so tot. Du bist ein Phantom und hast kein Gewicht mehr.»

«Aber es fühlt sich an, als ob ich im Schnee versinken würde.»

«Alles Einbildung. Aus Gewohnheit. Du bildest dir auch deinen Körper nur ein und alles, was du fühlst und spürst. Aber man gewöhnt sich daran.»

«Und der Astralleib sieht also genauso aus, wie man es sich gewünscht hat.»

Nik genoss Nellys Plappern. Nach fünf Tagen Einsamkeit war es schön, eine Frau an seiner Seite zu haben. Wieder und wieder tat sie Schritte durch den Schnee und stellte ungläubig fest, dass sie keine Spuren hinterliess und dass sie die Perücke am Boden zwar spüren, aber nicht aufheben konnte.

Schliesslich baute sie sich vor Nik auf und sagte herausfordernd: «Greif mir mal an den Busen.»

Nik verschluckte sich beinahe.

«Na los. Quasi ist es ja nur ein Astralbusen, und es sieht uns ja keiner. Ich möchte schon wissen, ob ich das fühle.»

Nik erhob sich und berührte vorsichtig Nellys Brust. «Das bilden wir uns nur ein», sagte er, zog seine Hand wieder zurück und wurde rot.

«Nur nicht so schüchtern», sagte Nelly und packte Niks Handgelenk.

Im gleichen Moment hörten sie ein Keuchen, und Sekunden später tauchte Walter auf. Als er Nellys Leiche entdeckte, blieb er stehen und sah sie erschrocken an. «Um Gottes willen, Nelly, bist du von der Scheiterbeige gestolpert? Oh, du blutest ja! Oder bist du etwa ... tot?»

Walter kniete sich neben die Leiche in den Schnee und zog sich ehrfürchtig die Zipfelmütze vom kahl rasierten Schädel. Doch dann hellte sich sein Gesicht unvermittelt wieder auf. «Du, ich hätte frische Medizin dabei, die ist sehr gesund gegen alles, ach nein, wo ist sie denn, ich hatte sie doch in der Jackentasche? Überhaupt, wo ist die Jacke?»

Nik zog die Augenbrauen hoch und seufzte: «Birne.»

«Das wollte ich auch gerade sagen», sagte Walter.

Samstag, 19.30 Uhr

Nik klappte die Kinnlade nach unten. «Walter, hörst du mich?»
Walter blickte entsetzt auf Nellys Leiche und bekreuzigte sich.
«Das war ich nicht, das war Nik», sagte Nelly.
Walter rappelte sich verdutzt auf. «Du bist ja gar nicht tot.»
«Natürlich ist sie tot», rief Nik aufgeregt.
Walter drehte sich irritiert um, sah aber niemanden.
Bevor Nik weitersprach, hielt Nelly ihm geistesgegenwärtig den Mund zu. «Walter, hör mir mal gut zu», sagte sie freundlich. «Ich bin Nelly, und ich bin wirklich gestorben. Aber was du am Boden liegen siehst, ist nur meine irdische Hülle. Ich selber lebe und bin sehr schön.»
«Sicher nicht. Du bist tot und nicht sehr schön, du bist Nelly.»
«Aber wenn ich tot bin, warum hörst du mich?»
Walter kratzte sich an der Glatze und dachte nach. Diese Frage schien sein Fassungsvermögen zu übersteigen. Schliesslich beugte er sich über die Leiche und tätschelte ihre Wange. «Bist du jetzt tot, oder tust du nur dergleichen?»
«Tot ist nur mein Körper. Mein Astralleib lebt.»
«Ich weiss nicht, was das ist, und überhaupt, früher kam man auch ohne aus.»
«Ein Astralleib ist so etwas wie ein Geist.»
«Ich habe keine Angst.»
Inzwischen hatte auch Nik begriffen, dass Walter mit zwei Stimmen aus dem Jenseits überfordert war, und Nelly konnte ihre Hand von seinem Mund nehmen. Nik war wie elektrisiert. Walter konnte sie hören, obwohl er weder betrunken noch ausser Atem, noch in Trance war. Vielleicht, weil er senil war. Demente alte Leute plapperten ja öfter wirres Zeug und lauschten dann durch die Gegend.
Walter erblickte in der Hand von Nellys Leichnam Niks Perücke. «Ich wusste gar nicht, dass du eine Perücke hast, darf ich die behalten, sie gibt sicher warm.»
Nelly sah Nik an, doch der schien mit den Gedanken woanders zu sein.

«Nimm sie ruhig», sagte sie. «Weisst du, wem die Perücke gehörte?»

«Dir.»

«Nein, sie gehörte Nik. Er hat auch einen Astralleib und ist auch da.»

«Hallo, Walter», sagte Nik.

Walter sah sich verwirrt um.

«Du siehst mich auch nicht», erklärte Nik, «ich bin auch tot und schön und glücklich; sag mal, woher hast du das Gewehr? Du musstest doch euer Gewehr abgeben, als deine Mutter gestorben ist.»

Walter kicherte. «Ich habe halt im Vorratsraum noch eines gefunden.»

Nik runzelte die Stirn. «Aber du hast gewusst, dass du nicht mehr schiessen darfst, jetzt siehst du, was passiert ist, du hast aus Versehen Nelly getötet.»

«Sicher nicht! Ich war das nicht.»

«Wer denn sonst?»

«Ich nicht, das würde ich doch nicht machen!»

«Dann schau doch im Magazin nach, wie viel Schuss noch drin sind.»

Nelly schüttelte den Kopf. «Das ist doch nun egal, mach ihm nicht noch ein schlechtes Gewissen.»

«Doch, eben», antwortete Nik leise.

«Wieso eben?»

«Damit er uns eher gehorcht.»

Nelly blieb der Mund offen stehen. «Wobei gehorchen?»

«Was hab ich gesagt!», rief Walter triumphierend, «Alle Patronen da.»

«Unsinn!», brummte Nik, «Zähl noch mal.»

Walter zählte die Patronen. Nik zählte mit. Es waren 24 Stück.

«Noch einmal», forderte Nik.

Sorgfältig zählte Walter Patrone um Patrone durch, Nik und Nelly zählten mit.

«24 Stück», sagte Nelly verwirrt und sah Nik an.

«Hab ich ja gesagt, ich war's nicht!»

Nelly schaute Nik ungläubig an. «Aber ... wer hat mich denn nun erschossen?»

Samstag, 19.45 Uhr

Nik spürte, wie er von der Angst um Sonja und der Wut auf den Serviettenzeichner wieder erfasst wurde. «Walter, halt dir die Ohren zu», rief er und nickte Nelly zu.

«Wozu?»

«Damit sie dir nicht abfrieren.»

Walter presste sich brav die Zeigefinger in seine haarigen Gehörgänge.

Nik sah Nelly an. «Sascha Meves.»

«Wer ist das?»

«Er gibt sich als Sonjas Freund aus, du hast ihn an meinem Trauermahl gesehen.»

«Der Deutsche?»

«Ja, eben! Dieses Schwein hat mich von der Treppe geschubst und dich vorhin erschossen.»

Nelly verzog das Gesicht. «Immer dasselbe Lied, du und die Deutschen ...»

«Das hat doch damit nichts zu tun!»

Nelly stemmte die Hände in die Hüften. «Dass er dich von der Treppe schubst, würde ich noch verstehen. Als Deutscher kriegt er Sonja ja nur über deine Leiche. Aber mich kennt der doch nicht mal.»

«Ja, und? Vielleicht weiss er von Sonja, dass du sensitiv bist, und fürchtet, du würdest ihn mit übersinnlichen Kräften überführen.»

Nelly starrte ihn entgeistert an. «Du bist wirklich paranoid.»

«Es war bestimmt derselbe, der mich von der Treppe geschubst hat, oder glaubst du, in Birkweil laufen Mörder scharenweise herum?»

«Ach, und wie will er mich hier bei der Scheiterbeige erschossen haben, wenn er gleichzeitig mit Sonja und Lassie vorne über die Lichtung spazierte?»

Nik knurrte. «Was weiss ich, vielleicht hatte er einen Mittäter. Mein Mörder jedenfalls ist er, und ich werde Sonja warnen, und zwar jetzt, ich sollte längst bei ihr sein!» Er hielt kurz inne und fügte mit gedämpfter Stimme an: «Hilfst du mir?»

«Ich wüsste nicht wie, ich bin ja jetzt auch tot.»
«Zusammen mit Walter. Der hört uns ja auch ohne Trance.»
«Dann brauchst du mich ja gar nicht», erwiderte Nelly kurz angebunden, «viel Glück mit Walter, dem glaubt keiner auch nur einen Satz.» Sie schwang ihre Locken über die Schultern und stapfte davon.

Walter sass immer noch schlotternd vor Kälte und mit den Zeigefingern in den Gehörgängen neben Nellys Leiche im Schnee.

Wütend kniete Nik sich neben ihn und rief: «Finger rausnehmen!»

Walter verzog keine Miene.

Nik brüllte lauter, doch Walters eigenes Zähneklappern übertönte Niks Geschrei. Er sah so wütend wie hilflos umher und erblickte Nelly, die in zehn Meter Entfernung stehen geblieben war und das Schauspiel beobachtete. Blöde Gans, typisch stolze Latinas, früher war sie wenigstens ab und zu etwas unterwürfig gewesen.

Noch während Nik überlegte, wie er Walter in Bewegung setzen konnte, erklang vom Dorf her der vertraute Klang der Kirchenglocke. Er zuckte zusammen. Es schlug acht Uhr.

Er schluckte seinen Stolz hinunter und ging zu Nelly. «Ich muss zu Gott», presste er hervor. «Bitte geh mit Walter zu Sonja nach Hause, sobald er die Finger aus den Ohren nimmt!»

«Du musst ... wohin?»

«Ich erkläre es dir später, mein Ausbruch vorhin tut mir leid, ich bin im Moment etwas gestresst. Also, lass Walter bei Sonja hereinplatzen. Solange Walter bei Sonja ist, kann der Serviettenzeichner ihr nichts antun.»

«Der was?»

«Der deut... der Freund. Falls ich in zwei Stunden nicht da bin, müsst ihr Sonja eben ohne mich warnen.»

«Wovor?»

«Vor ihrem Freund, der mich ermordet hat, das habe ich dir ja beim Joggen ins Ohr geschrien.»

Nun klingelte es bei Nelly. «Er soll ihr erzählen, dass sie dich mit ihrem Mantel zugedeckt hat und ...?»

«Genau!»

«Das klappt nie, nicht mit Walter.» Nelly verwarf ärgerlich die Hände. «Und was ist dein Plan B?»

«Ich habe keinen Plan B», rief Nik und rannte los.

Samstag, 20.16 Uhr

Als Nik bei der Kirche ankam, zeigte die von einem Scheinwerfer beleuchtete Kirchenuhr 16 Minuten nach acht. Hoffentlich war Gott nicht beleidigt. Mit dem Handrücken wischte Nik sich den Schweiss von der Stirn, versuchte, etwas ruhiger zu atmen, und betrat die Kirche.

Im Kirchenschiff war es still. Von draussen drang kaum Licht durch die Spitzbogenfenster, der heilige Petrus wirkte trostlos wie eine Leuchtreklame bei Stromunterbruch, und die mollige Kerze auf dem Abendmahlstisch vermochte mit ihrer Flamme, nur den kleinen Chor matt zu erhellen.

Nik blieb hinten im Mittelgang unter der Empore stehen. Hier würde Gott die Schweissperlen auf seiner Stirn nicht sehen. Ausser wenn er auch im Dunkeln sah. Mit seinen kalten Händen kühlte Nik sein glühendes Gesicht und hoffte, beim Klang von Gottes Stimme nicht allzu sehr zu erschrecken. Sein Leben lang war er zu früh gekommen, hatte immer einen Parkplatz beim Eingang gekriegt und nie einen Zug verpasst, oder nur selten, und nun kam er verschwitzt, verspätet und völlig unvorbereitet zum Jüngsten Gericht.

Nik wartete eine Weile, doch es tat sich nichts. Hatten sie womöglich schon sieben Uhr abgemacht? Ihm lief der Schweiss in Bächen herunter.

Als seine Augen sich an die Dunkelheit gewöhnt hatten, sah Nik sich um und entdeckte im Halbdunkel der vordersten Kirchenbank eine Gestalt. Sein Puls jagte. Er war seit fünf Minuten in der Kirche, so lange musste die Person also regungs- und geräuschlos dort gesessen haben. Was, wenn das … Gott war? Er konnte sich auch als Mensch ausgeben, wenn er Lust hatte. In *Bruce Almighty* hatte Gott ja auch Morgan Freeman gespielt.

Nik schluckte. Gott zu hören war schon ungemütlich gewesen, doch ihm dabei auch noch in die Augen blicken zu müssen, darauf war er nicht erpicht.

Er betrachtete die Gestalt in der Kirchenbank. Dann fasste er sich ein Herz und sagte: «Verzeihen Sie bitte die Verspätung.»

Die Gestalt nieste.

Nik fiel ein Stein vom Herzen. Es war Knorr. Jetzt gehörte er also auch schon zu denen, die überall gleich Gott vermuteten. Er stellte sich vor Knorr hin.

Der Pfarrer sass aufrecht auf der Kirchenbank, die Arme verschränkt, die Augen glasig, den Blick auf das grosse Holzkreuz neben der Kanzel gerichtet.

«Hallo, du Deutschling», sagte Nik bissig, verschluckte aber den Rest des Satzes. Gott hörte womöglich mit und mochte es nicht, wenn man seine Mitarbeiter verspottete. Zudem hatte Gott ja selber dieses blasierte Hochdeutsch gesprochen. Es war wohl besser, «Deutschling» aus dem Wortschatz zu streichen. Aber was, wenn Gott Gedanken lesen konnte? All seine Flüche und Verwünschungen der letzten Jahre gegen Knorr? Gopf! Es war wohl besser, Herrn Pfarrer Knorr ab sofort für einen grossartigen Menschen zu halten. Nik schwitzte Blut. Wegrennen war bestimmt sinnlos. Er erinnerte sich an die Geschichte jenes Propheten, der vor Gott davongelaufen und daraufhin von einem Wal gefressen worden war. Man brauchte zwar nicht gleich alles zu glauben, was sie in der Sonntagsschule so erzählten, aber trotzdem.

Plötzlich stand Knorr mit einem Ruck auf und ging zum Seiteneingang. Bevor er die Türe erreichte, erklang ein Piepsen. Knorr blieb stehen und zog sein Smartphone aus der Jackentasche. Das Leuchten des Displays in der dunklen Kirche tauchte sein Gesicht in ein kaltes Blau. Sein Blick wanderte über das Display. «Sie ruhe in Frieden», brummte er leise und steckte das Smartphone wieder ein. Er drehte sich um, sah zum Holzkreuz und sagte mit brüchiger Stimme: «Deine Verantwortung. So weit hätte es nicht zu kommen brauchen. Du Hirngespinst.» Dann verliess er durch den Seiteneingang die Kirche.

Der Gedanke, der Nik durchzuckte, war so ungeheuerlich, dass er unwillkürlich den Kopf schüttelte. Sie ruhe in Frieden – wer war «sie»? Meinte er Nelly? Wurde der Pfarrer per SMS über den Mord an Nelly informiert?

Die Kirchenglocke schlug halb neun. Niks Puls hämmerte. Er nahm allen Mut zusammen und rief in den Kirchenraum hinein: «Gott, bist du da?»

Nichts geschah. Und dann fiel es Nik wie Schuppen von den Augen: Knorr hatte recht. Gott war wirklich ein Hirngespinst. Da hatte ihn das dumme Geschwätz über Gott während seines Trauergottesdienstes tatsächlich so weit gebracht, dass er sich dessen Stimme eingebildet hatte!

Samstag, 20.30 Uhr

Nelly und Walter hatten die Lage daheim bestimmt unter Kontrolle, weshalb Nik schnurstracks zum Pfarrhaus marschierte. Zehn Minuten würden hoffentlich reichen, um Hinweise zu finden, wer Knorr die SMS geschickt hatte, und ob er mit «Sie ruhe in Frieden» tatsächlich Nelly gemeint hatte.

Nik schlüpfte ins Pfarrhaus, ein eindrückliches geschichtsträchtiges Wohnhaus mit dicken Mauern und schweren dunklen Strickbalken. Er lief durch den Haupteingang und die kleine Eingangshalle im Erdgeschoss, blieb stehen und horchte.

Aus der Schreibstube des Pfarrers auf der linken Seite der Eingangshalle erklang das leise Knarren eines alten Holzbodens. Nik trat durch die Tür.

Knorrs Studierzimmer war mit massiven Bücherregalen und einem monströsen Schreibtisch mit einer Tischplatte aus kunstvoll eingelegten Edelhölzern ausgekleidet. Auf dem kleinen Tischchen links des Schreibtisches befand sich ein älterer Computer, wiederum links davon gaben zwei Fenster den Blick auf den Hof frei. In der rechten Ecke gruppierten sich ein Sofa und drei Fauteuils um ein kleines Clubtischchen, auf dem eine Kerze Religion verbreitete. Hier hielt der Pfarrer Trau- und Trauergespräche ab; «Briefings und Debriefings», wie Sheryl sie einmal salopp bezeichnet hatte. Wenn die Besucher sich umdrehten, um den Raum zu verlassen, gewahrten sie das uralte Stehpult hinter der Türe mit der abgeschrägten Schreibfläche und dem alten Füllfederhalter auf dem Sims.

Der alte Knorr stand auf einem kleinen Holzschemel und zog eine grosse, alte Bibel aus dem obersten Tablar. Er stieg herunter, legte die Bibel auf das Stehpult und schlug die letzte Seite auf.

Nik lugte ihm über die Schulter und stutzte: Am unteren Rand der Innenseite des Umschlages standen Initialen, geschrieben in Knorrs Handschrift. Nik kannte sie von Sonjas Konfirmationsbestätigung her. Rechts der Initialen standen jeweils Zahlen. Mehrere davon waren mit einem Kreuz versehen.

MB 24.09. ✝
XF 17.09.
NH 6.11. ✝
NO 12.11.

Der Pfarrer griff zur Füllfeder und zeichnete hinter dem letzten Eintrag, NO, sorgfältig ein Kreuz. Er legte das Buch offen auf den Schreibtisch, wohl um die Tinte trocknen zu lassen, trat wieder vor das wandfüllende Bücherregal, griff mit beiden Händen in das Tablar auf Brusthöhe, zog mit erstaunlicher Leichtigkeit die sechs Bände von Winston Churchills Werk über den Zweiten Weltkrieg heraus und stellte sie auf den Boden.
   Nik verdrehte die Augen. Eine Bücherattrappe aus Karton.
   Nun holte der Pfarrer ein Weinglas und eine Flasche hervor, entkorkte sie und schenkte sich ein. Fairtrade, Südafrika. Knorr ging zum Stehpult und klappte die geneigte Schreibfläche hoch. Es war allgemein bekannt, dass der Pfarrer darin auf einem Pfeifenständer seine Pfeifen ausruhen liess. Man wusste auch, dass er sieben Pfeifen und sieben Tabakmischungen hatte, für jeden Wochentag eine. Aber er griff nicht zur zweiten Pfeife von rechts, wie Nik erwartet hätte, sondern zog ein edles Pfeifenetui hinter dem Ständer hervor.
   Die Pfeife, die der Pfarrer sorgsam aus dem Etui hob, sah Nik nicht zum ersten Mal. Es war eine elfenbeinfarbige Meerschaumpfeife aus Tansania, in deren grossen Pfeifenkopf das Antlitz einer Afrikanerin geschnitzt war, welche mit offenem Mund nach oben blickte, sodass ihre schwülstigen Lippen den Kamin der Pfeife bildeten. Die Pfeife hatte der Pfarrer von Einheimischen zum Abschied geschenkt bekommen, als er vor Jahren nach Europa zurückgekehrt war. Dass sie eine Reliquie war, wussten die Birkweiler spätestens seit jenem unvergessenen Ostersonntag, als ein Bengel aus dem Nachbardorf dem festtäglich schmauchenden Pfarrer auf der alten Steinbank beim Brunnen vor dem Pfarrhaus ein lautes «Pfeife!» zugerufen hatte und davongerannt war, woraufhin der gleichaltrige Boris, der sich beim Pfarrer seit Längerem mit Gartenarbeiten sein Taschengeld aufbesserte und nicht selten auch sonntags beim Brunnen vor dem Pfarrhaus herumlungerte, den Bengel zurückgeholt und seinen Kopf am Brunnen so lange unter Wasser gedrückt hatte, wie es ihm ge-

fiel, also relativ lange, und dafür vom Pfarrer noch am selben Tag eine Lohnerhöhung erhalten hatte.

Knorr schloss das Stehpult und begann, seine Festpfeife zu stopfen. Als er fertig war, betrachtete er die Pfeife eine Weile. Sein Blick war leer. Abrupt legte er sie zurück ins Stehpult, klappte die Schreibfläche hinunter, griff zum Weinglas und stürzte den Inhalt in einem Zug hinunter.

Nik wandte sich der Bibel zu und liess seinen Blick unschlüssig über die Zahlen und Buchstaben gleiten. Auf der zweituntersten Zeile blieb er hängen; NH, das waren seine eigenen Initialen. Und 6.11. war sein Todestag. Dann war wohl auch 12.11. ein Datum. Nämlich das von heute. Und das war der Todestag von Nelly Orsini, NO.

Nik lief es kalt den Rücken hinunter. Der alte Knorr führte hier nichts anderes als eine Buchhaltung des Todes. Er musste der Drahtzieher sein. Und der Serviettenzeichner war sein Mittäter, der ihm vorhin die SMS geschickt hatte. So musste es sein! Zwei Deutsche, eine Verschwörung. Fragte sich einfach, wozu.

Nik dachte nach. MB 24.9., das war der 24. September, Marietta Bedrinelli. Im September beim Wandern von der Felsfluh gestürzt. Oder wohl eher gestürzt worden. Nik fröstelte.

XF stand vielleicht für Xaver Franzen. Der lebte aber noch. Das schien zu passen, bei seinem Datum fehlte das Kreuz. Allerdings hatte Xaver im Herbst mit seinem Moped einen hässlichen Sturz fabriziert. Dass sein Moped sabotiert gewesen sei, wie er danach empört verkündet hatte, war von der Nachbarschaft mit einem Lachen quittiert worden; Xavers Fahrkünste im Vollsuff hatten im Salon zu den besonders beliebten Gesprächsstoffen gehört. Der Anschlag war also schiefgegangen. Komisch. Nik dachte nach. Wieso hatten Knorr und sein Mittäter es kein zweites Mal versucht? Deutsche gaben doch niemals auf?

Überhaupt war ein Sturz vom Moped gar keine todsichere Methode, jemanden umzubringen. Ein Sturz von der Treppe oder von der Felsfluh auch nicht, für einen Mord war das Überlebensrisiko zu hoch.

Genau genommen war auch der Schuss auf Nelly ein eher plumper Mordversuch gewesen. Schliesslich waren an Samstagabenden bei halbwegs passablem Wetter nicht selten noch Spaziergänger oder Jogger im Wald, die von einem Schuss aufgeschreckt würden und die Angeschossene früh genug fänden. Tatsächlich war Nelly ja dann auch von zwei Personen gefunden worden. Leider war die eine, er selber, bereits tot, und die andere war Walter. Die Chance, dass ausgerechnet Nelly durch einen Schuss wunschgemäss starb, war sowieso nicht sehr gross; überhaupt bis zu einem Organ vorzudringen, war für ein Projektil bei ihr nicht einfach.

Eigentlich gab es nur zwei mögliche Erklärungen. Entweder waren die zwei Dilettanten. Das war unwahrscheinlich, es waren ja Deutsche, und Deutsche leisteten Qualitätsarbeit. Oder es waren keine Morde, sondern nur Sabotageakte.

Nik erinnerte sich, was der Pfarrer in der Kirche zum Kreuz gesagt hatte. «So weit hätte es nicht zu kommen brauchen.» War es denkbar, dass Knorr und Sascha Leute verunfallen liessen, und wenn sie starben, dann gaben sie Gott die Schuld, weil der es so weit hatte kommen lassen?

«Krank», flüsterte Nik und runzelte die Stirn.

Vielleicht litten Knorr und der Serviettenzeichner an einer Art Gerechtigkeitswahn. Die Frage war dann aber, was Nik, Nelly, Xaver und Marietta gemeinsam hatten. Nik dachte nach. Alle vier wohnten in Birkweil, aber damit hatte es sich dann auch schon.

Der Sessel gab ein Knarren von sich. Nik sah auf. Knorr hatte sich erhoben. Er trat zum Schreibtisch und zog ein Buchzeichen aus der Bibel und betrachtete es lange. Es war eine Ansichtskarte, schwarz-weiss, mit einer Kirche.

«*Saluti da Brescello*», murmelte Nik.

Eigenartig. Die Kirche kam ihm bekannt vor, aber der Name sagte ihm nichts.

Knorr warf die Karte mit einem traurigen Blick ins Altpapier. Dann löschte er das Licht, ging hinaus und stieg die Treppe hinauf in seine Wohnung.

Nik verliess das Haus. Die Kirchenglocken schlugen halb zehn, und er spurtete auf der schneebedeckten Dorfstrasse los in Richtung Postplatz. 50 Meter weit war er gekommen, als er ein Räuspern hörte.

Samstag, 21.30 Uhr

«Grüss Gott, Nik Hofmann.»
«Hallo, Hirngespinst», sagte Nik und hastete weiter.
«Sieh einer an. So selbstbewusst?»
«Vor zwei Stunden war ich in der Kirche, du warst nicht da, und sogar der Pfarrer hat dich ‹Hirngespinst› genannt.»
«Wenn du mit der Menschenkenntnis eines erfahrenen Coiffeurs wirklich denkst, dass ich nur eine Einbildung sei, fange ich wohl auch bald an, an meiner Existenz zu zweifeln.» Die Stimme lachte. «Also, wenn ich deine Einbildung bin, dann stell mich doch einfach ab, wenn ich nerve.»
Nik blieb stehen. Verflixt. Eigentlich konnte man Einbildungen nicht abstellen. Andererseits: Wenn man sich eine Stimme einbildete, musste man sich auch ihr Verstummen einbilden können.
Nik schloss die Augen, bildete sich ein endgültiges Verstummen der Stimme ein, öffnete die Augen wieder und lief weiter Richtung Postplatz, als ob nichts gewesen wäre, immer unauffällig horchend.
«Scheint nicht zu klappen», bemerkte die Stimme.
Nik stiess ein ärgerliches Knurren aus und blieb erneut stehen.
Die Stimme lachte. «Nicht aufregen, Nik Hofmann, beim Tinnitus klappt es auch nicht. Aber Spass beiseite. Es tut mir leid, dass ich dich in der Kirche warten liess.»
War es nicht umgekehrt gewesen? Niks Sicherheit bröckelte. «Nicht so tragisch», erwiderte er. Etwas Besseres fiel ihm nicht ein.
«Ich war verspätet.»
«Verspätet?» Nik war perplex und belustigt zugleich. «Wieso denn das?»
«Ich war in Italien.»
«In … Italien?» Gott war in Italien gewesen, so ein Blödsinn! Nik hatte keine Ahnung, wohin das führen sollte. Aber unverfängliches Plaudern hatte ihn ja schon oft im Leben zum Ziel geführt. «Soso, Italien, war's schön?»
«Nein, ich hatte eine Audienz in Rom.»

«Ach. Sie … sind katholisch?»
«Der Papst wollte es so.» Jetzt lachte die Stimme schallend.
«Ach ja, die heutigen Päpste», sagte Nik gespielt fröhlich.
«Na ja, die Imame, Rabbiner und Coiffeure sind auch nicht besser. Aber nun haben wir uns ja trotz Verspätung noch getroffen. Also, lass uns deine Laufbahn planen.»

Nik stieg eine heisse Röte ins Gesicht. «Laufbahn planen» klang gar nicht gut.

«Wir könnten in die Kirche hinuntergehen», fuhr die Stimme fort, «da haben wir Platz.»

Auf den wenigen Metern zur Kirche arbeitete es in Nik fieberhaft. Er ging langsam, und als er die Kirche betreten hatte, setzte er sich nicht wie üblich in die zweithinterste Reihe, sondern ging durch den Mittelgang weiter, um Zeit zu gewinnen.

Umständlich setzte Nik sich dann auf die drittvorderste Holzbank, holte tief Luft und flötete: «Lieber Gott, dürfte ich vorweg etwas anmerken?» Dann lauschte er.

«Klar», sagte die Stimme, «das wollen alle.»

«Ich wäre nicht unglücklich, wenn es mit der Planung meiner weiteren Laufbahn noch keine Eile hätte. Denn es wäre mir eine grosse Ehre, hier auf der Erde noch ein wenig für Sie tätig zu sein.»

«Für mich?»

«Die Sache ist die», sagte Nik mit geheimnisvoll gedämpfter Stimme: «Ihr ehrwürdiger Mitarbeiter hier in Birkweil, Herr Pfarrer Knorr, bringt Leute um, zusammen mit einem unbekannten Komplizen.»

Nun war es draussen. Nik hielt den Atem an. Knorr hatte Gott ja eben erst ein Hirngespinst genannt, Gott und Knorr lagen also wohl im Streit, da würde Gott seinem Wunsch vielleicht eher stattgeben. Wobei – wenn Gott eben erst aus Italien zurückgekommen war, dann wusste er vielleicht noch gar nicht, dass Knorr mit ihm Streit hatte.

Nik ergriff die Flucht nach vorn: «Es gibt Grund zur Annahme, dass er damit noch nicht zu Ende ist.»

«Oha. Aber was hat das mit dir zu tun?»

«Er hat auch mich umgebracht. Von der Treppe gestossen hat er mich.»

«Weshalb denn das?»

«Ja, also, das … das liesse sich in Erfahrung bringen, wenn ich Zeit hätte. Und dann könnte ich den Pfarrer auch gleich auf den Pfad der Tugend zurückführen.»

«Oh je!», seufzte die Stimme, «der Pfad der Tugend.»

Einen Augenblick blieb es still. Nik hielt den Atem an. «Pfad der Tugend» klang doch gut, was hatte Gott für ein Problem mit der Tugend?

«Ach weisst du, Nik Hofmann, die Sache soll dich nicht weiter belasten», sagte die Stimme nun gelassen. «Die meisten Leute werden von allein schlauer, wenn sie ein paar Mal über die eigenen Füsse gestolpert sind.»

«Ja. Aber … wenn auch noch andere betroffen sind?» Stille. Nik vibrierte. Das war echt schlagfertig gewesen. «Ja, und ich … ich könnte den Pfarrer doch ausbremsen, ohne dass jemand etwas von den schrecklichen Dingen erfährt! Ohne Polizei also. Das wäre Ihnen sicher recht. Ein Pfarrer, der Leute umbringt, wirft ein schlechtes Licht auf Sie, lieber Gott.»

«Die ganze Menschheit wirft ein schlechtes Licht auf mich, Anwesende natürlich ausgenommen. Du sorgst dich ja mehr um Gottes Ruf als ich.»

«Wissen Sie, es ist so, Menschenleben waren mir nie gleichgültig, zu Lebzeiten allerdings war ich ein viel beschäftigter Mann. Jetzt habe ich etwas mehr Zeit, Gott sei Dank.»

«Du kannst dein Pathos drosseln Nik, zu viel davon wirkt lächerlich. Aber gut, du kriegst noch etwas Nachspielzeit.»

Nik fiel ein Stein vom Herzen, auch wenn er nicht wusste, was Pathos war und wie man es drosselte.

«Vielen Dank, lieber Gott!», antwortete er, stand auf, drehte sich um und ging gemessenen Schrittes zur Türe.

Draussen reckte er die geballte Faust zum Sieg und spurtete los. Als er unter der letzten Strassenlaterne vor dem Postplatz Nils Zimmermann erblickte, dessen Rottweiler nach den Schneeflocken schnappte, tat er einen Luftsprung und brüllte: «Hallo, Engelbert!» Worauf dieser sein Herrchen zu Boden riss und ihn an der Leine durch den Schnee bis zum Brunnen schleifte. Nik lachte schallend. Er hatte nicht nur viele wichtige Informationen gesammelt, er hatte es sogar geschafft, sein Jüngstes Gericht zu verschieben – was für ein Husarenstück!

Wie selbstverständlich rannte Nik durch die geschlossene Haustüre, nahm zwei Treppenstufen auf einmal und stand Sekunden später in der Wohnung.

Samstag, 22.00 Uhr

Aus der Küche drangen das Scheppern von Porzellan und der Duft von Spaghetti Carbonara. Nik stellte sich in den Türrahmen. Der Serviettenzeichner räumte den Tisch ab, Sonja füllte den Geschirrspüler, die Weingläser rechts statt links und die Salatteller ohne vorzuspülen, wie Sheryl. Die Stimmung war entspannt. Aber wo steckten Nelly und Walter? Walter sass wohl kaum immer noch im Wald mit den Zeigefingern in den Gehörgängen, der wäre ja längst erfroren.

Aus dem Bad erklang das Plätschern der Toilettenspülung. Das musste Walter sein. Die Türe ging auf und Dušanka trat heraus. Immerhin, so war Sonja nicht allein mit dem Kerl. Aber wo zum Geier waren Nelly und Walter?

«Gibt wohl nix mehr zu tun in der Küche», rief Dušanka, ging ohne die Antwort abzuwarten in das Wohnzimmer, fläzte sich in heiterer Stimmung auf die alte Chaiselongue neben Lassie und begann, sie zu kraulen.

«Runter, Lassie!», rief Nik reflexartig.

Der Collie sprang erschrocken auf den Boden und bellte.

«Hey hey cool bleiben Lassie cool bleiben!», sagte Dušanka, «siehst wohl Gespenster oder was.»

Sonja verliess die Küche, ging durch den Gang und verschwand in ihr Zimmer. Sobald sie die Türe hinter sich zugezogen hatte, ging Sascha zum Wohnzimmer.

Dušanka sah ihn an. «Ready», kicherte sie leise, «Mittwoch um Punkt fünf Uhr bei der Waldhütte.»

Nik horchte auf.

«Fünf vor fünf wäre besser, falls sie joggt», erwiderte Sascha.

«Morgen schneit es, nix mit Joggen am Mittwoch, ich gehe dann zu ihr und sehe zu, dass wir Punkt fünf da sind, und dann werden wir sie mal flott aus ihrem Scheissleben herausreissen.»

Nik schnappte nach Luft.

Dušanka grinste Sascha an und sprang auf.

«Wo gehst du hin?», fragte Sonja, die das Wohnzimmer betrat, die Haare offen und mit einem frischen Sweater über den Schultern.

«Zu Johnny», grinste Dušanka und liess den Ring in der rechten Augenbraue wackeln.

Sonja blickte sie fragend an.

«Na schau doch nicht so zahm, Weibchen.» Dušanka warf sich die Jacke über. «Bei euch bin ich eine zu viel, und bei Johnny eine zu wenig, bye-bye, Süsse.» Sie gab Sonja ein Küsschen, rief «Byebye, Süsser» und liess die Türe ins Schoss krachen.

Nik stand da wie vom Donner gerührt. Der Serviettenzeichner war ein Schwein, klar, aber Dušanka, Sonjas beste Freundin?

Der Gedanke fühlte sich an wie ein Faustschlag in die Magengrube: Es war Dušanka gewesen, die Nelly erschossen und dem Pfarrer die SMS geschickt hatte. So musste es sein. Dann waren Dušanka und der Serviettenzeichner also beide Knorrs Mittäter. Vielleicht waren sie eine Art Jünger, die er in seinen wahnsinnigen Bann gezogen hatte. Und am Mittwochabend um fünf Uhr würden sie den nächsten Auftragsunfall inszenieren, der Sonja … wie hatte sie es formuliert? Der sie «aus ihrem Scheissleben herausriss». Er schauderte.

Als Nik seinen fiebrigen Blick von der Wohnungstür losriss und sich umdrehte, sass der Deutsche auf der Chaiselongue und Sonja, ihm zugewandt, auf seinen Schenkeln.

«Nelly, verdammt noch mal, wo seid ihr!», brüllte Nik wütend.

Lassie sprang auf und bellte.

«Hey, Lassie, nicht gleich eifersüchtig werden.» Sonja tätschelte ihre Hündin.

Langsam zog Sascha Sonja den Sweater aus. Nik sah entsetzt, dass sie keinen BH unter dem Sweater trug. Er stellte sich neben Lassie und brüllte: «Fass!»

Lassie tat einen Satz nach hinten und fegte mit dem Schwanz Sonjas iPhone vom Clubtisch.

«Scheisse, Lassie, nun sei doch nicht so eifersüchtig!», rief Sonja.

«Lassen wir den Hund doch allein», sagte Sascha. Er nahm Sonja bei der Hand und verliess mit ihr das Wohnzimmer.

Verdammt noch mal!

Sascha schloss die Wohnzimmertüre hinter Lassie und zog Sonja in ihr Schlafzimmer. Dort setzte sie sich auf den Bettrand, liess sich auf den Rücken plumpsen, streckte die Arme nach hinten und lächelte Sascha verführerisch an.

Nik hastete zurück ins Wohnzimmer und begann, Lassie anzubrüllen. Die Hündin spitzte die Ohren und wedelte mit dem Schwanz, doch bellen mochte sie nicht mehr. Machtlos tigerte Nik zurück in Sonjas Schlafzimmer. Er warf einen Blick auf das Bett, drehte sich um, ging hinaus, setzte sich auf die oberste Treppenstufe und hielt sich verzweifelt die Ohren zu.

Samstag, 22.20 Uhr

Sonja und Sascha räkelten sich auf dem Bett. Sascha knipste die kleine Lampe auf dem Nachttischchen aus. Zwei Minuten später waren sie nackt. Sonja verschränkte ihre Hände über Saschas Genick und zog ihn ungestüm auf sich herunter.

Aus dem Treppenhaus erklang ein Knarren.

«Na toll», brummte Sascha und stützte sich auf.

«Lassen wir es klingeln», sagte Sonja.

Es klingelte nicht. Aber die Wohnungstüre knarrte.

«Shit.» Sascha rollte sich von Sonja herunter. Mit der Linken suchte er im Halbdunkeln den Schalter der Lampe, mit der rechten Hand wollte er sich auf der Bettkannte aufstützen, griff aber ins Leere und fiel mit einem Rumpeln aus dem Bett.

«Ja, denk!», rief im Gang ein Mann.

Sonja rollte sich blitzschnell vom Bett hinunter auf den Boden neben Sascha.

Im gleichen Augenblick ging die Türe auf, und das Licht der Deckenlampe fiel ins Zimmer. Unter dem Bettgestell hindurch sah Sonja zwei Gummistiefel mit dicken Schneekrempen auf der Türschwelle stehen. Sie wagte nicht zu atmen. Die Stiefel bewegten sich nicht, der Mann schien sich im Zimmer umzusehen.

«Wo?», fragte er und, nach einer kurzen Pause: «Ach so, ja, denk.»

Dann rief er fröhlich: «Ich hab euch!»

Erst jetzt erkannte Sonja Walters Stimme. Sie atmete auf, blieb aber trotzdem hinter dem Bett liegen. Vielleicht würde er ja wieder abzotteln. Auch Sascha regte sich nicht. Sonja sah, wie die Stiefel mit den Schneekrempen zum Bett schritten und verschwanden.

Der Lättlirost des Betts bog sich durch, und eine Sekunde später guckte Walter vom Bettrand aus auf die beiden Nackten hinunter. «Ihr heiratet ja schon wieder, he?»

«Rrrraus!», fauchte Sonja ihn vom Boden herauf an.

Es schien, als ob Walter sie gar nicht hörte. Stattdessen guckte er interessiert und rief dann: «Ich muss dir dringend etwas sagen.»

«Raus, augenblicklich, und zieh die Stiefel aus!»

Walter hob den Kopf. Er schien zu lauschen. «Ich gehe in den Gang, nicht dass sie noch wütend wird», erklärte er dann unvermittelt, «ich sage es ihr dann draussen.»

Der alte Mann kletterte vom Bett und stiefelte aus dem Zimmer, eine Schneespur hinterlassend.

Sonja setzte sich auf, schnappte sich ihren Slip und zog ihn an. Es dauerte einen Augenblick, bis sie ihr Gleichgewicht gefunden hatte und die Lampe anknipsen konnte.

Sascha suchte vergeblich seine Unterhose, stieg dann genervt ohne sie in die Jeans und riss hastig den Reissverschluss hoch. Es folgte ein gellender Schrei.

Erschrocken wirbelte Sonja herum.

Vornüber gekrümmt und mit schmerzverzerrtem Gesicht stand Sascha neben dem Bett. Der Reissverschluss war halb zu, die Vorhaut halb darin.

Sonja kniff die Augen zu.

Walter streckte interessiert den Kopf ins Zimmer, erblickte Sascha und sagte mitfühlend: «Hoppla.»

«Hau ab!», rief Sonja wütend.

«Die Zeit heilt alle Wunden, hat Mutter gesagt», erklärte Walter und verschwand wieder im Gang.

Sonja zog sich die Trainerhose über die Hüfte, warf eine der beiden Bettdecken, die auf den Boden gefallen waren, zurück aufs Bett und fand darunter Saschas schwarze Unterhose und ihren Sweater.

Als sie ihn sich über den Kopf zog, hörte sie, wie Walter draussen in beleidigtem Tonfall sagte: «Du musst gar nicht schimpfen, wir waren noch rechtzeitig!»

«Scheisse!», presste sie hervor – da war also noch jemand. In der Stube bellte Lassie.

«Sieh du nach», stöhnte Sascha, ohne seinen Blick vom Reissverschluss abzuwenden.

Sonja blieb einen Augenblick ruhig stehen, um ihr Gleichgewicht einzupendeln. Dann trat sie in den Gang.

Walter zog sich mit dramatischem Ächzen die Stiefel aus. Er schien allein zu sein. Offenbar hatte er nur Selbstgespräche geführt.

«Du kannst die Stiefel wieder anziehen, du gehst sofort nach Hause!», schnauzte Sonja. Sie sah ihn genauer an und glaubte, ihren Augen nicht zu trauen: Am Nachmittag hatte sie ihm den Kopf kahl rasiert, und nun trug Walter eine satte Haarpracht. Sonja schnappte nach Luft; Es war eindeutig die Perücke von Paps.

«Wo hast du diese Perücke her?»

«Ich sollte dir etwas sagen», rief er.

«Ja, wo du die Perücke herhast!»

«Die ist von Nelly. Sie hat sie mir geschenkt; jetzt da sie tot ist, braucht sie sie nicht mehr. Was? Habe ich jetzt wieder etwas Falsches gesagt? Ist doch wahr!»

«Hast du die Perücke meinem Paps bei der Beerdigung aus dem Sarg genommen?» Sonja sah ihn scharf an.

Walter wirkte geistesabwesend, fing dann aber plötzlich wieder an zu referieren. «Nik hat gesagt, du musst mir zuhören. Und jetzt musst du das wiederholen, was ich dir vorspreche … nein, nicht sie, du natürlich, du Birne!»

Sonja atmete tief durch. Jetzt war Walter komplett hinüber, Sascha hatte absolut recht, er musste so schnell wie möglich in die *Abendsonne*.

«Das wäre dann ich, also: Sonja, ich bin nicht tot.»

«Ja, das sehe ich, du gibst mir jetzt die Perücke und machst, dass du nach Hause kommst, wir sehen uns schon bald wieder.»

«Ich bin hier, als Geist, ich stehe neben Walter … Er hört mich, eben weil er senil ist, also he! Ich bin nicht senil! Ja. Ich bin dein Paps und bin nicht tot, meine Sonne, du bist in Gefahr!»

Sonja schluckte. «Meine Sonne» – er hatte «meine Sonne» gesagt.

Einen kurzen Moment waren beide still. Dann rief Walter aufgeregt: «Ja ja, meine Sonne, meine Sonne! Ich bin nicht die Treppe hinuntergefallen, sondern der Deutsche hat mich gestossen.»

Sonja wurde mulmig zumute. Walters besorgter, fast panischer Tonfall erinnerte sie an ihren Paps.

«Aber ich habe dich sehr, sehr lieb», plapperte Walter, «und …»

«Soso, er hat dich sehr, sehr lieb», zischte Sascha, der mit eher kleinen Schritten hinter Sonja getreten war. «Zweimal bricht der geile alte Bock ein, zufällig immer genau rechtzeitig. Woher hat der jetzt eine Perücke?»

«Sie gehörte meinem Vater», sagte Sonja mit tonloser Stimme, den Blick unverwandt auf Walter gerichtet.

Sascha trat zu Walter und riss ihm die Perücke vom Kopf.

«Lass ihn!», bat Sonja.

Sascha schien sie gar nicht wahrzunehmen. «Verschwinde!», zischte er Walter ins Gesicht.

Walter schien unschlüssig. Dann ging er zu seinen Stiefeln, die bei der Wohnungstüre lagen, und begann umständlich hineinzuklettern. Als er sich den linken Stiefel über den Fuss gestülpt hatte, richtete er sich plötzlich auf und rief laut: «Nik sagt, meine Sonne, ich lag am Boden, und Lassie … war da und gekotzt hat sie … ins WC … und zugedeckt …»

«Lassie hat ins WC gekotzt, soso.» Sascha packte Walter, öffnete die Wohnungstüre und schubste ihn grob hinaus.

Walter verlor das Gleichgewicht und stürzte die Treppe hinunter, dass es nur so krachte.

Sonja protestierte laut und wollte hinunter, doch Sascha stellte sich vor sie.

Walter stand fluchend und schimpfend auf, marschierte hinaus und liess die Haustüre ins Schloss krachen. Dann war es still.

Sascha hielt Sonja fest. «Ganz ruhig bleiben», flüsterte er, «ganz ruhig bleiben, du bist einfach nur durcheinander nach den Ereignissen der letzten Tage.»

Sonja begann zu schluchzen.

Samstag, 22.50 Uhr

Im Schein der Strassenlampe flimmerten feine Eiskristalle in der Luft. Wütend, mit einer gewaltigen Beule auf der Stirn und mit blutender Nase steuerte Walter seine Haustüre an.

Nik eilte neben ihm her. «Tut die Schulter immer noch weh?», fragte er scheinheilig.

«Denk! Alles tut mir weh!», rief Walter, «ich gehe jetzt schlafen, und du hörst auf zu schwatzen, fertig Schluss Amen!»

«Wer konnte aber auch ahnen, dass dieser Sascha so böse ist!»

«Still! Ihr habt mich durcheinandergebracht, nur ihr! Euch helfe ich nie mehr, gar nie mehr!»

«Du kannst dich wirklich glücklich schätzen, dass dein Sturz von der Treppe so glimpflich abgelaufen ist. Du könntest tot sein, so wie ich.»

Walter blieb abrupt stehen und rief empört: «Mir egal! Ich friere am Kopf, er hat mir meine Perücke weggerissen, und du bleibst draussen, das ist mein Haus, ich habe es von meiner Mutter!»

Walter öffnete die Türe, trat ein und verriegelte die Türe von innen.

Nik drehte sich um und machte sich auf zurück ins Dorf. Bis morgen würde sein Assistent sich wohl wieder einrenken. Er kniff die Augen zusammen. Seine Menschenkenntnis hatte ihn auch bei Sascha nicht im Stich gelassen. Was für ein kaltblütiger Dreckskerl musste einer sein, um Walter von der Treppe zu stossen, obwohl er bei Nik miterlebt hatte, dass man sich dabei das Genick brechen konnte.

Der verstorbene Coiffeur von Birkweil kniff grimmig sein Gesicht zusammen. Was immer dieser Sascha Meves und Dušanka am Mittwochabend um fünf Uhr seiner Sonja antun wollten, er würde einen Weg finden, es mithilfe von Walter zu verhindern. Und bis dahin brauchte er seine kleine Sonne nicht einmal vor den sexuellen Belästigungen dieses Kerls zu bewahren, dem Reissverschluss sei Dank. Nik lachte laut auf. Manche Dinge wünschte er seinen ärgsten Feinden nicht. Manche schon.

Nik spürte die Kälte auf der Haut und hörte das Knirschen des Schnees unter seinen Schuhen. Auf dem Marsch ins Dorf versuchte er, seine Gedanken wieder einzusammeln und sich zu beruhigen. Vor der Haustüre wandte er sich noch einmal um und warf einen Blick auf die schneebedeckte Strasse. Tatsächlich, er hatte nicht die geringsten Spuren hinterlassen. Verrückt. Eigentlich gab es ihn gar nicht mehr. Die Dampfwölkchen beim Ausatmen fehlten ihm. Trotzdem fühlte Nik sich lebendiger denn je.

Als er die Wohnung wieder betrat, stand Nelly im Gang vor dem mannshohen Wandspiegel neben der Garderobe und studierte ihr Profil.

«Wo sind sie?», fragte Nik.

«Schlafen», sagte Nelly, ohne den Blick vom Spiegel abzuwenden, «die waren nudelfertig.»

Nik nickte zufrieden und sah Nelly beim Posieren zu. Mit der Linken strich sie über ihre Hüften, mit der Rechten fuhr sie sich durch die Locken, als ob sie sich bei einem Casting für Models wähnte.

«Doch, ich muss schon sagen ... besser als Salma Hayek.»

Nelly liess ihre Lippen schmollen. «Jetzt ist es zu spät. Es ist so unfair.»

«Apropos, wieso bist du mit Walter so spät gekommen?»

«Zuerst behielt Walter ewig lange seine Finger in den Ohren. Dann fror er so, dass er die Medizin schluckte, die er für mich geholt hatte, und dann wurde ihm schlecht.»

Nik zog die linke Augenbraue hoch. «Und das hat zwei Stunden gedauert?»

«Nein, aber wir mussten noch meine verwaisten Katzen zu Walter nach Hause bringen, aber ich hatte meine Wohnung abgeschlossen und der Schlüssel war in der Trainertasche, darum mussten wir noch einmal zurück zu meiner Leiche, mein Gott, war ich fett!»

Nelly widmete sich wieder ihrem Spiegelbild, Nik verdrehte die Augen. Um zu schimpfen war er zu müde.

Er liess Nelly stehen und trat in Sonjas Zimmer. Es war das grösste Schlafzimmer in der Wohnung, gedacht für die Eltern, doch nach Sheryls Auszug war Nik jegliche Lust abhandengekommen, weiterhin in diesem Raum zu nächtigen, und er hatte ihn Sonja überlassen.

Die orangen Spots an der Decke leuchteten. Sonja und Sascha lagen eng beieinander auf dem Bett und schliefen trotz des Lichts tief und fest. Sonja trug nun ihr rotes Longshirt, in der Hand hielt sie die Perücke.

Nik setzte sich auf den Teppich und lehnte sich erschöpft an die Türe des Kleiderschranks.

«Wie bist du denn durch die geschlossene Türe gekommen?», rief Nelly von draussen.

«Einfach hindurchgehen.»

Es dauerte eine Weile, bis Nelly erschien.

«Wow», sagte sie erstaunt, «und ich habe immer schön brav gewartet, bis Walter die Türen geöffnet hat, und bin dann hinter ihm hineingeschlüpft.»

Nelly sah sich im Zimmer um und setzte sich schliesslich neben Nik. «Wieso liessest du Walter vorhin Sonja erzählen, dass Sascha sie umbringen würde? Das ist doch Quatsch.»

«Wenn ihr nicht zu spät gekommen wärt, dann wüsstest du es», antwortete Nik säuerlich. «Als Sonja sich umzog, schmiedeten Dušanka und der Deutsche einen Mordplan.»

Nelly zog die Augenbrauen hoch. «Ein Mordplan, soso. Vor drei Stunden hast du behauptet, Sascha hätte dich von der Treppe geschubst, weil du zwischen Sonja und ihm gestanden wärst, also aus Liebe. Und jetzt will er sie umbringen.»

«Inzwischen ist mir klar, dass er sie gar nicht als Freundin will.»

«Sondern?»

«Woher soll ich denn das wissen!? Hast du gesehen, wie aggressiv er Walter die Treppe hinuntergeworfen hat? Genau wie mich! Auch Walter hätte tot sein können. Dieser Serviettenzeichner hat zwei Gesichter! Und er hat Dušanka als Mittäterin. Die hat dich erschossen.»

«Du spinnst wirklich! Dušanka würde Sonja nie verraten, nie. Ausserdem kann die doch nicht schiessen.»

«Ich habe es mit meinen eigenen Ohren gehört.»

«Und wieso, bitte schön, sollte Dušanka mich erschiessen wollen?»

Nik schwieg.

Nelly sah ihn an. Es machte keinen Sinn, das jetzt mit ihm zu diskutieren, so aufgewühlt, wie er war. Morgen würde sich alles wieder einrenken.

Nelly nahm allen Mut zusammen, zog Nik an sich und legte seinen Kopf in ihren Schoss. Er liess es geschehen. Nelly bebte vor Aufregung. Solche Dinge hätte sie schon immer tun können, wenn sie nicht den falschen Körper erwischt hätte. Aber das war ja nun Vergangenheit, sie hatte zu sich gefunden, sie war die einzige Frau in Niks Leben, und vor allem die attraktivste, er würde ihr ganz sicher treu bleiben.

Wobei: Was geschah, wenn nun morgen am Postplatz eine Frau überfahren wurde? Der Schnee war rutschig, das konnte passieren, und dann käme die dazu und wollte eine Dreiecksbeziehung, diese Zwetschge. Aber Nelly war zuerst gewesen und sie sah aus wie Salma Hayek und sie hatte eine Liebeserklärung von ihm. Wobei, gut, vielleicht wurde ja auch ein Mann überfahren, der wollte dann auch Salma, und dann würden beide um sie buhlen, überhaupt, es mussten doch noch andere Verstorbene existieren, wo waren die eigentlich?

Nelly wurde flau im Magen. Sie glaubte an die alles umfassende Liebe, an Buddha, den ewigen Kreislauf des Lebens und den Dalai Lama, wenn er im Fernsehen kam. Und an den Lichttunnel, durch den die Seelen in das Reich ewiger Liebe gelangten und so. Und eigentlich hätte sie erwartet, bei ihrem Tod von lichten Geistwesen abgeholt zu werden, und nicht von Walter.

Gut, wahrscheinlich waren die andern Verstorbenen auf der Seelenwanderung mit ihren Astralleibern oder schon reinkarniert; woher wussten die Seelen eigentlich, wann es Zeit zum Aufbruch war? Vielleicht sollte sie selber auch schon längst unterwegs sein, statt hier auf einem Schlafzimmerboden herumzusitzen.

Andererseits, das Universum wusste all das bestimmt, und das war ja die Hauptsache, es würde sich dann auch melden, das hier war ja erst die Zwischenwelt. Patrick Swayze wurde in *Ghost* auch erst von Engelwesen abgeholt, nachdem er von der Zwischenwelt aus noch etwas erledigt hatte, das musste sie vielleicht auch, und Nik auch, der war ja schon bald eine Woche tot und immer noch in der Zwischenwelt; vielleicht hatte das Universum bestimmt, dass er hier auf sie wartete, damit sie noch ein Paar werden konnten, bevor sie gemeinsam zur Seelenwanderung aufbrachen.

Plötzlich schoss Nelly hoch, sodass Niks Kopf beinahe auf den Boden geknallt wäre. «Nik! Was war eigentlich mit deinem Treffen mit Gott?»

Nik schreckte aus seinem Halbschlaf auf.

«Er ist nicht aufgetaucht», brummte er missmutig.

«Wusste ich's doch, es gibt ihn gar nicht», atmete Nelly auf.

«Es gibt ihn schon, aber er hatte noch eine Audienz in Rom.»

«Eine Audienz in Rom?» Nelly runzelte die Stirn. «Du könntest mich ruhig ernst nehmen, so wie ich jetzt aussehe. Ein Gott hat sicher keine Audienz in Rom, und überhaupt» – Nelly sah Nik misstrauisch an – «wenn er nicht da war, woher weisst du denn, dass er in Rom war?»

Nun war Nik auch wach. «Ja, du hast recht, ich bin einfach nur durcheinander. Ich habe ein Schlafmanko.»

«Wieso bist du im Wald überhaupt so aufgeregt davongerannt, als die Glocke der Kirchenuhr acht Uhr schlug?»

Nik wurde ungehalten. «Ich … ich habe mir das alles eingebildet. Ich bin tot, da ist man ja wohl nicht immer bei klarem Verstand. Dir gerät ja auch ab und zu was durcheinander, also was soll's. Es gibt keinen Gott, basta, das war eine Halluzination, wenn man sich im Leben einen Gott einbildet, dann bildet man sich hinterher auch einen ein, und jetzt würde ich gerne schlafen, ich bin müde.»

«Ist ja gut», murmelte Nelly, überrascht von seinem Ausbruch. So war das also – noch kaum eine halbe Stunde waren sie zusammen und bereits wollte er lieber schlafen, typisch Mann. Erst letzte Woche hatte sie in einem Magazin gelesen, Männer seien gar nicht allzeit bereit, im Gegenteil, Männer wollten von einer Frau eigentlich nur das eine, nämlich in Ruhe gelassen werden; aber gut, er war durcheinander, Gott und Mordkomplott und so, sie würde ihm helfen, die Angst um Sonja zu überwinden, vielleicht wurden sie später ja sogar gemeinsam wiedergeboren, Salma Hayek und Matthew McConaughey; vermutlich waren all die Latinas und anderen Schönheiten in ihren früheren Leben auch fett gewesen. Jetzt war aber sie dran. Mit einem zufriedenen Lächeln schloss Nelly die Augen.

Als Nik erwachte, weil vom Bett her ein immer lauter werdendes Schnarchen erklang, zeigte die rot leuchtende Digitalanzeige des Radioweckers auf Sonjas Nachttischchen halb zwei an. Demnach hatten sie beide zwei Stunden geschlafen, Nelly halb sitzend mit dem Rücken an der Türe des Kleiderschranks angelehnt, er halb liegend mit dem Kopf auf ihrem Schoss. Kein Wunder, dass sein Genick schmerzte.

Nik liess sich einen Augenblick Zeit, um zu sich zu kommen und einen klaren Gedanken zu fassen. Er sah hinüber zum Bett. Da lag seine Sonja, und da lag der Serviettenzeichner, den er mit Walters Hilfe unschädlich machen musste, bevor er Sonja am Mittwochabend in der Waldhütte etwas antun würde. Nik seufzte. Wie befördert man einen Kerl ins Jenseits, wenn man selber bereits dort ist?

Es gab kaum eine Form von Mord, die Nik nicht kannte, aber praktische Erfahrung hatte er keine. Walter auch nicht. Ein Gewehr hatte dieses Schlitzohr immer noch, aber ein James Bond war er keiner. Und um jemanden zu erschlagen oder zu erstechen, war Walter zu friedfertig.

Nik musste also einen Weg finden, bei der Walter gar nicht begriff, dass er den Serviettenzeichner umbrachte. Wenn er ihn vergiftete? Da konnte er Walter vorgaukeln, das Gift sei eine Medizin. Andererseits war das heikel. Was Walter für Medizin hielt, schluckte er am liebsten selbst. Und einen Berufskiller suchen und buchen konnte Nik schlecht, zumal er auch gar keinen kannte. Weder in seinem Kundenkreis noch sonst im Dorf gab es jemanden, dem er ein Doppelleben als Mörder zutraute. Ausser Knorr, natürlich, der hatte ja den Beweis erbracht. Aber einen Mörder konnte man wohl kaum dazu bringen, seine eigenen Komplizen verunfallen zu lassen.

Nik dachte nach. Nach einer halben Stunde breitete sich auf seinem Gesicht ein eigenartiges Lächeln aus. Er hob seinen Kopf sorgsam von Nellys Schoss, sodass sie nicht erwachte, stand auf und schlich aus dem Haus.

Sonntag, 01.50 Uhr

Mit tränenden Augen stand Walter in der Küche, fluchte durch die Rauchschwaden, riss die Türe zu der kleinen Kammer neben der Küche auf, in der seine Mutter einst einen raumfüllenden Vorrat an Eingemachtem angelegt hatte, und versuchte, mit seinen Pranken den Rauch von der Küche in die Kammer hineinzuwedeln und ihn dort einzusperren.

Nik vernahm Walters lautes Schimpfen schon von Weitem. Er trat durch Haus- und Küchentür und sah den Rauch aus dem halb geöffneten Türchen des kleinen Holzherdes quellen. Nellys Katzen rasten verzweifelt miauend durch die Küche.

«Kamin aufmachen!», brüllte Nik.

Walter schreckte auf und hielt kurz inne. Dann stürzte er zum Holzherd, riss den Zug des Kamins oberhalb der Herdplatte auf, ging vor dem Herd in die Hocke, öffnete das Türchen zur Brennkammer und hustete Sauerstoff hinein. Die Brennkammer antwortete mit einer Schwade grauer Asche, durchsetzt mit lustig schaukelnden Fetzchen von verbranntem Zeitungspapier.

Walter griff sich eine der alten Zeitungen, die unter der Steinbank vor der Brennkammer lagen, zerknüllte sie, quetschte die Papierkugel in die Brennkammer, steckte sie mit einem Streichholz an und pustete hinein. Das Papier fing Feuer und innert weniger Sekunden zog der Rauch im Sog der aufsteigenden Wärme durch den Kamin ab.

Manchmal handelte er durchaus routiniert. Nur leider immer seltener.

Mit aschgrauem Gesicht und schwer beladenen Augenbrauen beugte Walter sich aus dem offenen Küchenfenster und übergab sich in den Schnee hinaus. Neben ihm sprangen Nellys vier laut miauende Katzen mit weiten Sätzen aus dem Fenster und blieben im tiefen Schnee stecken.

«Wieso um Himmels willen machst du mitten in der Nacht Feuer?», fragte Nik.

«Weil es Winter ist», würgte Walter, «mir tut die Stirne weh, hast du die Beule gesehen; danke überhaupt, dass du geholfen hast zu löschen.»

«Ich danke dir ebenfalls, nämlich dass du Nelly so toll geholfen hast. Bist du nicht auch der Ansicht, dass du dafür eine Belohung verdient hast?»

Walter nickte, schloss das Fenster, trabte hustend in sein schäbiges Badezimmer, wo er sich den Mund ausspülte und das kalte Wasser über das Gesicht plätschern liess.

«Prima, Walter, ich weiss auch schon eine Belohnung für dich.»

Walter füllte seine Hände mit Wasser, tauchte sein Gesicht hinein und prustete. Dann drehte er den Hahn zu, rieb sich das Gesicht mit dem Handtuch trocken und sagte entschieden: «Ja, ich finde sehr, dass ich eine Belohnung guthabe; also, welche?»

«Die Perücke», antwortete Nik.

Walter kniff die Augen zusammen und rief: «Ja, genau, dieser Mann hat sie mir gestohlen! Und mich die Treppe hinuntergeworfen!»

«Dieser böse Kerl, und darum ist es nichts als gerecht, wenn wir dir die Perücke zurückholen.»

Walter nickte.

«Gut, aber vorher müssen wir noch zwei wichtige Dinge erledigen. Die arme Nelly liegt immer noch auf dem Waldweg bei der Scheiterbeige. Meinst du nicht auch, dass sie es verdient hat, würdig beerdigt zu werden?»

«Ja, das stimmt, morgen begrabe ich sie neben Berthold.»

Nik verschluckte sich beinahe. «Neben … wem?»

«Neben Berthold, meinem Hahn. Im Lauchbeet.»

Nik lächelte. «Er ruhe in Frieden, und nun lass uns die Perücke holen und vorher noch schnell Nelly ausser Sichtweite bringen.»

«Morgen. Jetzt gehe ich schlafen.»

«Morgen ist zu spät. Deine Perücke kriegen wir nur, solange Sonja und der böse Deutsche schlafen, denn freiwillig wird der sie bestimmt nicht hergeben. Und vorher müssen wir Nellys Leiche vom Spazierweg holen.»

«Wieso?»

«Damit nicht morgen Vormittag ein Jogger über sie stolpert und die Polizei holt. Die stände dann nämlich schon eine Stunde später hier in deiner Küche.»

«Ich war es doch gar nicht!»

«Du warst dort. Dann entdecken sie die Spuren deiner Stiefel und dann kommst du vors Gericht und dann in die *Abendsonne*.»

Mit einem miserabel gelaunten Walter im Schlepptau kam Nik zwanzig Minuten später bei den Scheiterbeigen an. Die Blutspuren waren bedeckt von fast zehn Zentimetern Neuschnee, doch das Profil von Nelly war noch deutlich sichtbar.

«Wir müssen sie hinter die Scheiterbeige ziehen», sagte Nik, «fass bitte mit an.»

Walter betrachtete Nelly. «Bist du sicher, dass sie tot ist?»

«Natürlich», antwortete Nik.

«Ja, logisch, ich Birne», sagte Walter, «wenn sie noch leben würde, dann wäre sie erfroren.» Er scharrte die Füsse der Leiche aus dem Schnee, ergriff sie bei den Joggingschuhen, riss daran und fiel rückwärts in den Schnee, die beiden Schuhe in der Hand.

«Pack sie an den Füssen, die werden halten», sagte Nik.

Walter schuftete eine Weile, hielt dann aber inne und stützte die Hände in seine Hüften. «Du musst nicht ‹pack mit an› sagen, wenn ich es dann doch allein machen muss; ich sehe genau, dass du sie überhaupt nicht an den Händen ziehst!»

«Natürlich siehst du das nicht, ich bin ja unsichtbar. Ich helfe geistig und mache sie dadurch leichter. Also, hau ruck!»

Zentimeter um Zentimeter schleppte Walter Nellys schwere Leiche hinter die Scheiterbeige, legte dort als Grabbeigabe die Joggingschuhe neben sie, deckte alles zusammen mit Schnee zu und verwedelte an der ursprünglichen Stelle die Spuren. Dann steckte er seine feuerroten Hände in die Hosentaschen, und sie verliessen den Wald in Richtung Dorf.

Nik war zufrieden. Für die nächsten Tage waren weitere kräftige Schneefälle angesagt, genau zur richtigen Zeit.

«Sieh mal dort oben», keuchte Nik, als sie nach zwanzig Minuten beim Postplatz ankamen, «Sonjas Schlafzimmerfenster.»

Walter blickte hinauf.

«Das orange Licht brennt», fuhr Nik fort. «Zu dumm! Der böse Deutsche ist wach. Wir müssen die Perücke später holen. Hast du eigentlich einen Plan, wie wir an sie herankommen?»
Walter überlegte und schüttelte den Kopf.

«Umso besser also, wenn wir noch ein wenig Zeit haben, einen zu entwickeln», sagte Nik fröhlich, «es wird mir ein Vergnügen sein, dir nachher zu helfen. Du bist ja auch so nett, mir vorher noch schnell zu assistieren.»

«Assistieren kann ich!», rief Walter, «Mutter liess mich jeden Tag assistieren im Haus und im Garten und im Wald und …»

«Leise Walter, leise!» Nik grinste. «So lass uns zum Pfarrhaus gehen. Dort kannst du mir zeigen was für ein grossartiger Assistent du bist.»

Walter strahlte.

Sonntag, 02.50 Uhr

Das Türchen am Zaun des Pfarrgartens war kaum je verriegelt.
«Hier hinein, aber leise», flüsterte Nik.

Sie schlüpften in den Garten, schlichen an der Ost- und dann der Südwand des alten Riegelhauses entlang, vorbei an den zwei Fenstern der Schreibstube, bis sie vor der Türe standen, die vom Pfarrgarten in die kleine Eingangshalle führte.

Nik betrachtete besorgt die Spuren, die Walters Stiefel im Schnee hinterliessen. Hoffentlich schneite es weiter so dicht wie im Moment.

«Auf dem Fenstersims hinter dem Topf mit der Hauswurz liegt der Schlüssel», flüsterte Nik.

Walter griff hinter den Topf und zog mit verwundertem Blick den Schlüssel hervor. «Kann man alles sehen, wenn man tot ist»?

«Natürlich», grinste Nik.

Walter steckte den Schlüssel in das Schloss.

«Leise, Walter! Und zieh die Stiefel aus. Du bist wirklich der grossartigste Assistent, den ich je hatte.»

Zwei Minuten später standen sie in der kleinen Eingangshalle. Beide wagten vor Aufregung kaum zu atmen. Erst jetzt wurde Nik bewusst, wie sehr Walters Kleider nach Rauch rochen. Hoffentlich stach der Geruch niemandem in die Nase.

«Ich habe kalte Hände und Füsse, und mir tut die Beule weh», flüsterte Walter. Dann überlegte er kurz und reckte die Brust. «Aber ein guter Assistent jammert nicht.»

«Genau, er jammert nicht und fragt nicht.»

«Was fragt er nicht?»

«Walter, ich bin sehr stolz auf dich. Jetzt auf den Zehenspitzen neben dem Treppenaufgang durch die Türe.»

Walter ging wie auf Eiern und hustete dazu laut.

«Still!»

Im ersten Stock ging eine Türe auf. Walter stand wie versteinert da und starrte zur Treppe.

Niks Puls jagte. Er suchte im Halbdunkel der Eingangshalle ein Versteck für Walter. Doch es kam niemand die Treppe herunter. Stattdessen schlug Sekunden später ein Toilettendeckel an den Wassertank, gefolgt von einem leisen Ächzen und einem lauten Plätschern. Walter stand bocksteif und mit geschlossenen Augen vor der Türe zu Knorrs Studierzimmer.

«Du machst das hervorragend, Walter. Wenn du husten musst, dann schluck es einfach hinunter. Sobald der Pfarrer sich die Hände wäscht, öffnest du die Türe zum Studierzimmer, und wenn er zurück ins Schlafzimmer geht, schiebst du sie wieder zu, bis sie nur noch einen Spalt breit offen ist.»

Walter nickte und begann, wie wild zu schlucken. Eine Minute später schlug die Kirchenglocke drei, und Nik und Walter standen im Studierzimmer. Es duftete nach der schweren Sonntags-Tabakmischung.

«Hinter der Türe findest du ein kleines Stehpult», flüsterte Nik. «Taste dich dorthin vor. Auf dem Sims steht eine kleine Leselampe, die knipst du an, der Schalter befindet sich am oberen Ende des Kabels. Sei vorsichtig, damit du nichts herunterreisst.»

Walter assistierte hochkonzentriert.

«Gut gemacht, Walter! Auf dem Boden, unter dem Regal, der kleine alte Holzschemel. Den ziehst du leise hervor. Vor das Regal. Sehr gut. Jetzt draufstellen. Vorsichtig, es kann sein, dass er knirscht. Auf dem zweitobersten Tablar steht eine alte Bibel, siehst du sie? Gib acht, die ist schwer, bloss nicht fallen lassen. Gut Walter, prima! Jetzt legst du das Buch auf das Stehpult. Leise! Und nun schlag es auf, letzte Seite. Wenn du husten musst, dann ignorier es einfach.»

«Ich muss jetzt nicht husten.»

«Umso besser.»

«Ich muss auf die Toilette.»

«Ein sehr guter Assistent kann sich das drei Minuten lang verklemmen, und du bist sogar noch besser als nur sehr gut, oder?»

«Ja, schon.»

«Gut.»

«Aber ich muss auf die Toilette.»

«Nachher darfst du so lange, wie du willst. Da unten auf der Innenseite des Umschlags, da siehst du eine Liste mit den Namen. So. Und jetzt nimmst du die Füllfeder neben der Lampe.»

Walter ergriff die Füllfeder mit der Rechten, schaute sie sich an und flüsterte: «Ich … kann nicht schreiben.»

Nik schnappte nach Luft. «Aber du warst doch in der Schule?»

Walter nickte. «Natürlich. Aber da waren meine Finger noch nicht so gefroren.»

Er benötigte zwei Minuten und ein Dutzend Streichhölzer, bis er es mit seinen klammen Fingern geschafft hatte, die grosse Kerze auf dem Clubtischchen anzuzünden und sich zwei Finger zu verbrennen, ohne dabei zu schreien. Über der warmen Flamme taute er nun langsam seine Hände auf, jammerte leise über das Prasseln in seinen feuerroten Fingern und kniff dabei die Beine zusammen.

«Du bist so tapfer, Walter, deine Mutter wäre stolz auf dich. Und nun kommt das Wichtigste. Das grosse Buch. Auf der Liste da unten fehlt noch ein Name. Der Pfarrer hat ihn vergessen aufzuschreiben. Und das tust nun du. Versuch, den Namen sorgfältig und schön zu schreiben. Stell dir vor, du wärst ein Engel und müsstest so schön schreiben wie einer. Der beste Assistent auf der ganzen Welt kriegt das hin.»

«Und welchen Namen soll ich schreiben?»

«Sascha Meves. S. A. S. C. H. A., und dann M. E. V. E. S.»

Sorgfältig reihte Walter Buchstabe um Buchstabe aneinander. Dann neigte er seinen Kopf, begutachtete sein Werk mit zusammengekniffenen Beinen und strahlte.

«Meisterhaft, Walter, du bist ein Genie! Das sieht aus, als ob Gott selber es geschrieben hätte. Nun schreibst du daneben das Datum. 21.11. Das ist der nächste Mittwoch. Und dahinter schreibst du, etwas kleiner: Waldhütte 16.50 Uhr.»

Walter tat wie geheissen.

«Sehr gut, Walter, fast haben wir's, siehst du. Nun schreibst du auf der Zeile weiter unten den Namen Dušanka Laznik, daneben noch einmal 21.11. Und hier schreibst du: Waldhütte 16.55 Uhr. Und dann fehlt auf beiden Zeilen nur noch etwas, nämlich je ein kleines Kreuz. Also, ich buchstabiere.»

Sonntag, 03.33 Uhr

Fetzen von Watte tanzten vom Himmel, legten sich leise auf Strassen, Zäune und Brunnen, auf Stiefelspuren in Pfarrgärten und auf die Zipfelmütze von Walter, der sich am Holzzaun aufgestellt hatte und erlöst gelbe Kreise in den Schnee pinkelte.

Nik stand daneben und hätte seinen Triumph am liebsten hinausgebrüllt. Wenn Knorr in seinem Gerechtigkeitswahn kaltblütig genug war, mehrere Dorfbewohner verunfallen zu lassen, dann würde er das auch mit seinen Komplizen tun. Immerhin kam der Auftrag ja nun von Gott selber, oder zumindest von einem Engel, schriftlich wohlgemerkt. In gewisser Weise gab er diesem alten Ekel wohl sogar seinen verloren gegangenen Glauben zurück.

Inzwischen schneite es so dicht, dass Nik kaum die Zeit von der Kirchenuhr abzulesen vermochte, doch schliesslich konnte er feststellen, dass es erst halb vier war. Perfekt. Bis am Morgen wären alle Spuren zugeschneit.

Er wandte sich wieder zu Walter um, der mit entzücktem Blick und nachlassendem Strahl sein Werk vollendete. «Geht in Ordnung, Walter, du warst ein fantastischer Assistent und hast einen Feierabend im warmen Bett verdient».

«Nein, jetzt holen wir die Perücke, das hast du selbst gesagt.»

Nik räusperte sich. «Ob in deinem Haus nach dem Brand wohl alles in Ordnung ist?» Er bemühte sich, leise zu sprechen, und wie erhofft tat Walter es ihm gleich.

«Ich werde nachsehen», erklärte Walter entschlossen, «sobald ich meine Perücke geholt habe.»

Nik legte seine Stirn demonstrativ in Sorgenfalten, bis ihm in den Sinn kam, dass Walter ihn ja gar nicht sehen konnte. «So wie du in die Brennkammer geblasen hast, sind bestimmt auch kleine Glutstückchen herausgeflogen.»

Walter gab keine Antwort, sondern stapfte zielstrebig los.

Nik folgte ihm.

Der dichte Vorhang aus Schneeflocken gab den Blick auf das Fenster von Sonjas Schlafzimmer erst frei, als die beiden

20 Meter vor dem Haus standen. Das orange Licht brannte immer noch.

«Schau, Walter, das Licht. Zu dumm! Du kannst da unmöglich hinein. Viel sicherer wäre es, wenn du die Perücke später holst.»

«Mir egal. Ich gehe die Treppe hinauf, verprügle Sascha, nehme ihm die Perücke weg, werfe ihn die Treppe hinunter und dann noch einmal hinauf und dann noch einmal hinunter, fertig Schluss Amen.»

Walter stemmte seine Hände in die Hüften, warf noch einen Blick zum Fenster hinauf und trat zur Haustüre.

«Sonja wird schluchzen, wenn du das tust, und wer tröstet sie dann?»

«Mir wurscht», antwortete Walter und öffnete die Türe.

«Nein, dir nicht wurscht. Sonja hat dich sehr, sehr lieb, und du sie auch.»

Nun blieb Walter im Türrahmen stehen.

«Erinnerst du dich, wie du sie auf deine Schultern gehoben hast, als sie noch klein war, und sie dann durch das halbe Dorf reiten durfte? Niemand hat auch nur annähernd so schön gewiehert wie du.»

Auf Walters Gesicht erschien ein Lächeln.

«Du hast doch nicht vergessen, dass meine Pflegemutter Babetta und deine Mutter Johanna Schwestern waren. Ich bin dein Pflegecousin, Sonja ist deine Pflegegrossnichte, wir alle sind eine grosse Pflegefamilie, halten fest zusammen und lassen unserer Sonja die Perücke noch bis am Donnerstag.»

Walter zog sich die Zipfelmütze von der Glatze und schüttelte den Schnee heraus. «Wieso bis Donnerstag?»

«Weil Sascha dann nicht mehr da ist, und sprich bitte etwas leiser.»

«Wohin geht er denn?»

«Er hat am Mittwochabend einen Unfall.»

«Einen Unfall, oh je! Geschieht ihm ganz recht.»

Walters Demenz arbeitete wieder zu Niks voller Zufriedenheit. «Also, am Donnerstag kommen wir wieder her, Walter, und jetzt schliess die Haustüre, aber leise.»

Walter tat wie geheissen.

«Super, Walter, und jetzt daheim nachsehen, ob alles in Ordnung ist. Ich freu mich auf Donnerstag, wenn du die Perücke wiederhast und unsere Sonja trösten darfst.»

Mit dieser Aussicht schien Walter zufrieden und trottete davon.

Nik betrat das Haus, blieb auf der obersten Stufe stehen und horchte. In der Wohnung war alles still. Er drehte sich um und setzte sich auf die Treppe; einen Augenblick nur, um nach diesem hektischen Abend ein wenig müde zu sein. Nie hatte er mehr Feierabend verdient als heute. Einen Serienmörder dazu zu bringen, seine eigenen Komplizen verunfallen zu lassen – ein Meisterstück.

Sonntag, 03.45 Uhr

Drei Stockwerke hoch war der Indoorwasserfall, über sechs Stockwerke erstreckte sich die Einkaufszone mit Läden, Cafés und Boutiquen, die so unglaublich schick waren, dass Nelly sich gewünscht hätte, der begehbare Kleiderschrank ihres Luxusapartments, das sich eine Fahrstuhlminute über dem Shoppingparadies ausbreitete, wäre leer, und sie hätte die Aufgabe, ihn zu füllen. War er aber nicht. Er war bestückt mit schwerreichen Abendroben und sündigen High Heels. Keinen Cent hatte sie für all das bezahlen müssen, der ganze Spass war kostenlos, auch das Apartment. Ein ganzes Jahr lang gratis Aussicht auf Manhattan, ein Stipendium für die New York Film Academy und Pralinen à discrétion. Bei ihrer Krönung zur Miss Universe wäre ihr zwar beinahe die Blase geplatzt, doch sie hatte die Zähne zusammengebissen und in die TV-Kameras gestrahlt, die von nun an pausenlos auf sie gerichtet waren, auf die schönste Frau des Universums, sodass die Menschen auf der ganzen Welt, und besonders jene in Birkweil, sie sehen und ihr begeistert zujubeln konnten. Als Special Guest war der Dalai Lama in der ersten Zuschauerreihe gesessen und hatte ihr verzückt Küsse geschickt, neben ihm hatte George Clooney ihr Standing Ovations geschenkt und ihren Namen skandiert, und erst als Clooney sich die Perücke vom Kopf gezogen und sie ihr auf die Bühne direkt ins Gesicht geworfen hatte, keimte in Nelly der Verdacht, dass sie nur träumte. Sie öffnete die Augen, und als sich langsam Konturen abzuzeichnen begannen, orange Spots an der Decke, ein Bett, da begriff Nelly, wo sie war.

Unverzüglich schloss sie wieder die Augen und versuchte, ihren Traum bis zur Krönungszeremonie zurückzuspulen. Ein zweites Mal in einen Traum einzusteigen, hatte sie schon oft hingekriegt, und wenn sie schnell genug war, sodass die Traumbilder noch frisch und scharf waren, dann schaffte sie es hin und wieder, störende kleine Fehler aus dem Traum herauszuschneiden, einen Blasendruck bei einer Misswahl beispielsweise. Man konnte sogar Männer austauschen, und manchmal nahm der Traum dann eine völlig neue Wendung.

Nelly versuchte, in jener Szene in den Traum einzusteigen, in der sie zur Siegerin ausgerufen wurde und die grossäugige Gans aus Südafrika ihr mit einem hasserfüllten Lächeln Glückwunschküsschen auf das Make-up drückte.

Diesmal wollte der Wiedereinstieg in den Traum nicht klappen. Der Applaus ebbte ab, die gleissenden Scheinwerfer wurden zu schummrigen orangen Deckenspots, und das Hochgefühl wich Ernüchterung. Nelly war zwar schön, aber tot; eine Miss Universe, die niemals mehr jemand sehen würde.

Sie rieb sich die Augen. Ihr Kreuz fühlte sich an, als ob sie seit Tagen hier auf dem Boden gesessen hätte, dabei zeigte der Radiowecker auf Sonjas Nachttisch erst Viertel vor vier an.

«Nik, wo bist du?», rief Nelly. Aus der Stube erklang ein kurzes Winseln von Lassie, von Nik jedoch war nichts zu hören. Auf dem Klo war er ja wohl nicht. Verflixt! War er zur Seelenwanderung aufgebrochen? Nelly schauderte. Nein, unmöglich. Nicht einmal Nik würde eine Frau sitzen lassen, die aussah wie Salma Hayek.

Aber was, wenn er nicht mehr in der Lage gewesen war, sie zu informieren? War er auf die Seelenwanderung entführt worden, war es zu einem Handgemenge mit den lichten Geistwesen gekommen, weil sie ihn verwechselt hatten, jetzt, wo er so anders aussah? Vielleicht hatte er verzweifelt nach ihr gerufen, und sie hatte im Schlaf geglaubt, George Clooney skandiere ihren Namen. Nellys Augen wurden wässrig. Vielleicht war Nik weg, und sie war ganz allein tot.

Ihr lief eine Träne über die Wange. Verlassenheit war etwas vom Schlimmsten. Damals in Portugal war sie nach dem Mittagessen im Restaurant der Autobahnraststätte mit perfekt nachgezogenem Lippenstift von der Toilette zurückgekommen und hatte gerade noch gesehen, wie ihr Reisecar auf der Einfahrt zur Autobahn verschwand; sie hatte sich entsetzlich gefühlt, weder bestellt noch abgeholt, drei Tage hatte sie gebraucht, bis sie daheim angekommen war bei ihren ausgetrockneten Katzen. Nelly hielt inne; wie erging es wohl Shakira, Clooney, Doktor Renz und Bridget bei Walter? Futter hatte sie ihm reichlich mitgegeben, und seine Fürsorglichkeit war bestimmt immer noch stärker als seine Aussetzer, viel eher aber stand zu befürchten, dass er vor lauter Fürsorglichkeit auch mal eine Katze medizinisch behandelte, wenn ihm schien, dass sie sich nicht wohlfühlte.

Nelly stand auf und trat durch die Wohnungstür hinaus in das dunkle Treppenhaus. Dort stolperte sie über Nik und fiel schreiend, im Übrigen aber geräuschlos, die Treppe hinunter.

Eine Minute später sassen die beiden nebeneinander auf der untersten Treppenstufe. Nik musste sich zusammenreissen, Nelly nicht von Knorr und seinen Auftragsunfällen und vor allem nichts von seinem genialen Einfall mit der Bibel zu berichten. Aber sie hatte ihm nicht einmal geglaubt, dass Dušanka und der Serviettenzeichner ein Komplott planten. Sie hielt die zwei für unschuldig und würde womöglich versuchen, den Auftragsunfall am Mittwochabend zu verhindern.

Nelly versuchte in der Dunkelheit mit blossen Händen, ihre zerzausten Haare in Form zu bringen. Sie wusste nicht, ob sie sich freuen sollte, dass Nik nicht auf Seelenwanderung war, oder ob sie sich ärgern sollte, dass er ihr einen solchen Schrecken eingejagt hatte. Sie beschloss, sich zu ärgern, das konnte sie sich ja nun leisten.

«Ich hätte mir das Genick brechen können!»

«Und wenn schon.»

«Ich bin völlig verbeult, mir tun alle Knochen weh!»

«Ignorier die Schmerzen, dann verschwinden sie von selbst.»

«Als ob man Schmerzen ignorieren könnte.»

«Phantomschmerzen vielleicht schon», sagte Nik. «Am besten, du fühlst einfach nicht mehr so genau hin. Oder du stellst dir vor, du hättest eine schmerzstillende Spritze gekriegt, oder etwas Homöopathisches oder Chinesisches oder sonst etwas, woran du glaubst. Dann spürst du förmlich, wie der Schmerz nachlässt.»

«Hör auf, dich über mich lustig zu machen!»

«Tu ich doch nicht. Aber gegen eingebildete Schmerzen hilft vielleicht auch eingebildete Medizin. Phantommedizin gegen Phantomschmerzen. Placebopillen wirken ja sogar bei echten Schmerzen.»

«So ein Blödsinn! Wenn man weiss, dass man Placebopillen schluckt, dann wirken sie natürlich nicht, das ist doch klar!»

Nelly wartete auf Niks Antwort, doch er gab keine. Typisch Mann, immer auf alles eine Antwort, aber wenn man sie als nutzlos entlarvte, verfielen sie in beleidigtes Schweigen. Nik schien sich für ihre Schmerzen gar nicht wirklich zu interessieren. Dabei war ja er daran schuld.

«Wieso sitzt du überhaupt hier draussen?», fauchte Nelly.

«Weil ich meinen Treppensturz aufarbeiten will.»

«Aufarbeiten? Ausgerechnet du?»

«Wenn du es besser weisst, bitte sehr.»

Nelly biss sich auf die Unterlippe. Na bitte, er war beleidigt. Zum Gück wusste sie als belesene Frau, wie mit einem beleidigten Mann umzugehen war; der erste Schritt bestand aus der sofortigen Trennung, denn schnell beleidigte Männer waren eine Hypothek fürs Leben. Andererseits war ihre Beziehung noch etwas jung für eine Trennung, trennen konnte sie sich auch später noch. Es war wohl klüger, sein Schmollen zu ignorieren, bis er sich wieder einrenken würde, denn schmollende Männer waren kindisch und verdienten keine Beachtung, und gerade am Anfang einer Beziehung musste eine starke Frau ihren Mann spüren lassen, dass sie sich nicht erpressen lassen würde. Den wirklich starken Frauen allerdings, und das hatte Nelly gerade erst vor einer Woche im Salon gelesen, bevor Nik ihr den Kopf so wunderbar gekrault hatte, den wirklich starken Frauen seien schmollende Männer so entsetzlich unwichtig, dass sie sich nicht mal die Zeit nähmen, sie zu ignorieren. Zumal das konsequente Ignorieren eines Mannes die ganze Aufmerksamkeit einer Frau beanspruchte.

Vielleicht brauchte Nik auch einfach Distanz. Darum gab er so unüberlegte Ratschläge, statt sie aufzumuntern. Darum weihte er sie nicht in seine allerallertiefsten Herzensgeheimnisse ein. Alle Männer, die Nelly einmal und nie wieder gehabt hatte, hatten schon früh Distanz gebraucht, eigentlich immer schon am Anfang der Beziehung, gelegentlich sogar schon vorher, und Psychologen bestätigten, dass es wenig brachte, solche Männer zu bedrängen. Wie klug dieser Ratschlag war, wusste Nelly nur schon deswegen, weil sie ihn nie beherzigt hatte. Nun war eine gute Gelegenheit, es zu versuchen. Nik würde ihr voraussichtlich nicht wegen einer Jüngeren abhandenkommen, also konnte sie ihn ruhig etwas zappeln lassen; selber schuld, wenn er Distanz wollte, kein Problem, das konnte er haben, irgendwann würde er weich werden und zu ihr zurückkehren.

Ohne ein weiteres Wort stand Nelly auf, strich sich ihre Locken aus dem Gesicht, tastete sich vorsichtig an dem Geländer entlang die Treppe hinunter, verliess das Haus und liess Nik im Dunkeln zurück.

Keine zehn Minuten später stand sie wieder im dunklen Gang. Er hatte ja nun wohl die nötige Zeit gehabt für seine männliche Distanz.

«Nik?»

Keine Antwort.

«Nik, bist du da?»

Stille.

Entweder schmollte er immer noch, oder er war weg. Vorsichtig stieg Nelly zur Wohnung hinauf. Nik sass nicht auf der Treppe und war auch nicht in der Wohnung. Eigenartig. Er musste das Haus kurz nach Nelly verlassen haben. Wo mochte er nur hingegangen sein? Sein Zuhause war bei Sonja, und Sonja war hier.

Hatte sie ihn womöglich so verletzt, dass er sich nun wirklich auf die Seelenwanderung aufgemacht hatte? Nellys Augen füllten sich mit Tränen. Und warum hatte das Universum sich nicht bei ihr gemeldet? Was hatte sie falsch gemacht? Sollte sie sich selber beim Universum melden? Was, wenn es doch nicht so gut herauskam, wie sie immer gedacht hatte? Wenn sie wirklich Dinge falsch gemacht hatte? Nelly stand eine Weile wortlos im Gang. Schliesslich machte sie sich auf zu ihren Katzen in Walters Haus. Ihre Katzen waren die einzigen Geschöpfe, die sie nie im Stich gelassen hatten.

Sonntag, 04.00 Uhr

Eine Auffrischung hätte Nils Zimmermanns Haus nicht geschadet. Der wuchtige alte Holzriegelbau lag an der Kreuzung von Hainweg und Poststrasse, auf halber Distanz zwischen dem Postplatz und dem Pfarrhaus. Einen neuen Dachstuhl hatten sie im selben Jahr frisch aufgesetzt, in dem Babetta die gekerbte Holztafel über ihrem Schaufenster an die Wand genagelt hatte. Das Holz für die Tafel hatte sie damals in einem unbeobachteten Moment spät nachts eigenhändig von der Baustelle des Zimmermannshauses geholt.

Jüngeren Datums war die Holzbank unter dem ausladenden Vordach, die Nik eine trockene Sitzgelegenheit bot. Die Strassenlampe an der Poststrasse warf einen schwachen Schein an die Fassade von Zimmermanns Haus und verlieh den Wattefetzen, die ununterbrochen schon seit Stunden vom Himmel schwebten, einen leicht orangen Schimmer. Nik wandte den Blick nach oben, nahm eine einzelne Flocke ins Visier und folgte ihr bis zur sanften Landung auf der Strasse. Dann suchte er sich eine nächste Flocke aus und tat dasselbe. Den Flocken beim Schweben zuzusehen beruhigte ihn.

Als die Kirchenglocken Viertel nach vier schlugen, stellte Nik sich vor, wie es wäre, im Bett aufzuwachen, wie immer zufrieden festzustellen, dass es zum Aufstehen noch zu früh war, dass es Sonntag war und das Leben geregelt. Währenddessen sah er zu, wie die Schneeflocken auf die unberührte Schneedecke vor ihm auf dem Boden landeten, und dachte über den Umstand nach, dass er keine Spuren mehr hinterliess. Erst jetzt fiel ihm auf, dass er sich nicht einmal mehr ein Knirschen des Schnees eingebildet hatte, als er hierhergekommen war. Es schien, als ob all diese Konditionierungen langsam verschwänden. Hunger, Durst und Kopfschmerzen hatte er schon länger nicht mehr verspürt, und er fror auch nicht mehr. Müde war er noch, aber vielleicht würde auch diese Einbildung irgendwann verschwinden.

Eines Tages dann stände er vor den Afri-Cola-Spiegel im Gang und sähe sich nicht mehr, weil die fixe Idee, einen Körper zu haben, aufgehört hätte. «Langsam gewöhnst du dich daran, dass du nur noch ein Phantom bist», riefe er in den Spiegel, ganz laut, aber er hörte sich nicht mehr, weil auch die Einbildung, eine Stimme zu haben, verglimmt wäre. «Jetzt löst du dich auf», dächte er daraufhin und könnte sich nicht einmal mehr darüber wundern, weil auch die Einbildung, sich wundern zu können, aufgehört hätte. Das Phantom wäre dann verdunstet. Diese Zwischenwelt war vielleicht nur ein Nachglühen des Lebens.

Als Nik einen tiefen Seufzer ausstiess, wie um sich zu versichern, dass er sich noch hörte, erklang aus Zimmermanns Haus ein Knurren. Engelbert hörte sein Seufzen also auch noch, immerhin. Heute oder morgen würde er noch nicht verdunsten.

Nik war unschlüssig, ob ihm der Gedanke, sich bald einmal in nichts aufzulösen, gefiel oder nicht. Wenn er nicht mehr existierte, existierten auch keine Probleme mehr. Andererseits schien ihm die Aussicht auf eine komplette Auflösung trotz allem irgendwie trostlos. Im Grunde genommen war das Leben, sein Leben, gar nicht so eine furchtbare Sache, ja er vermisste es sogar. Erstaunlich.

Erstaunlich war auch, dass er heute mehr über das Leben und sich selber nachdachte, als er es zu Lebzeiten je getan hatte. Er hatte viel mehr Zeit. Er brauchte nicht mehr im Salon zu stehen, nicht mehr zu schlafen, zu essen, zu duschen, zu putzen, Sonja zu erziehen, Sheryl zu besänftigen, Fernsehprogramme zu studieren, er hatte rund um die Uhr frei und konnte sich ganz seinem Ziel widmen.

Nachdem Engelbert wieder Ruhe gegeben hatte und die Glockenschläge verklungen waren, breitete sich Stille aus. Millionen Flocken landeten in Birkweil, ohne dass auch nur der geringste Laut zu vernehmen war. Birkweil war ein ruhiges Dorf. Für Nik war es perfekt gewesen. Sheryl und Sonja hatten genug Aufregung in sein Leben gebracht, und seit Sheryls Auszug tat es der Fernseher.

In *Der unauffällige Mr. Crane* hatte Billy Bob Thornton einen braven schweigsamen Coiffeur gespielt, der ein einziges Mal eine schräge Idee hat und dann prompt von einer Bredouille in die andere gerät. Von Frisuren hatten die Regisseure allerdings keine Ahnung gehabt. Dabei war Billy Bob Thornton damals noch mit Angelina Jolie verheiratet gewesen, die ja meistens ordentlich frisiert war, soweit man das aufgrund der Klatschpresse beurteilen konnte. Da hätten die Filmemacher doch nun wirklich die Coiffeure der Schauspielerin zu Rate ziehen können. Von denen beschäftigte die bestimmt mindestens ein Dutzend, schliesslich adoptierte die Frau ja alles, was ihr vor die Füsse geriet und nicht sofort davonrannte. Aber den Regisseuren war die Frisur von Billy Bob Thornton zu wenig wichtig gewesen. In der letzten Szene des Films rasierten sie dem unauffälligen Coiffeur, den seine Pechsträhne bis auf den elektrischen Stuhl gebracht hatte, an einigen Stellen an Armen und Beinen die Haare weg. Dort kamen die Kontakte für die Stromstösse drauf. Nach wie vor wurden ja Leute auf diese Weise hingerichtet, zum Beispiel in Amerika. Grauenhaft.

Manchmal, wenn Nik einem besonders unausstehlichen Kunden die Haare schnitt, hatte er sich vorgestellt, sein Coiffeurstuhl hätte ein unscheinbares Pedal auf der Rückseite, zwei Zentimeter über dem Boden und mit dem Fuss ganz einfach zu betätigen. «Nie ist es schöner zu sterben als im November», hätte er dann vielleicht geplaudert, «da kommt man auch um das ganze Weihnachts-Trallalla herum.» Dann hätte er kurz das Pedal angetippt, eine Minute später das Fenster geöffnet, um ein wenig frische Luft hereinzulassen, dann «der Nächste bitte!» in die Warteecke gerufen, wo Knorr mit lindengrünem Gesicht auf dem lindengrünen Biedermeiersofa gesessen wäre, neben ihm Dušanka, schlotternd vor Angst, und auf der andern Seite der Serviettenzeichner, um Gnade winselnd und mit zusammengekniffenen Beinen.

Betrachtete man die Schneeflocken nur lange genug, dann stellte man plötzlich fest, dass sie gar nicht von oben nach unten schwebten, sondern ruhig und zufrieden in der Atmosphäre hingen, während die Erde sich von unten nach oben bewegte und die Flocken einsammelte. Aber vielleicht bildete Nik sich ja auch die Schneeflocken nur ein. Vielleicht bildete er sich ja auch Birkweil nur ein. Die ganze Welt, das ganze Leben.

Eigentlich hatte ja keiner wirklich eine Ahnung. Nur schon wegen der Relativitätstheorie und der Chaostheorie und der Stringtheorie und all der anderen Theorien, die in den Dokumentarfilmen und Wissensmagazinen im Fernsehen immer so simpel schienen, aber schon beim ersten Werbespot nach der Sendung wieder so unverständlich waren wie zuvor.

Halb fünf. In drei Stunden war es hell. Wo wohl Nelly war? Im Grunde genommen war es ganz praktisch, dass sie beleidigt davongelaufen war. Typisch Frau, beleidigt aus heiterhellem Himmel. Sie würde sich wohl bald wieder einrenken, auftauchen und weiterquatschen. Bis dahin war es ruhig.

Nik hatte im Prinzip auch gar nichts mehr zu tun. Nur noch abwarten und zusehen. Wenn er wollte, konnte er bis zum Mittwochabend hier sitzen bleiben, sich dann gemütlich auf den Weg zur Waldhütte machen und zusehen, wie Knorr den Serviettenzeichner und seine falsche Schlange verunfallen liess.

Wie würde er die beiden eigentlich im Jenseits empfangen, wenn sie tot waren? Mit Kinnhaken? Das wäre dann wohl gar nicht mehr nötig. Die zwei würden verwirrt neben ihren Leichen stehen, und er, Nik, würde sie süss anlächeln und sagen: «Willkommen bei den Toten, so ein dummer Unfall aber auch, und du Sascha, Reissverschluss dabei?»

Voraussetzung war natürlich, dass es klappte. Der Anschlag konnte ja auch misslingen. Eigentlich war es gar nicht gesagt, dass Knorr wirklich glaubte, dass der Eintrag respektive Auftrag von Gott kam.

Und was, wenn Knorr es zwar glaubte, aber dann doch zu wenig wahnsinnig war, seine Komplizen zu töten? Genau betrachtet war ja gar nicht klar, was Dušanka und den Serviettenzeichner überhaupt mit Knorr verband. Wieso sie eigentlich seine Komplizen waren und ihn in seinem Gerechtigkeitswahn unterstützten. Gut, Knorr und der Serviettenzeichner waren Landsmänner und hatten nur schon deswegen eine engere Beziehung. Vielleicht waren sie ja sogar verwandt. Nik stockte der Atem: War der Serviettenzeichner womöglich ein unehelicher Sohn von Knorr?

Es gab viele Familien, in denen plötzlich uneheliche Kinder auftauchten. Nicht nur in Filmen, sondern auch im Leben von echten Menschen, im Nachmittagsprogramm, auf deutschen Sendern mit deutschen Studiogästen.

Nik wurde unruhig. Seinen eigenen Sohn würde Knorr nicht verunfallen lassen. Nicht einmal, wenn er es für Gottes Auftrag hielt. Es war nicht mal gesagt, dass er den Auftrag auch rechtzeitig entdeckte. Hatten sie das Buch auch wirklich offen auf dem Schreibtisch zurückgelassen?

Sonntag, 04.45 Uhr

Ohne Walter war es wesentlich einfacher, ins Pfarrhaus zu gelangen. Im Studierzimmer hing immer noch der Geruch von Tabak. Erleichtert stellte Nik fest, dass das Buch offen auf dem Tisch lag und die richtige Seite aufgeschlagen war. Walters Einträge von Gott dem Herrn zu übersehen war kaum möglich.

Nik stieg die Treppe hinauf und warf einen Blick in Knorrs Schlafzimmer. Die dicken schweren Vorhänge waren zugezogen, es war stockdunkel, dem Schnarchen nach zu urteilen, schlief Knorr tief und fest. Allerdings war es zu dunkel, um irgendwelche Hinweise zu finden, die Rückschlüsse über die Beziehung zwischen dem Pfarrer und Sascha zuliessen.

Etwas heller war es im Wohnzimmer; die hohe, schmale Lavalampe aus den 80er-Jahren, deren grüne und gelbe Lavablasen im Zylinder scheinbar schwerelos nach oben schwebten und wieder nach unten sanken, tauchten das ganze Wohnzimmer in ein düsteres grünlich-gelbes Licht, das sich unablässig bewegte. Es war eine giftige Farbkombination.

Überhaupt war es ein unheimlicher Raum. Wie ein Museum für afrikanische Kultur. Simse voller Figuren, Schnitzereien, vulkanischer Steine und anderer Erinnerungsstücke aus Knorrs Jahren in Tansania. An der Wand hingen ein Speer und ein Schild von Eingeborenen, bunte Kleidungsstücke und eine historische Landkarte: Deutsch-Ostafrika. Tansania war also einmal eine deutsche Kolonie gewesen. Typisch. Eroberer, Besetzer, Entwicklungshelfer, Mörder.

Besonders stach Nik eine Puppe ins Auge. Dreissig Zentimeter hoch, Draht, Stroh, aufgeklebte riesige Augen aus einem vulkanischen schwarzen Gestein, sicher Handarbeit aus Afrika, womöglich eine Voodoo-Puppe. Vor Kurzem hatten sie im Fernsehen berichtet, wie man mit Voodoo Leute in den Wahnsinn treiben und sogar umbringen konnte. Vielleicht war Knorr in Afrika ja verhext worden. Oder Knorr selber verhexte Leute. Vielleicht hatte er ja auch den Serviettenzeichner und Dušanka verhext und sie so zu seinen Komplizen gemacht. Zuzutrauen war es ihm.

Auf dem Regal zwischen der Lavalampe und dem Fernseher stand eine Reihe DVDs. Nik betrachtete sie und lächelte abschätzig. Französische Filme, in denen nur so alle Viertelstunde mal einer seinen Mund auftat, Dramen, *Herr der Ringe* und noch ein paar andere Fantasyfilme. Komödien gab es keine, die Ausnahme war ein Schuber mit den Filmen von Don Camillo. Niks Blick verfinsterte sich. Er mochte die Filme von Don Camillo, und Knorr hatte nicht das Recht, sie ebenfalls zu mögen, geschweige denn dieselbe Special Edition im Gestell zu haben wie er selber. Nik sah sofort Don Camillo vor sich, wie er seine Kirchenglocken läutete, um Peppones Ansprache auf dem Dorfplatz zu stören. Und wie er in der Kirche mit dem Gekreuzigten diskutierte, um dann doch auf eigene Faust im Dorf nach dem Rechten zu sehen.

In diesem Moment fiel es Nik wie Schuppen von den Augen. Brescello! Die Kirche auf der Ansichtskarte, die Knorr weggeschmissen hatte, war Don Camillos Kirche gewesen. Nik fiel ein, dass Knorr letztes Jahr tatsächlich in Italien gewesen war. Gut möglich, dass er auch Brescello besucht hatte. Aber wenn er schon so ein Fan von Don Camillo war, warum schmiss er denn jetzt die Karte weg?

Nik fand nichts weiter, was Aufschluss hätte geben können über die Verbindung zwischen Knorr und seinen Komplizen Sascha und Dušanka. Müde stieg er die Treppe hinunter und verliess das Pfarrhaus.

Als er sich in seinem eigenen Zimmer aufs Bett fallen liess, zeigte sein Radiowecker halb sechs. Er konnte sich nicht erinnern, zu Lebzeiten jemals von Samstagabend bis Sonntagmorgen durchgemacht zu haben. Erstaunlich, was man alles in einer einzigen Nacht erleben konnte als Toter.

Sonntag, 07.10 Uhr

Walter wachte seit eh und je um zwanzig vor fünf auf. Früher war er dabei von seinem Aufziehwecker und seinem Hahn Berthold freundlich unterstützt worden. Vor ein paar Wochen hatte er allerdings eines Morgens beim Aufwachen spontan beschlossen, den Wecker statt nur für eine Woche gleich für ein ganzes Jahr aufzuziehen, schliesslich ist vorbeugen besser als heulen. Anfänglich hatte der Drehschlüssel Widerstand geleistet, doch Walter war stärker gewesen und der Klügere hatte nachgegeben, in diesem Fall also der Wecker.

Daraufhin hatte Walter die Idee gehabt, auch den Hahn für ein ganzes Jahr aufzuziehen. Berthold hatte schon nach der ersten Umdrehung mit einem Knacken im Halsbereich klein beigegeben und danach nie mehr zu früh gekräht. Zu spät genauso wenig. Dank dem kaputten Wecker wachte Walter aber weiterhin jeden Morgen um exakt zwanzig vor fünf auf, selbst wenn es bereits halb acht war.

Als der alte Mann sich aufsetzte und seine Nachttischlampe mit dem gehäkelten Lampenschirm einschaltete, sprangen zwei dicke, schwarz-weiss gezeichnete Katzen erschreckt von seiner Decke. Was für eine freudige Überraschung! Walter lachte. «Was seid ihr denn für zwei hübsche Kätzchen, miez miez miez?»

Die Katzen machten keine Anstalten, seinen Lockrufen zu folgen, sondern setzten sich vor die Schlafzimmertüre und miauten.

Walter griff sich an die Stirn und tastete sie ab. «Hast aber eine gewaltige Beule an der Birne» rief er, überlegte kurz und beschloss, sie wieder einzudrücken.

Er biss auf die Zähne, schloss die Augen und presste die flache Hand auf die Beule, heulte auf und liess wieder los. Die Beule poppte sofort wieder auf. Sie brauchte wohl einfach Zeit. Nur nichts überstürzen, hatte Mutter immer gesagt, das Gras wächst nicht schneller, wenn man daran zieht.

Die ungeheizte Holzkammer war nach Norden ausgerichtet, die zwei Fensterchen gaben den Blick hinauf zum Waldrand frei.

Es war noch dunkel, doch dass die Bäume tief verschneit waren, konnte Walter erkennen. «Der Winter kommt», erklärte er und zog die erkaltete Bettflasche unter der Decke hervor. Sein Schädel brummte. Kein Wunder, nach dieser Nacht. Er konnte sich genau erinnern, was geschehen war; erst hatte er im Wald einer Frau das Leben retten wollen, und dann war er ins Pfarrhaus eingebrochen und hatte dort einen Brand gelöscht. Darum roch er so nach Rauch. «Du Birne!», rief er unvermittelt und verdrehte die Augen, «solltest halt wieder einmal die Medizin nehmen!»

Walter zog sich ein blau und schwarz kariertes Flanellhemd über das Pyjama und stieg in eine braune Flanellhose. Als er die Schlafzimmertüre öffnete, sprangen die beiden Katzen mit hoch erhobenen Schwänzen vor ihm die Treppe hinunter, blieben dann vor der geschlossenen Stubentüre stehen und miauten. Erst aber wandte Walter sich der Toilette zu.

Als er danach die Küchentüre öffnete, kamen ihm zwei weitere fettleibige Katzen entgegen, liefen an ihm vorüber, ohne ihm Beachtung zu schenken, gesellten sich zu ihren beiden Freundinnen vor die Stubentüre und stimmten in deren Miauen ein. Beim Anblick der vier Katzen erinnerte Walter sich, dass Nelly ihn zum Pflegevater ihrer Katzen gemacht hatte. Er sah den unzufriedenen Tieren eine Weile zu und beschloss, die Türe zur Stube nicht zu öffnen. Schliesslich war er hier der Chef. Er wusste auch gar nicht, was sie in der Stube zu suchen hatten, die Milch war ja in der Küche.

Walter betrat die Küche und ihm schien, dass heute alles irgendwie anders war als sonst. Er kratzte sich an der Glatze und sah sich um. Dann fiel es ihm auf: Der Küchentisch und die Sitzbank, das Geschirr im Schüttstein mit dem zerschlagenen Rand, die Milch im Milchbecken, kurz und gut, die ganze Küche war bedeckt von einer feinen Schicht Asche.

«Eine schöne Sauordnung, gut dass die Mutter das nicht mehr miterleben muss!»

Routiniert entfachte er nun im kleinen Holzherd ein Feuer, öffnete den Zug am Kamin, goss etwas Wasser ins halb leere kupferne Wasserschiff auf der linken Herdseite, setzte eine Pfanne Milch auf den Herd, gab ein paar Löffel löslichen Kaffee und ein halbes Dutzend Zuckerwürfel dazu.

Während der Milchkaffee aufkochte, stellte er eine grosse Tasse und, nach längerem angestrengtem Nachdenken, einen Suppenteller auf den Küchentisch, auf dem er vorher noch die Asche mit dem Ärmel verschmierte. Dann füllte er an seinem zerschlagenen Schüttstein ein Glas halb voll mit Wasser, entnahm dem Kühlschrank so viele Fläschchen, wie er mit seiner rechten Hand greifen konnte, gab aus jedem ein paar Tropfen ins Wasser, stürzte die bräunliche Mixtur hinunter und sagte: «So, Beule, kannst mir in die Schuhe blasen, fertig, aus, basta, amen.»

Zehn Minuten später sass er zufrieden am Küchentisch, tauchte Brot in seinen Milchkaffee und schmatzte. Auch aus dem Suppenteller auf dem Küchentisch dampfte heisser Milchkaffee. Walter hatte die Katzen in die Küche getragen, je zwei auf einmal, und vor den Teller gesetzt. Doch die Begeisterung für die Frühstücksgewohnheiten ihres neuen Besitzers schien sich in Grenzen zu halten. Auch ein Nachbessern des Kaffees mit einem Löffel Instant-Apfelpunsch und Johannas Gesundheitsarsenal zeitigte keine Wirkung, die Katzen rannten unverzüglich wieder vor die Stubentüre, wo sie vorwurfsvoll miauend umhertigerten.

«Ihr seid etwas verwöhnt», tadelte Walter liebevoll, «übrigens habe ich Mäuse im Haus. Was sagt ihr dazu?»

Als der Radiomoderator seinen Zuhörern kurz vor acht Uhr einen schönen Sonntag wünschte, fiel Walter ein, dass man sich am Sonntag wusch und zur Kirche ging. So stand er auf, wusch sich und machte sich auf zur Kirche, ohne die undankbaren Katzen eines Blickes zu würdigen, die immer noch miauend vor der Stubentüre sassen.

Für den Weg ins Dorf benötigte er statt der üblichen halben Stunde mehr als doppelt so lange. Die Strasse war zwar schon in den frühen Morgenstunden grob geräumt worden, doch Walter sprang alle paar Meter mit weit hinausgestreckter Zunge hoch in die Luft und schnappte nach Schneeflocken.

Als die Kirche in Sichtweite geriet, erblickte Walter Janosch für alles, der den Eingang zum Pfarrhaus freischaufelte.

Janosch war noch kleiner als seine Tochter Dušanka, aber er konnte trotzdem bewundernswert laut fluchen. An Sonntagen fluchte er für gewöhnlich leiser, aber heute machte er eine Ausnahme. Eine halbe Stunde lang hatte er vergeblich versucht, die Schneefräse anzuwerfen, zuerst mit Stossgebeten, dann mit Schimpfen, dann mit Fluchen, doch die Fräse hatte nicht einmal auf Gotteslästerung angesprochen. Schliesslich hatte er ihr wütend einen Tritt verpasst und war mit der Schaufel losmarschiert. Nun war er zu spät dran, und der Pfad vom Pfarrhaus zur Strasse und von der Strasse zum Eingang der Kirche würde kaum halb so breit werden wie üblich.

Schaufel um Schaufel hob Janosch hoch, schleuderte den Schnee auf die Schneemade und fluchte im Rhythmus seines Keuchens. Als Walter die Hand auf seine Schulter legte, wirbelte er erschrocken herum und blickte in zwei haarige Nasenlöcher.

«Man soll nicht fluchen!»

Janosch musterte Walter. «Sackerment, was ist denn mit dir los? Ein rasierter und eingebeulter Schädel, und nach Rauch stinkst du auch.»

«Ich bin eben keine Mimose», antwortete Walter, «Mutter hat gesagt, man soll nur fluchen wenn es niemand hört, also musst du jetzt auch aufhören. Kannst mir eine Schaufel geben, dann helfe ich dir, aber nur bis die Kirche anfängt, man hilft, wo man kann.»

Janosch blickte zur Kirchenuhr. «Gut. Der Gottesdienst beginnt in knapp einer Stunde. Du bist viel zu früh, umso besser. Hol die Schaufel im Pfarrgarten. Gummistiefel hast du ja schon an.»

Sonntag, 08.50 Uhr

Obwohl Nik kaum drei Stunden geschlafen hatte, fühlte er sich beim Aufwachen erstaunlich frisch. Im Haus war es ruhig, Sonja und der Serviettenzeichner schliefen mindestens bis zum Mittag. Und nach der wunderbaren Episode mit dem Reissverschluss gestern Abend würde im Bett wohl auch nichts passieren. Gut gelaunt erinnerte Nik sich an Saschas schmerzverzerrtes Gesicht. Er hatte gebrüllt wie Ben Stiller in *Verrückt nach Mary*, dem dasselbe passiert war.

Nik machte sich auf Richtung Kirche. Es hatte tatsächlich aufgehört zu schneien, war aber immer noch aussergewöhnlich kalt für Ende November.

Als Nik sich dem Pfarrhaus näherte, sah er Walter im Tor zum Pfarrgarten verschwinden. Nik presste die Lippen zusammen. Jetzt machte er wieder Spuren! Wenn Knorr die entdeckte, wirkte der geheimnisvolle Eintrag in seiner Bibel schon weit weniger göttlich. Überhaupt, was suchte er eigentlich im Pfarrgarten? Was, wenn Walter sich an letzte Nacht erinnerte und Knorr die Sache mit dem Eintrag beichten wollte?

Nik japste, lief sofort zum Pfarrgarten und stiess beim Türchen fast mit Walter zusammen, der mit einer Schneeschaufel in der Hand heraustrat. Nik fiel ein Stein vom Herzen. Ein Blick in den Pfarrgarten ergab, dass Walter kurz vor dem Fenster rechtsum kehrtgemacht hatte. Die Schaufel schien rechts neben dem Fenster zur Schreibstube an der Hauswand im Schnee gesteckt zu haben. Um die Spur zu entdecken, musste Knorr also zumindest das Fenster öffnen und den Kopf hinausstrecken.

Wie immer schlüpfte Nik durch den Hintereingang ins Pfarrhaus und stieg die Treppe hinauf zur Wohnung.

Knorr sass in einem karierten Morgenmantel an seinem alten Schiefertisch, vor sich eine grosse Tasse Milchkaffee, hielt die Augen geschlossen und lauschte dem afrikanischen Lärm, der aus dem CD-Player erklang und der den alten Xaver Franzen einst dazu bewogen hatte, nie mehr für Afrika zu spenden, so wahr ihm Gott helfe.

In diesem Moment schoss Nik ein Gedanke durch den Kopf: Xaver, Nelly und er hatten nie Kollekte gegeben. Und Marietta Bedrinelli, die geizige Gans, hatte sich im Salon das Herausgeld immer auf den Rappen genau herauszählen lassen, am Kollektenkästchen war sie wohl kaum grosszügiger gewesen. War es denkbar, dass Knorr und der Serviettenzeichner Leute verunfallen liessen, die keine Kollekte gaben?

Der verstorbene Coiffeur setzte sich auf die Bank zwischen Kühlschrank und Tisch und musterte Knorr. Doch, es war nicht nur denkbar, es war sogar wahrscheinlich. Diesem Gerechtigkeitsfanatiker war es zuzutrauen. Da sass er, geistesabwesend, in Gedanken in einem Dorf voller Buschhütten, in dem frisch bekehrte Kannibalen mit Knochenpiercings in den Nasen um ein Feuer heruntersprangen, ekstatische Rufe ausstiessen und sich dabei die Glieder verrenkten. Dort unten gehörte es doch zur Tagesordnung, sich gegenseitig umzubringen. Knorr hatte eine dumme Gewohnheit nach Birkweil mitgebracht. Und wenn der sich mit diesem Getrommel einzustimmen pflegte, dann waren ja auch seine Predigten kein Wunder.

Nik ging hinunter ins Studierzimmer. Die Bibel lag noch genau so da wie Walter und Nik sie platziert hatten, aufgeschlagen auf der letzten Seite. Niks Herz schlug wieder schneller. Was, wenn der Pfarrer den Unfallauftrag nicht ausführte, weil der Serviettenzeichner wirklich sein Sohn war? Oder was, wenn er gar nicht erst glaubte, dass der Unfallauftrag in der Bibel von Gott kam? Gestern Abend hatte er den imaginären Jesus am Kreuz in der Kirche «Hirngespinst» genannt und danach die Karte von Don Camillo in der Schreibstube weggeworfen. Entweder glaubte er nicht mehr an Gott und führte den Auftrag nicht aus. Oder der Auftrag war ihm Beweis, dass dieser Gott eben doch kein Hirngespinst war.

Das Knarren der Holztreppe riss Nik aus seinen Gedanken. Kurz darauf betrat Knorr im schwarzen Talar die Schreibstube. Er wirkte leblos und verkatert. Vermutlich hatte er gestern Abend noch gebechert. Also war heute kein Tag für eine Dampfwalzenpredigt.

Der Pfarrer lüftete die Schreibstube, zog aus einer Ablage sein Predigtmanuskript hervor und überflog es. Das ganze Dorf konnte seine Predigten auswendig, nur er nicht.

Als Knorr die Bibel ergriff, hielt Nik den Atem an. Der Pfarrer blätterte, bis er eine bestimmte Stelle gefunden hatte, und legte das Manuskript hinein. Dann hielt er inne, und schlug die Rückseite der Bibel noch mal auf. Er las. Und dann wurden seine Augen immer grösser.

Sonntag, 09.30 Uhr

Das Erste, was Sonja spürte, war Lassies sabbernde Zunge im Gesicht. Das Zweite waren die Kopfschmerzen. Sonja öffnete die Augen. Lassie stand vor dem Bett und winselte. Sie strich ihr über den Kopf und drehte sich dann um. Sascha lag neben ihr, er atmete tief und regelmässig.

Sonja schlüpfte in ihren Trainer und stellte die orangen Spots ab, die die ganze Nacht gebrannt hatten. Dann ging sie auf die Toilette, vermied einen Blick in den Spiegel, schluckte zwei Kopfwehtabletten, zog ihren Wintermantel über den Trainer und machte sich mit ihrem Collie auf zur Notfallpinkelrunde.

Das Knirschen des Schnees unter ihren Schuhen und die kalte Luft weckten langsam ihre Lebensgeister. Das Rohr des Brunnens am Postplatz protzte mit dicken Eiszapfen, die Schneekristalle in der Luft flirrten wie Lametta. Ein Sonntagmorgen wie aus dem Bilderbuch.

Immer klarer drangen die Ereignisse des gestrigen Abends in Sonjas Bewusstsein. Sie fühlte sich schlecht. Der arme Walter. Sascha war tatsächlich fähig gewesen, ihn die Treppe hinunterzuschubsen. Eine so hässliche Seite hatte er noch nie gezeigt.

Natürlich war die Sache mit dem Reissverschluss kein Vergnügen gewesen. Trotzdem. Auch Walter hätte sich das Genick brechen können. Wie es ihm wohl ging?

Nach ihrer Rückkehr liess Sonja sich einen Espresso aus der Maschine, fütterte Lassie, schluckte eine dritte Kopfwehtablette und schlich zurück ins Schlafzimmer. Sascha schlief immer noch. Sie betrachtete ihn, aber das übliche Gefühl von Zuneigung wollte nicht aufkommen. Stattdessen verspürte sie nur Unverständnis. Auf einmal schien ihr Saschas Anwesenheit unnatürlich. Ihr Leben mit ihm in den letzten zwei Jahren hatte in einer anderen Welt stattgefunden. Er gehörte nicht in diese Wohnung. Was für eine Anmassung, Paps zu verdrängen. Was für eine Anmassung, Walter die Treppe hinunterzuschubsen.

Sonja hatte das Gefühl, in dieser Wohnung nie mehr Kind sein zu können.

Auf dem Boden neben dem Bett entdeckte sie die Perücke ihres Vaters. Sie hob sie auf, angelte lautlos Unterwäsche, Jeans und Pullover aus dem Schrank, verliess das Schlafzimmer, schloss die Türe und ging in die Küche, wo sie sich an den Küchentisch setzte, die Perücke streichelte, den leeren Stuhl gegenüber am Küchentisch betrachtete und lautlos vor sich hin weinte.

Nach einer Weile strich Sonja sich die Tränen aus dem Gesicht und setzte noch einmal eine Kaffeekapsel in die Maschine. Eine von Paps' bekömmlichen. Sie würde alle noch aufbrauchen, wie Paps es getan hätte. Seine grosse Morgentasse, die in der letzten Woche im Geschirrschrank unbemerkt nach hinten gerückt war, wollte sie ebenfalls behalten. Sie liess den Kaffee heraus, goss zu viel Milch hinein, gab einen Spritzer von Paps' Diätsüssstoff dazu. Trinken mochte sie den Kaffee nicht, sie sog nur den vertrauten Duft ein.

Sonja nahm eine kurze Dusche, liess Sascha schlafen, zog sich an und verliess das Haus. Mit Lassie an der Leine, der Perücke in der Manteltasche und mit einer Menge Fragen an Walter im Kopf.

Sonntag, 09.20 Uhr

Nik stand mitten in Knorrs Studierzimmer und brüllte vor Vergnügen.

Da stand der alte Knorr, starrte die Einträge an und rang um Fassung. Er hielt die Bibel unter seine Schreibtischlampe, er betrachtete die Einträge durch die Lupe, er untersuchte das Türschloss, er sah kurz aus dem Fenster, ohne es zu öffnen, sodass Walters Fussspur gar nicht in sein Blickfeld geriet.

Nik hüpfte vor Vergnügen. «Jaja, Knorr, es gibt was zu tun, dein Hirngespinst hat Kontakt aufgenommen.»

Knorr setzte sich auf seinen Bürostuhl, richtete seinen Blick auf das kleine Kreuz an der Wand gegenüber und verharrte.

Der tote Coiffeur grinste. Gott gehorchen, indem man den eigenen Komplizen über den Jordan schicken muss – was für ein Clinch.

Der Pfarrer tat keinen Wank. Leblos und mit starrem Blick sass er da. Die Sekunden verstrichen, ohne dass etwas geschah.

Nik wurde unruhig. Zweifelte Knorr etwa? Oder war der Clinch zu brutal? Weil Sascha vielleicht wirklich sein Sohn war? Keiner war so psychopathisch, seinen eigenen Sohn umzubringen.

Die Kirchenglocke schlug halb zehn. Knorr schien sie nicht zu hören, er sass weiter regungslos da und starrte auf das Kreuz.

Nik spürte, wie seine Hände zu schwitzen begannen.

Sonntag, 10.05 Uhr

Dass ein Pfarrer zu spät zum Gottesdienst kam, war in der Geschichte der Gemeinde Birkweil noch nie passiert. Jedenfalls konnten sich die Alten unter den Gottesdienstbesuchern, also fast alle, an ein so unerhörtes Vorkommnis nicht erinnern.

Viele waren heute nicht gekommen, um dem Knorr beim Predigen zuzusehen. Kaum zwei Dutzend Besucherinnen und ein paar wenige Besucher sassen in ihren Jacken, Mänteln und Schals in den Bänken. Der Aufmarsch der Kirchgemeindemitglieder entsprach wie immer dem Wetter. Am wenigsten kamen jeweils dann, wenn die Sonne schien und die Menschen lieber draussen waren. Sehr wenige kamen auch dann, wenn es regnete. Oder wenn es heiss war, wenn es kalt war, wenn der Wind wehte oder wenn es schneite. Heute schneite es.

Nebst den Senioren war noch eine Handvoll Konfirmanden anwesend, die man allerdings nur bedingt zu den Gläubigen zählen konnte, da sie demonstrativ unfreiwillig zugegen waren. Auch Janosch für alles war da, der als Sigrist fürs Arbeiten bezahlt wurde und das Zuhören als fakultativ erachtete.

Anwesend war wie meistens auch Boris, der nicht nur dank seinem Atem auch auf Kirchenbänken immer reichlich Platz hatte. Bei Boris hatte man sich im Dorf schon öfter gefragt, wieso er in Knorrs Predigt ging, und vor allem, wieso er dort dann auch noch zuhörte. Manchmal sah Knorr ihn während der Predigt auch etwas länger an als die andern. Womöglich war Boris schwul. So wie Knorr, vielleicht. Es war zwar einmal ein Gerücht gegangen, der Pfarrer hätte in Tansania unten mit einer Schwarzen ein Kind gehabt, aber in Birkweil hatte sich das Gerücht nur so lange gehalten, bis das Mitleid mit Knorr vorbei gewesen war, also bis nach den ersten paar Predigten. Und da Knorr sich kein bisschen für Frauen zu interessieren schien, hielten ihn einige im Dorf wirklich für schwul. Xaver Franzen hatte einmal erklärt, die Sache mit Frau und Kind in Afrika stimme sicher. Knorr sei nach ihrem Tod vor lauter Schreck schwul geworden, das sei schon vorgekommen, echt jetzt. Doch wenn Franzen im Vollsuff referierte, nahm man seine messerscharfen Beweisführungen am Stammtisch in der *Frohen Aussicht* belustigt zur Kenntnis, mehr aber auch nicht.

Das Sonntagsgeläut der Kirchenglocken verhallte, und auch das Murmeln erstarb. Zumindest, bis sich die Kirchentüre noch einmal öffnete, lauter als sonst. Die Anwesenden drehten ihre Köpfe und machten grosse Augen: Ein grosser Mann keuchte herein. «Ich habe grad auch noch den Weg zum Friedhof freigeschaufelt, gell tüchtig?», rief er und setzte sich mit stolzgeschwellter Brust zur Seniorenfraktion.

Das Murmeln hob wieder an. Walter war stets für eine Überraschung gut, aber mit einem kahl geschorenen Schädel und einer bläulich verfärbten Beule auf der Stirn war er noch nie aufgetaucht. Der Schweiss rann ihm über das glühende Gesicht, er schien förmlich zu dampfen, roch aber nach Rauch. Trotz allem wirkte er höchst zufrieden.

Walter hatte vor allem bei den Gebrechlichen unter den Betagten einen Stein im Brett. Sie hofften für ihn, dass wenigstens er es noch möglichst lange schaffte, allein und selbstständig in seinem Haus zu wohnen und sein eigener Herr und Meister zu sein. Aber so wie er heute aussah, war das wohl demnächst zu Ende.

Inzwischen hatte es zehn Uhr geschlagen, und selbst den Konfirmanden an ihren Smartphones fiel nun auf, dass Pfarrer Knorr noch nicht da war. Janosch, ebenfalls schwitzend, stand neben der ersten Bankreihe, gestikulierte in Richtung Empore und verschwand dann durch den Seiteneingang. Der Organist setzte mit dem Eingangsspiel langsamer ein als sonst, spielte von Strophe zu Strophe schleppender und nahm erst wieder Fahrt auf, als Janosch mit Knorr im Schlepptau in die Kirche eilte und dem Organisten erlöst Zeichen gab, er könne zum Schluss kommen.

Hinter Janosch und Knorr betrat auch Nik die Kirche. Er setzte sich in die vorderste Bank, das zweite Mal nach seiner eigenen Trauerfeier. So weit vorgewagt hatte er sich nie in seinem Leben vor dem Tod. Wie alle Birkweiler hatte auch er sich erst in den hinteren Reihen sicher gefühlt vor dem Blickkontakt mit dem Pfarrer. Nun, da er ein Phantom war, bestand dieses Risiko nicht mehr.

Unruhig rutschte er auf seinem Platz umher. Womöglich hatte er sich verrannt. Die Aktion in der vergangenen Nacht würde sich als Rohrkrepierer entpuppen. Nie im Leben würde Knorr seinen Komplizen umbringen. Und schon gar nicht seinen Sohn.

Der Pfarrer stand auf dem kleinen Podium neben dem Abendmahlstisch und las zum Einstieg in den Gottesdienst ein paar Verse aus der Bibel. Er wirkte fahrig und unkonzentriert.

Der Organist begann nun, ein Lied aus dem Kirchengesangbuch zu spielen, ein paar dünne Stimmen setzten tapfer ein und sangen der Orgel hinterher. Knorr, für gewöhnlich ein inbrünstiger Sänger, bewegte nur seine Lippen.

Nach dem Gesang stieg er langsamer als sonst auf die Kanzel. Dort schlug er die Bibel auf, zog das Predigtmanuskript heraus und warf einen Blick darauf. Dann sah er geistesabwesend hinunter in den Kirchenraum.

«Liebe Gemeinde», sagte er tonlos, setzte aber überraschend aus.

Die Besucher blickten verwundert zur Kanzel. Das war nicht die Art von Aussetzer, die man bei Knorr gewohnt war. Es wurde mucksmäuschenstill, selbst die Konfirmanden sahen auf. Wohl eine halbe Minute lang stand Knorr mit zusammengepressten Lippen und starrem Blick auf der Kanzel. Dann legte sich ein seltsames Lächeln auf sein Gesicht. Er blätterte in der Bibel, als ob er eine andere Stelle suchen würde, legte dann das Manuskript beiseite und sagte mit entschlossener Stimme:

«Heute will ich über den Gehorsam sprechen. Über den Stammvater Abraham, der auf Gottes Geheiss hin sogar bereit war, seinen Sohn Isaak zu opfern.»

Sonntag, 10.20 Uhr

Als Nelly aufwachte, war es hell. «Scheisse!», rief sie, riss die Augen auf, schoss hoch, wollte nach dem Wecker auf dem Nachttischchen greifen und fiel aus dem Bett. Sie rappelte sich auf und erblickte an der gegenüberliegenden Wand ein altes Buffet, randvoll mit Fläschchen, Dosen, Büchsen und Gläsern. Sie lag also in Walters Stube auf dem Diwan.

Nelly drehte sich auf den Rücken, blieb mit geschlossenen Augen auf dem Teppich liegen. Ein leises Miauen holte sie in die Gegenwart zurück. Natürlich, sie war ja letzte Nacht wegen der Katzen hierhergekommen. Eine Flut von Erinnerungen brach über sie herein. Seit gestern Abend war sie tot, das Leben mit ihrem Astralleib war leichtfüssig und abgefahren. Sie betastete ihren Kopf, fuhr sich durch die Haare, liess ihre Hände der Silhouette entlang über ihre Oberschenkel und wieder hinauf gleiten, über Brüste, Hals und Lippen. So wäre sie gerne schon früher erwacht. Das Einzige, das fehlte, war eine Morgenzigarette.

Nach einem langen Seufzer erhob Nelly sich, ging zur Türe, griff nach der Falle und fühlte das kalte Metall. Ihre Hand tauchte durch die Falle hindurch. Sie zog die Augenbrauen hoch, sah die geschlossene Türe an, holte tief Luft und trat durch die Türe hindurch in den Gang. Es war fantastisch. Doch, daran konnte man sich gewöhnen.

Im Gang roch es nach altem Rauch. Die Katzen tigerten hungrig herum. In der Küche waren Tisch und Stühle, Geschirr und Spüle mit einer feinen Schicht Asche bedeckt. Nelly rief nach Walter, bekam aber keine Antwort. Vielleicht schlief er noch, weil er vom gestrigen Treppensturz einen Brummschädel heimgebracht hatte. Oder gar eine Hirnerschütterung?

Nelly stieg die Treppe hinauf und betrat Walters Schlafzimmer. Das Bett war leer, und sie atmete auf. Es war Sonntag, Walter war wohl in die Kirche gegangen. Demnach hatte er nicht allzu grosse Blessuren davongetragen.

Sie setzte sich im Gang zu ihren Katzen auf den Boden. Die Tiere spürten ihr Streicheln nicht, aber wenn sie sprach, hoben sie ihre Schwänze und schnurrten. Nellys Stimme war tatsächlich das Einzige, das den Weg in die materielle Welt fand.

«Tut mir leid, dass ich euch nicht füttern kann, ich bin tot», sagte Nelly, «aber Walter ist sicher bald zurück, dann gibt's Futter.»

Nach einer Weile stand Nelly wieder auf und ging in Walters uraltes Badezimmer, blickte in den Spiegel und betrachtete die Latina, die sie seit ihrem Tod war. Sie strich sich mit der Hand über ihre vollen Lippen und setzte zu einem lasziven Stöhnen an. Dann machte sie eine schwungvolle Vierteldrehung, betrachtete lange ihr Profil und sagte schliesslich: «Verdammt noch mal, du hättest wirklich früher kommen können.»

«Zu viele Pralinen», sagte eine Stimme.

Nelly zuckte zusammen und warf sich herum. Jemand hatte ihr geantwortet! Also hörte man sie! War sie womöglich nur halbtot? Sie trat in den Gang. Da war niemand. Auch die Küche war leer.

Nelly ging zurück ins Bad, stellte sich vor den Spiegel und rief im selben Tonfall ein zweites Mal: «Verdammt noch mal, du hättest wirklich früher kommen können!»

«Vielleicht war es auch zu viel Prosecco», gluckste die Stimme.

Nun begann Nellys Herz zu rasen. Es war eindeutig die Stimme einer Frau. Das Universum war es sicher nicht gewesen, das klang erhabener. Aber gut, Stimmen hatte sie bereits zu Lebzeiten gehört, nicht nur, wenn sie vor dem Fernseher eingeschlafen war. Und je nach Aufenthaltsort und Proseccogehalt hatten sie unterschiedlich verschwommen geklungen und unterschiedlich bedeutsame Sachen gesagt. Das Zuordnen war ihr meistens leichtgefallen. Mal war es ihre Herzensstimme gewesen, mal ihre Intuition, das Universum, ihr persönlicher Engel, ihr Eisprung oder ihre innere Schweinehündin.

Besonders gehasst hatte sie die Stimme, die ständig mit Dingen kam wie «zu viele Pralinen», «zu viel Prosecco», «Rauchen tötet», «fünf Portionen Obst und Gemüse pro Tag», «morgen solltest du früh raus» und «geh joggen». Als ob sie nicht selber gewusst hätte, dass Rauchen tötet und Joggen gesund ist. Was sich nun erst noch als grober Irrtum erwiesen hatte. Man konnte sein ganzes Leben lang ohne Raucherbein und Raucherhusten rauchen wie ein Schlot, und dann ging man joggen und wurde prompt erschossen.

Nelly betrachtete im Spiegel ihre hinreissende Figur, holte tief Luft und sagte mit schneidender Stimme: «Halt die Klappe, du blödes Gewissen, ich wäre auch mit weniger Pralinen nicht zur Latina geworden. Ich hatte grüne Augen und im Sommer Sonnenbrand.» Dann trat sie in den Gang hinaus und ärgerte sich, dass sie keine Möglichkeit mehr hatte, die Türe ins Schloss krachen zu lassen. Stattdessen drehte sie sich noch einmal um und rief: «Fuck you!» Etwas so Ungehöriges hatte sie noch nie gesagt. Es klang fast so echt wie im Fernsehen.

«Ach, nimm doch nicht alles so persönlich», sagte die Stimme.

Nelly grinste triumphierend. Ein «fuck you» genügte also, und schon machte das Gewissen einen Rückzieher. Hätte sie es nur früher so deutlich in den Senkel gestellt. Die Stimme klang erstaunlich klar hier in der Zwischenwelt; logisch, quasi war man schon halb drüben. Und als Geistwesen hörte man vielleicht auch lauter.

Sie setzte sich wieder auf den Boden, streichelte ihre verwirrten Katzen und dachte an die zwei Stangen Zigaretten, die sie am Donnerstag noch gekauft hatte. Statt joggen zu gehen, hätte sie gestern Abend wirklich besser noch ein paar davon geraucht, es wäre gesünder gewesen.

Irgendwann betrat sie die Stube und blickte aus dem Fenster. Das Gleissen der Schneedecke in der Sonne schmerzte, und sie kniff die Augen zusammen. Vielleicht gab es ja trotz des Wintereinbruchs ein paar Wagemutige, die sich auf den Waldweg machen würden. Ihre Leiche vor der Scheiterbeige war sicher verschneit, aber sie würden sie bestimmt trotzdem entdecken, und die Nachricht würde sich in Windeseile verbreiten, im Dorf sähen sie sich tief betroffen an, hast du es auch gehört, Nelly, erschossen, Wahnsinn, beim Joggen scheint's, war ja richtig sportlich, hat nie einer Fliege etwas zuleide getan, hoffentlich finden sie den Kerl, und er kriegt lebenslänglich.

Natürlich würde die Polizei anrücken, Grossaufgebot, Sonderkommando, FBI, sie käme im Fernsehen, am Freitag wäre ihre feierliche Abdankung in der Kirche, natürlich auch mit Fernsehkameras im Seitengang, es war schliesslich ein Mord.

Der Lebenslauf, oh je. Knorr würde ihn schreiben, mit Informationen von ihrer Mutter, eine fürchterliche Mischung, hoffentlich stellten sie dann die Kameras ab.

In der *Frohen Aussicht* gab es sicher nur Salat, jedenfalls wenn ihre Mutter das Trauermahl bestellte; Janosch für alles fluchte laut auf dem Friedhof über den Schnee, den er abtrüge, bevor er neben Nik ein Grab aushöbe; und Mike, Roberto, Guido und Kemal vom Flirtportal wären ahnungslos und sehr betrübt, weil Penelope auf einmal nicht mehr zurückschriebe, und jedes Mal, wenn die Polizei im Mordfall Nelly wieder etwas herausfände, käme sie im Fernsehen, wochenlang wäre sie das wichtigste Gesprächsthema, auf Facebook und Instagram gäbe es irre Verschwörungstheorien, sie ginge in die Geschichte Birkweils ein, Menschen aus nah und fern legten Blumen nieder vor der Gedenktafel bei der Scheiterbeige im Wald.

Nelly wurde aus ihren Gedanken gerissen, als die Türe aufging und ein zufriedener Walter hereinstiefelte, verschwitzt, verraucht und abartig verbeult.

Sonntag, 11.15 Uhr

Von den Kränzen auf Niks letzter Ruhestätte ragten nur noch die oberen Ränder aus dem gleissenden Schnee. Der Verstorbene stand davor und genoss die Stille. Vorgestern an der Beerdigung dieser Matsch und Dreck, und jetzt das: ein tief zugeschneiter Friedhof, würdevoll und ruhig. Dabei ging es ja noch eine ganze Woche bis zum ersten Advent.

Hier draussen an der Sonne zu stehen war angenehmer als in der Kirche über Schlachtsöhne nachzudenken. Nik lächelte. Natürlich hatte er die Geschichte von Abraham gekannt. Gott befahl Abraham, seinen Sohn Isaak zu töten, worauf der dem Buben das Messer an die Kehle setzte, aber im letzten Moment von Gott daran gehindert und für seinen Gehorsam belohnt wurde. Der arme Bub. Der hatte sicher ein Trauma davongetragen. Abraham und sein Gott waren komplette Psychopathen. Vielleicht auch nur Abraham, der sich Gottes Stimme eingebildet hatte. Vielleicht auch der Bibelschreiber, der sich die ganze Geschichte eingebildet hatte. Vielleicht auch Nik, der sich das ganze Leben nur einbildete.

Jedenfalls war jetzt hochkarätiger Optimismus angesagt. Knorr würde sich diesen Abraham zum Vorbild nehmen, dem Auftrag in der Bibel gehorchen und Sascha und Dušanka über den Jordan schicken. Er würde nicht zögern, schliesslich konnte er mit Gottes Eingreifen rechnen, wie bei Abraham.

Nachher brauchte Nik nur noch Walter zur Polizei zu schicken. Die würde Knorrs Bibel und sein Smartphone untersuchen, alles käme heraus, und der Pfarrer würde als Serienmörder verurteilt und dürfte lebenslänglich in einer Zelle schmoren und seinen afrikanischen Trommeln lauschen. Die anderen Häftlinge im Gefängnishof verprügelten ihn zur Strafe täglich. Und sonntags zweimal. Sonja wäre dann wieder sicher. Und er selber? Er würde sich vielleicht irgendwann vollständig auflösen. Oder in irgendein ewiges Licht hinüberverdunsten, wie sich das Nelly vorstellte.

Nik betrachtete das schwarze Holzkreuz mit seinem Namen darauf. Da ruhte er nun in Frieden unter der Schneedecke in einem naturfarbenen Sarg, Kiefer-Birke furniert, mit längs gerichteten Ziernuten und Kastenfüssen, bis er von den Würmern gefressen wurde. Das konnte noch dauern. Würmer machten vielleicht auch einen Winterschlaf. Zudem war seine Leiche vielleicht bis in ein paar Tagen gefroren, sodass die Würmer sich daran sowieso die Zähne ausbeissen würden. Nik mochte sich gar nicht vorstellen, wie seine Leiche in einem Jahr aussehen würde. Wenn RTL II spät nachts noch einen Zombiefilm gebracht hatte, hatte er weggezappt, bei *World War Z* von Marc Forster hatte er meistens schon in der ersten Filmhälfte abgestellt. Gut möglich also, dass Niks Phantom sich schneller auflöste als dessen Leichnam.

«Sic transit gloria mundi», sagte eine Stimme.

Ach herrje, jetzt ging das wieder los. Und erst noch auf Griechisch, ausgerechnet, er konnte doch gar kein Griechisch ausser *Tsatsiki, por favor*.

«Ich kann kein Griechisch», brummte Nik.

«Lateinisch offenbar auch nicht», sagte die Stimme. «*Sic transit gloria mundi* heisst ‹So vergeht der Glanz der Welt›. Damit werden im Vatikan die frisch gewählten Päpste an ihre Vergänglichkeit erinnert und in Birkweil die frisch beerdigten Coiffeure.»

Himmel, klang der jetzt belehrend! Geschliffen und geschwollen, ein Deutscher eben, die taten ja immer, als ob sie alles besser wüssten. Immer so wortgewandt, und dann nannten sie die Schweizer ständig Helvetier und Eidgenossen, als ob sie alle Bärte trügen und sonntags in ihrer Alpenrepublik am offenen Feuer mit ihren Hellebarden Brot in flüssigen Käse tauchten oder junge Murmeltiere brieten.

«Und, Nik Hofmann, hat unser Pfarrer Knorr schon auf den Pfad der Tugend zurückgefunden, oder musst du noch weiter pfaden?»

«Ich muss noch weiter pfaden.»

«Und warum macht Knorr solche Sachen?»

Jetzt nur nicht verplappern. «Ich weiss auch nicht.»

«Keine Gemeinsamkeiten zwischen den Opfern?»

Natürlich gab es die, der Pfarrer bestrafte Geizhälse. «Ich werde probieren, es herauszufinden.»

«Ist er denn böse?»
Das war eine Fangfrage. «Das finde ich sicher auch noch heraus.»
«Du sprachst von einem Komplizen. Weisst du da mehr?»
Nik begann zu schwitzen. «Also, es gibt Verdachtsmomente, aber es ist noch zu früh, um Aussagen zu machen, Sie wissen ja, wie das ist bei laufenden Ermittlungen.»
Die Stimme lachte. «Du hast zu viel Fernsehen geschaut.»
«Da kommt mir in den Sinn, ich habe noch gar nicht gefragt, wie es in Italien war.»
«Es war italienisch. Wieso fragst du?»
«Wissen Sie ... weil, manchmal denke ich, dass Sie gar nicht Gott sind. Gestern Abend sind Sie zu spät vom Papst zurückgekommen. Sie können also nicht überall gleichzeitig sein. Also sehen Sie auch nicht alles.»
«Das Thema scheint dich zu beschäftigen», gluckste die Stimme. «Also, falls ich wirklich Gott sein sollte, wie du immer wieder mal befürchtest, dann sähe ich sicher alles. Zumindest habe ich das mal irgendwo im Talmud gelesen.»
«Im Talmud?» Nik beschloss, so lange unverfänglich weiterzuplaudern, bis er wusste, was ein Talmud war. Darin machte ihm so schnell keiner etwas nach. «Wieso im Talmud?»
«Ist ein interessantes Buch.»
Aha, ein Buch. «Ich hätte eher gedacht, das steht in der Bibel.»
«Dort sicher auch, im Koran auch und sonst noch in allen möglichen mehr oder minder heiligen Schriften. Es wird wohl etwas dran sein.»
Gott benahm sich einfach nicht wie Gott. So war ein Gespräch nur schwer zu kontrollieren. Nik fehlte das Gesicht zur Stimme, das er hätte lesen können. «Das klingt jetzt aber ... Sind Sie jetzt Gott oder nicht?»
«Ach, Gott, darunter stellt sich jeder etwas anderes vor», erwiderte die Stimme, und wieder schien sie zu glucksen. «Ich trage weder Heiligenschein noch Schläfenlocken, falls du das meinst, Turban und Bart auch nicht. Flügel und Harfe auch nicht, du brauchst also gar nicht zu fragen, ob ich ein Engel bin. Am besten stellst du dir mich überhaupt nicht vor. Ich bin, wer ich bin.»
Nik atmete auf. Gott war ja richtig gesprächig und liess sich von der Pfarrersache ganz gut ablenken. Logisch eigentlich, Theologie war ja Gottes Steckenpferd.

«Ich hielt die Bibel für Gottes Wort. Aber so wie Sie von heiligen Schriften sprechen, klingt das ja fast abschätzig. Ist die Bibel nicht Gottes Wort?»

«Aber sicher. So wie die Bhagavad Gita, die *Glücksrevue* in deiner Warteecke und der Klimabericht der UNO.»

«Das ist aber doch nicht dasselbe!»

Die Stimme lachte. «Stimmt. Aber die Menschen, die sie lesen, sind dieselben. Und ob etwas Gottes Wort ist oder nicht, hängt von denen ab, die es lesen.»

«Wieso denn das?»

«Ob Koran oder Klatsch, die Leute lesen dies in einen Text hinein und das aus einem Text heraus. Die lesen nur das, was sie lesen wollen. Darum lesen die einen Liebe, und die andern lesen Hass.»

Nik brach in äusserst beipflichtendes Nicken aus. «Stimmt. Beim Hören ist es dasselbe. Die Leute hören nur, was sie hören wollen. Als Coiffeur lernt man das im täglichen Kundenkontakt.»

Für einen Augenblick sah Nik sich am Coiffeurstuhl stehen, hörte seine eigene vertraute Stimme, wie sie mit Kundinnen und Kunden plauderte, unbeschwert zwischen den Belanglosigkeiten hin und her sprang, gelegentlich unterbrochen von kurzen Exkursionen ins Wesentliche, diese souveräne Stimme von Nik Hofmann, Inhaber und führendem Leiter von *Babettas historischem Coiffeursalon* – es kam ihm vor, als wäre es schon Jahre her.

«Du sagst es», antwortete die Stimme. «Aber so sind sie nun mal, die Menschen und ihre Coiffeure. Also, Nik Hofmann, ich will dich nicht länger aufhalten. Dann pfade mal schön die Tugend deines Pfarrers weiter.»

«Ich gebe mir Mühe.»

Er lauschte. Es blieb still. «Gott?», fragte er leise. Keine Antwort. «Gott, bist du noch hier?», wiederholte er. Nichts geschah.

Vielleicht war er wirklich weg. Vielleicht schwieg er auch einfach nur und beobachtete ihn. Der Kerl war grausam schwer einzuschätzen.

Nik liess seinen Blick über die Gräberreihen schweifen. Diese Ruhe. Hatte er wirklich ein Gespräch geführt? Oder hatte er es sich eingebildet? So wie diese Sektengurus, die auch immer behaupteten, sie hätten Gottes Stimme gehört? Jedenfalls war Gottes Stimme nun verstummt. Vielleicht war das ja auch wieder ein Stück Selbstauflösung.

Die Kirchenglocken schlugen zwölf. Es war Zeit heimzugehen. Sonja und der Serviettenzeichner würden nach der langen Nacht langsam aufwachen.

Sonntag, 11.30 Uhr

«Walter, bist du da?»

Sonja trat ein, ohne anzuklopfen. Im äusseren Gang lag Rauch in der Luft. Ein Miauen erklang, ansonsten blieb es still. Sicherheitshalber liess Sonja ihre Hündin im äusseren Gang. Dann betrat sie die Küche.

Der Rauch in der Luft war schwer und abgestanden. In der Küche war alles von einer feinen Schicht Asche und Staub bedeckt. Auf der Holzbank erblickte Sonja vier fettleibige Katzen und vor ihnen zwei Suppenteller mit Spuren von Katzenfutter. Eigenartig. Walter hatte gar nicht erzählt, dass er Katzen hielt. Vergass er jetzt bereits, das Dorf auf dem Laufenden zu halten?

Sonja liess Wasser in den Schüttstein und begann, das schmutzige Geschirr abzuwaschen. Das würde Walters Stimmung wohl aufhellen. Die war nach dem rabiaten Rauswurf von gestern Abend finster. Am Montag würde sie die Vormundschaftsbehörde anrufen. Sonja mochte gar nicht an den Umzug in die *Abendsonne* denken. Walter würde sich mit Händen und Füssen wehren. Dass er die Katzen nicht mitnehmen konnte, machte es noch schwieriger. Vielleicht würde sich irgendein Tierliebhaber im Dorf ihrer annehmen. Nelly Orsini allenfalls, die hielt ja selber Katzen und wohnte direkt gegenüber der *Abendsonne*. Da konnte Walter seine Tiere besuchen.

Plötzlich erklang ein ohrenbetäubender Knall. Sonja zuckte zusammen, die Katzen sprangen unter die Bank, im Gang gab Lassie Laut.

Sie hastete in die Stube und spähte diskret durch das Fenster auf den schmalen freigeschaufelten Pfad zum Haus. Es war niemand zu sehen. Zurück in der Küche entdeckte sie beim Blick durch das Fenster auf der Hinterseite des Hauses Fussstapfen.

Mit einem mulmigen Gefühl im Bauch ging Sonja nach draussen und folgte den Stapfen zum Schuppen hinter dem Haus. Der Schnee schien unter ihren Schritten lauter zu knirschen als sonst.

Plötzlich vernahm sie Walters Stimme. Er schimpfte. Dann gackerte es. Er hatte eine gröbere Auseinandersetzung mit seinen Hühnern.

Sonja bog um die Hausecke und erblickte ihn. Mit dem Gewehr im Anschlag stand er vor dem Hühnerstall und zielte hinein.

«Walter!», rief sie entsetzt.

Er drehte sich nicht einmal um. «Geht dich gar nichts an, Nelly», rief er stattdessen und drückte ab.

Es knallte ohrenbetäubend. Zwei Hühner schossen in Panik aus der kleinen Türe und flatterten Walter um die Ohren.

«Walter, spinnst du!», schrie Sonja.

Jetzt erst wandte er sich um. «Ach, du bist es, gell, Nelly hat hier nichts zu sagen, ich bin der Chef!»

Sonja atmete tief durch.

Eine Stunde später stand Walter sauber gewaschen und gut gelaunt in der Küche und trocknete das Geschirr ab. Die Beule auf der Stirn war versorgt, das Feuer im Holzherd knisterte sonntäglich, und Sonja rieb die Fenstersimse ab.

Den Treppensturz vom Vorabend hatte Walter nicht angesprochen. Es schien, als ob er ihn bereits wieder vergessen hatte.

In Sonjas Gesässtasche piepste das iPhone. Sascha war also wohl erwacht.

«Es läutet», sagte Walter, «du musst abnehmen.»

Sie schüttelte den Kopf. «Nein, das muss ich nicht. So, und jetzt nehmen wir noch den Boden feucht auf.»

«Wollen wir nachher jassen?»

«Gut, aber nur einmal. Und dann gehen wir mit Lassie raus. Aber vorher gibt es eine Überraschung.»

«Ich habe nicht gerne Überraschungen, was für eine ist es?»

Sonja lächelte. «Ein Geschenk.»

«Aha, gut, Geschenke habe ich schon gern, was ist es?»

«Eine Überraschung. Aber erst die Arbeit, dann das Vergnügen.»

Als Sonja den Putzlappen auswrang, piepste das iPhone erneut. Sie trocknete die Hände ab und zog es heraus. «bist du mit lassie, schreib wo, ich komm nach. lysms.» Einen Augenblick war sie unschlüssig, steckte das iPhone dann aber wieder ein, ohne Sascha zu antworten.

«So, Walter, jetzt also das Geschenk.» Sie holte im Gang ihren Mantel, zog Niks Perücke aus seiner Tasche und streckte sie Walter entgegen.

Walter strahlte. «Hei, wo hast du jetzt die her? Die habe ich vermisst!»

«Ich habe sie gefunden. Beug dich herunter.»

Sonja setzte Walter die Perücke auf und nickte dann anerkennend.

«Toll siehst du aus. Du hör mal, Walter, wenn ich mir auch etwas ganz fest wünschen würde, würdest du es mir dann auch schenken?»

Walter lachte. «Also, wenn ich es habe, schenke ich es dir, was denn?»

«Deine Patronen.»

Walter runzelte die Stirne und schüttelte den Kopf. «Das geht nicht, ohne Patronen kann ich nicht mehr helfen, den Wildtierbestand zu hegen und die Wildlebensräume zu pflegen, Jagd ist sehr wichtig und eine sehr alte Kultur, sicher!»

Sonja nickte. «Du hast recht Walter, aber die Jagd auf Haushühner gehört da nicht dazu. Und unter uns: Wann hast du das letzte Mal etwas getroffen? Ich sag's nicht weiter.»

Walter kratzte sich an der Perücke.

«Eben, siehst du. Du brauchst die Patronen doch gar nicht mehr. Und ich schenke dir dafür ja die Perücke, die gibt dir im Winter sogar noch warm.»

«Also gut, aber nur, weil du es bist.»

Eine Minute später stand Sonja neben Walter im Keller und betrachtete entgeistert ein Munitionsdepot, mit dem er noch ein Dutzend Hühnerstallwände hätte perforieren können. «Weisst du was, Walter? Ich schenke dir die ganze Munition wieder zurück, wenn du mir dafür dein Gewehrmagazin mitgibst. Ich werde es sorgfältig aufbewahren, versprochen. Und wenn du mal Lust auf ein Suppenhuhn hast, dann bringe ich dir eins aus Hardstadt.»

«Sicher?»

«Ganz sicher.»

Nelly stand hinter Sonja und hatte einen Kloss im Hals. Sonja machte einfach alles viel besser. Sie war nett und erreichte trotzdem alles. Er wusch sich, er räumte auf, er putzte, er trocknete ab, er liess sich entwaffnen und war dabei erst noch bestens gelaunt. Alles dank Sonja. Sie selber hingegen hatte Walter ihre Katzen aufgedrückt, ihn unter Druck gesetzt, ihn nächtelang durch die Gegend gejagt, ihn ständig überfordert und ihm die Laune verdorben. Von Walters Gewehr hatte sie schon lange gewusst, aber es wäre ihr nicht einmal in den Sinn gekommen, etwas zu unternehmen.

Nelly stieg hinter Sonja und Walter die Kellertreppe hinauf und schämte sich.

Walter schob noch etwas Holz nach, Sonja steckte das Gewehrmagazin in ihre Manteltasche. Erneut surrte ihr iPhone. Sie zog es aus der Tasche und schrieb ein SMS. Nelly sah ihr über die Schulter und las mit. «ich muss allein sein, komme spät. habe mich für nächste woche krankgemeldet, schreibe dir morgen. habe keinen schlüssel dabei. lass hinten offen, wenn du gehst.»

Sonntag, 12.15 Uhr

Nik nahm zwei Treppenstufen auf einmal. Im Gang blieb er kurz stehen und hielt den Atem an. Es war still in der Wohnung. Er trat ins Schlafzimmer.

Der Serviettenzeichner sass in Unterhosen auf dem Bettrand, ungewöhnlich breitbeinig, und starrte mit geröteten Augen auf sein iPhone.

«Riri», sagte Nik trocken, «Schweizer Qualitätsarbeit, ein Reissverschluss für die Ewigkeit.»

Er trat in den Gang und rief nach Lassie, doch es blieb still. Die Hundeleine hing nicht an der Garderobe, Sonja war also unterwegs. Ohne Sascha? Entweder hatte sie ihn ausschlafen lassen, oder sie hatten Streit. So wie er aussah wohl eher Letzteres. Nik grinste schadenfreudig und verliess das Haus in Richtung Wald.

Kurz vor dem Waldrand blieb Nik stehen. Nein, Sonja war bestimmt nicht in den Wald gegangen. Er kannte seine Tochter. Als Erstes hatte sie sich heute Morgen beim Aufstehen Sorgen um Walter gemacht, wegen des Treppensturzes gestern Abend. Sie war bei ihm. Und sie war ohne Sascha gegangen, weil sie auf den sauer war.

Nik sah seine Tochter schon von Weitem. Sie stand vor Walters Haus und setzte sich die Sonnenbrille auf. Ja, so war sie, seine Kleine. Kümmerte sich immer zuerst um die andern. Ganz wie ihr Vater.

Walter tauchte auf, seine Perücke auf dem Kopf.

Nik lächelte. Sonja musste sie ihm gebracht haben.

Hinter Walter trat Nelly heraus.

«Hallo, Nelly!», rief Nik.

Walter sah auf und sagte: «Die ist doch gestorben.»

Irritiert drehte sich Sonja zu Walter um. «Wer ist gestorben?»

«Nelly», rief Walter, der mit seinen Handschuhen kämpfte. «Die Würstli waren ganz gut, aber Mutters Kartoffelsalat war besser, mehr Knoblauch.»

Sonja sah Walter besorgt an. «Lass uns gehen», sagte sie schliesslich.

Mit dem Zeigefinger über den zusammengepressten Lippen bedeutete Nelly Nik zu schweigen. Sie warteten, bis Walter mit Sonja und Lassie ausser Hörweite war und folgten ihnen mit genügend Abstand.

«Hast du eine Ahnung, warum Sonja allein zu Walter gekommen ist?»

Nelly nickte zufrieden. «Sie ist sauer auf ihn wegen gestern Abend. Nicht mal seinen Anruf hat sie entgegengenommen. Dafür hat sie ihm vor zehn Minuten eine sehr kühle SMS geschrieben.»

Nik grinste. «Bingo. Am Mittwochabend wird sich das Problem Sascha von selbst lösen.»

Nelly sah ihn an. «Wovon sprichst du?»

Bis sie die Waldhütte passiert hatten, hatte Nik Nelly umfassend informiert. Nur die Gespräche mit der Stimme behielt er für sich. Es war ja nicht nötig, sich über Gebühr lächerlich zu machen. Dafür fand Nelly den Einbruch im Pfarrhaus und den Eintrag in der Bibel absolut filmreif. Nik grinste. Es war wirklich das Husarenstück seines Lebens vor und nach dem Tod.

Eine Weile gingen sie wortlos nebeneinanderher, meistens in Sichtweite von Sonja und Walter.

«Können eigentlich Hunde durch den Schnee hindurch riechen?», fragte Nelly.

Nik sah sie an. «Natürlich. Es gibt ja Lawinenhunde. Wieso?»

Nelly lächelte zufrieden. «Ich bin eingeschneit.»

Es dauerte einen Augenblick, bis der Groschen fiel.

«Lassie! Die habe ich vergessen!»

Nelly sah ihn fragend an.

«Wieso hast du Lassie vergessen?»

«Walter hat dich letzte Nacht noch hinter die Scheiterbeige gezerrt. Aber an Lassie habe ich nicht gedacht, die findet dich vielleicht.»

Nelly starrte Nik fassungslos an. «Spinnt ihr? Das ist meine Leiche! Wieso denn das?»

«Weil du sonst entdeckt wirst und dann die Polizei kommt.»

«Ja natürlich, das soll sie gefälligst, immerhin bin ich ermordet worden!»

«Nein, das soll sie nicht. Sonst sperrt sie den halben Wald ab, und Knorr bläst den Unfall am Mittwochabend ab, und Walter muss ins Gefängnis.»

«Wieso Walter?»

Nik zog genervt die Augenbrauen hoch. «Weil er bewaffnet im Wald herumschleicht und daheim die vier Katzen des Mordopfers hat.»

Nik lief schneller. Zwischen ihnen und Sonja lagen 50 Meter. Nur noch eine Wegbiegung trennte seine Tochter von der Scheiterbeige. Vielleicht hatte er Glück, und Nellys Leiche war so tief eingeschneit und so kalt, dass Lassie keine Witterung aufnahm. Sonja sollte nicht noch eine Leiche entdecken müssen.

Der Collie war bereits nicht mehr zu sehen. Niks Herz schlug schneller. Womöglich war sie schon bei der Scheiterbeige und …

Plötzlich blieben Sonja und Walter stehen und sprachen miteinander. Sonja hielt ihr iPhone in der Hand. Sie blickte auf, sah sich um, steckte Daumen und Zeigefinger der linken Hand in den Mund und pfiff diesen unglaublichen Pfiff, den Sheryl ihr beigebracht hatte. Sekunden später jagte Lassie hinter der Wegbiegung hervor.

Noch bevor Nik und Nelly Sonja und Walter erreichten, setzten diese sich wieder in Bewegung, diesmal allerdings im Laufschritt. Sonja schien aufgeregt. Das iPhone hielt sie immer noch in der Hand.

Als Sonja und Walter die Scheiterbeige erreichten, hatten Nik und Nelly bis auf ein paar Meter aufgeschlossen. Lassie lief gehorsam neben Sonja bei Fuss, für die Scheiterbeige schien sie sich nicht zu interessieren. Nik drehte sich erleichtert zu Nelly um und sah gerade noch, wie sie die Händen als Trichter vor den Mund nahm und laut rief: «Walter, ich bin's, Nelly; denk dran, dass ich Ärmste hinter der Scheiterbeige unter dem Schnee liege!»

Sonntag, 13.00 Uhr

«Die ist doch gestorben», sagte Walter, der vor der Haustüre stand und mit seinen Handschuhen kämpfte.

Irritiert drehte sich Sonja zu ihm um. «Wer ist gestorben?»

«Nelly. Die Würstli waren ganz gut, aber Mutters Kartoffelsalat war besser, mehr Knoblauch.»

Sonja sah Walter besorgt an. «Lass uns gehen», sagte sie schliesslich.

Auf Höhe des Waldrandes sprach Sonja den alten Mann erneut an.

«Warum bist du eigentlich gestern Abend so spät noch vorbeigekommen?»

«Keine Ahnung», antwortete Walter.

Sonja seufzte. «Du hast mir im Gang etwas zugerufen. Es klang ob du mir … etwas ausrichten wolltest.»

Walter sah auf, schlug sich die flache Hand auf die Stirn und verzog schmerzverzerrt sein Gesicht. «Ja, genau», nickte er, «ich sollte dir etwas ausrichten.»

«Was denn?»

Walter dachte nach, scharf aber erfolglos. «Keine Ahnung.»

«Es klang, als ob du mich warnen wolltest. Als ob ich in Gefahr sei.»

«Keine Angst, ich beschütze dich sehr fest.»

«Lieb von dir», sagte Sonja ernüchtert.

Sie konnte wohl kaum erwarten, dass der alte Mann sich erinnerte, wenn sogar sie selber nur noch ein allgemeines Tohuwabohu im Kopf hatte. Walter vertiefte sich wieder in seine Fussstapfen, und sie nahm den Faden erst nach der Waldhütte wieder auf.

«Sag, Walter, woher hast du die Perücke?»

«Von dir, du hast sie mir ja vorhin gebracht, bist vergesslich, he?»

«Ja, aber woher hattest du sie vorher?»

«Von Nelly.»

«Die Perücke gehörte aber Paps.»

«Ich habe sie trotzdem von Nelly.»

«Sagtest du nicht vorhin, dass sie tot sei?»
«Eben. Darum braucht sie ja die Perücke nicht mehr.»
Sonja holte tief Luft. «Hat Nelly sie vorgestern meinem Paps aus dem Sarg genommen?»
«Keine Ahnung. Ihre Katzen sind wirklich sehr wählerisch, sie wohnen jetzt bei mir.»
Sonja blieb stehen und sah ihn mit grossen Augen an.
«Deine Katzen gehören Nelly?»
Walter nickte zufrieden. «Jetzt nicht mehr, Mutter hat immer gesagt, man hilft, wo man kann.»
Sonja zog die Handschuhe aus, zückte ihr iPhone, öffnete Facebook und schluckte leer; Nelly hatte Dutzende Fotos von Katzen gepostet. Sie waren allesamt dick und schwarz-weiss.
Einen Moment lang hielt Sonja inne. Dann suchte sie Nellys Telefonnummer und wählte. Es kam der Anrufbeantworter. Sonja sprach mit besorgter Stimme darauf. «Hier ist Sonja, ruf mich bitte zurück.»
Walter stupfte sie am Arm. «Lassie ist weggelaufen.»
Sonja sah sich um, nickte und pfiff durch die Finger. Sekunden später kam der Collie gehorsam dahergerannt, und sie widmete sich wieder dem Display. Nellys Profil auf Facebook war voll mit dramatisch trostlosen Vierzeilern, Gewitterbildern oder Kreuzen auf Bergspitzen. Der letzte Upload stammte vom Samstagmittag und bestand aus einem weinenden Smily, der als Sonne über dem Meer unterging, Bildunterschrift «R. I. P.»
Fassungslos sah Sonja Walter in die Augen.
«Hat Nelly dir gesagt, wie lange du die Katzen hüten sollst?»
Walter nickte. «Für immer, sie ist ja tot.»
Sonja spürte, wie ihr Magen zu rebellieren begann. «Wir müssen zu Nelly», sagte sie und fiel in einen zügigen Laufschritt.
Walter sah ihr verwirrt hinterher, aber er folgte ihr. Keine Minute später blieb er unvermittelt stehen und rief: «Ja, natürlich, ich Birne!»
Sonja hielt an und drehte sich um.
Walter starrte eine Scheiterbeige am Waldweg an. «Nein, ich spinne nicht!», rief er unvermittelt, und einen Augenblick später: «Du Arme, tschuldigung habe ich dich vergessen.» Dann wandte er sich Sonja zu. «Nelly ist hier, wir müssen sie nur ausgraben.»

Sonntag, 13.30 Uhr

«Spinnst du?», rief Nik und warf Nelly einen wütenden Blick zu.

«Nein, ich spinne nicht!», rief Walter.

Nik dämpfte seine Stimme und zischte: «Warum hast du das getan?»

Nelly sah Nik trotzig in die Augen. «Weil sie meine Leiche heute finden sollen und nicht erst am Mittwoch, zusammen mit Saschas und Dušankas Leichen, die dann erst noch frischer sind, ich habe das Recht, einmal an mich zu denken, du hast schliesslich auch eine feierliche Beisetzung bekommen.»

Wütend deutete Nik auf Sonja, die am Rand des Waldwegs stand und sich übergab. «Daran bist du schuld! Vorgestern hat sie den Vater zu Grabe getragen, und jetzt muss sie erneut eine Leiche entdecken. Und nachher gibt es Zeugenbefragungen und weiss der Teufel was, und für Walter wird natürlich auch wieder sie die Verantwortung übernehmen, vor allem da er ja nun eindeutig der Hauptverdächtige ist!»

Nelly wirkte auf einmal kleinlaut. «Es war schon ... etwas spontan.» An Sonja hatte sie nicht gedacht.

«Hau ab, du Kuh», sagte Nik mit eisiger Stimme, und ohne sie eines Blickes zu würdigen.

Walter war inzwischen hinter die Scheiterbeige gestapft, wo er unter lautem Schnaufen Nellys Leiche ausscharrte.

«Siehst du, Sonja, ich habe es ja gesagt, da liegt Nelly!»

Nik trat zu Walter und sagte leise: «Hallo, Walter, ich bin's, hör mal, wir sollten ganz leise sprechen.»

Walter hielt inne.

«Oh, hallo, Nik», flüsterte er, «bist du auch da?»

«Meine Perücke steht dir toll, die gehört jetzt ganz dir. Tu mir bitte noch einen Gefallen, Walter. Sonja ist jetzt sehr, sehr traurig. Jetzt braucht sie einen starken Freund, der sie festhält. Jetzt braucht sie dich.»

Walter nickte.

«Geh einfach nur zu ihr, ohne ein Wort, umarme sie, bleib still und lass sie ausweinen. Kannst du das?»

Walter nickte und stieg hinter der Scheiterbeige hervor.

Sonja stand wie versteinert auf dem Waldweg, das iPhone immer noch in der Hand, und starrte in den Wald hinaus.

Walter trat neben sie. Er schien unsicher. Dann kratzte er sich an der Perücke, stellte sich vor Sonja hin und umarmte sie etwas unbeholfen.

Sonja liess es geschehen, hielt sich an ihm fest und begann zu weinen.

«Gut so?», flüsterte Walter.

«Gut so», flüsterte Nik.

«Gut so», schluchzte Sonja, und Walter musste ein wenig mitweinen.

Nelly stand einige Meter entfernt und sah mit glasigem Blick und wohligem Seufzen zu, wie wunderschön traurig alle um sie trauerten.

Sonntag, 13.30 Uhr

Sascha sass nackt und mit Kopfschmerzen auf der Toilette, das iPhone in der Hand. Das Pinkeln war nicht vergnüglich, der Blick in den Spiegel ebenso wenig. Erst die heisse Dusche weckte seine Lebensgeister.

Er griff nach Niks Duschseife, sah sie sich einen Moment lang an, stellte sie wieder zurück und nahm stattdessen Sonjas Gel. Ein süsslicher Geruch von Hibiskus und Cranberry verbreitete sich. Sascha klappte den Deckel wieder zu und nahm dann doch Niks Flasche. Er seifte sich schnell und oberflächlich ein und spülte den Schaum dann lange und gründlich ab. Nach dem Frottieren stieg er ein zweites Mal in die Dusche und spülte sich noch einmal ab. Trotzdem hatte er beim Anziehen das Gefühl, als ob sein Körper mit einem dünnen Film von Tod überzogen sei. Einbildungen liessen sich nicht einfach abwaschen. Was für ein beschissener Sonntag.

Sascha verliess die Wohnung. Das Smartphone in seiner Hosentasche blieb schmerzhaft still, und Sonjas Hausschlüssel fühlte sich noch fremder an als sonst. Wenigstens hatte sie ihm ihren eigenen Schlüssel überlassen und selber den Schlüssel ihres Vaters übernommen.

Der alte Audi vor *Babettas historischem Coiffeursalon* stand auf dem linken Kundenparkplatz. Auf dem rechten stellte Sonja neuerdings ihren Roller ab. Kunden kamen ja keine mehr. Sascha stieg in seinen Wagen, zog die Türe zu, lehnte sich nach hinten und streckte den Rücken durch. Dann zog er sein iPhone hervor und wählte eine Nummer. Eine Voicemail meldete sich, und Sascha hinterliess eine Nachricht.

«Sheryl, ich bin's, Sascha. Kannst du mir einen Gefallen tun, Sonja anrufen und fragen, wie es ihr geht? Gestern Abend ist mir mit Walter ein … Missgeschick passiert, nun ist sie sauer auf mich und nimmt meine Anrufe nicht entgegen. Schreib mir, wie es ihr geht. Ich fahre jetzt vorerst nach Hause. Sorry für die Umstände, ich bin ein Trottel.»

Beim Dorfausgang stand Sascha unvermittelt auf die Bremse, fuhr an den Strassenrand an und schrieb ein SMS. «Ps schaffst du es, schon am dienstag zu kommen? Nur du kannst die wogen glätten bis mittwochabend. Sonst wird die hüttenparty ein desaster.»

Sonntag, 13.45 Uhr

Zufrieden stand Nelly hinter der Scheiterbeige und betrachtete sich. Kopf und Teile des Oberkörpers ragten aus dem Schnee. Walter hatte ihr die ganze Frisur zerzaust, und der linke Arm war grausam verrenkt. Bestimmt hatte er probiert, die Leiche am Arm aus dem Schnee zu zerren. Es sah dramatisch aus, perfekt für eine richtig aufregende Bergung; in spätestens einer Stunde herrschte hier Hochbetrieb, an Fundstellen und Tatorten sammelten sich Heerscharen an Polizisten, Bestattern, Medizinern, Schaulustigen und Reportern; und quasi lag man als Mordopfer ja im Zentrum des Geschehens, für die Bergung im Schnee musste vielleicht sogar die Feuerwehr ausrücken, unter den Feuerwehrmännern waren viele Birkweiler; die Neuigkeit der entsetzlichen Ermordung von Nelly Orsini würde sich wie ein Lauffeuer verbreiten, und bestimmt hatte sie auf Facebook bereits bis um Mitternacht ein Dutzend Einträge voller Trauer und Schmerz, mit etwas Glück schaffte es der Fund ihrer Leiche noch in die Abendnachrichten; am besten blieb sie noch ein wenig hier, hinter der Scheiterbeige, ausserhalb von Niks Sichtweite.

Nach ihrem Anruf bei der Polizei war Sonja aus ihrer Schockstarre erwacht. Hinter die Scheiterbeige ging sie nicht, sie mochte sich den Anblick von Nelly nicht auch noch antun. Der rote Schnee an Walters Schuhen war ihr Beweis genug.

Sonja fröstelte. Sie hatte Nelly immer nur belächelt. Ihr Geheul an Niks Sarg hatte sie nicht ernst genommen. Es war ihr nicht einmal aufgefallen, dass Nelly anschliessend weder zur Trauerfeier noch zum Imbiss erschienen war. Sie hatten den Nachmittag einfach zusammen in der *Frohen Aussicht* verbracht. Nelly war bestimmt weinend zu Hause gesessen. Wahrscheinlich hatte sie am Abend ihre Katzen und die Perücke zu Walter gebracht, war in den Wald hinausgegangen, hatte sich hinter die Scheiterbeige in den Schnee gelegt und sich die Pulsadern aufgeschnitten. Sie läge noch tagelang dort, hätte Walter sie nicht gefunden.

Sonja stutzte. Dann sah sie Walter an.

«Woher hast du eigentlich gewusst, dass Nelly hinter der Scheiterbeige liegt?»

Nik presste die Lippen zusammen. Diese Frage hätte er kommen sehen müssen. Hoffentlich hatte Walter vergessen, dass er die Leiche letzte Nacht eigenhändig hinter die Scheiterbeige geschleift hatte.

Walter runzelte die unverbeulte Seite seiner Stirn und dachte scharf nach. Doch noch bevor er zu einer Antwort ansetzen konnte, piepste Sonjas iPhone.

Sie zog es aus der Tasche, warf einen Blick auf das Display und nahm den Anruf an. «Mom, ich bin so froh, dass du zurückrufst», sagte sie und brach in Tränen aus. «Nelly Orsini hat sich umgebracht, direkt nach der Beerdigung von Paps.»

Zehn Minuten später steckte Sonja das iPhone wieder ein. Sie atmete ein paar Mal tief durch, stampfte auf den Boden und rieb sich anschliessend das Gesicht energisch mit Pulverschnee ein. Dann wagte sie sich hinter die Scheiterbeige, warf einen Blick auf Nelly und wandte sich schnell wieder ab.

Walter stand mit dem Rücken zur Scheiterbeige. Diesmal war er es, der gedankenverloren in den Wald hinausstarrte. Sonja stellte sich neben ihn. Walter trat etwas näher und legte ihr seine Hand auf die Schulter. So standen sie einen Augenblick nebeneinander.

Sonja holte tief Luft und wiederholte ihre Frage: «Also, Walter, woher wusstest du, dass Nelly hinter der Scheiterbeige liegt?»

«Ich habe sie gestern Abend schon gefunden beim Spazieren», sprach Nik vor.

«Ich habe sie gestern Abend schon gefunden beim Spazieren», wiederholte Walter.

«Du bist hinter der Scheiterbeige spazieren gegangen?»

«Nein, vor der Scheiterbeige.»

«Und wieso liegt sie jetzt dahinter?»

«Weil, ich habe sie dort hingezogen.»

«Wieso denn das?»

«Mutter hat immer gesagt, man hilft, wo man kann.»

«Was?»

«Damit kein Spaziergänger über sie stolpert, weisst du.»

Sonja nickte. Das war typisch Walter.

«Und wieso hast du nicht sofort jemanden informiert?»

«Ich habe es sicher vergessen, in letzter Zeit vergesse ich viel.» Walter kicherte. Es machte richtig Spass, auf alles eine gute Antwort zu haben.

Sonja sah ihn von der Seite her an.

«Gehst du oft in der Dunkelheit im Wald spazieren, wenn es schneit?»

Walter überlegte.

«Ja, also nein, gestern schon.»

«Warum gerade gestern?»

«Ich habe eben ... Nelly gesucht. Ja, weil ich die Namen der Katzen vergessen hatte, und dann haben die Katzen keine Freude an ihrem neuen Besitzer.»

Sonja entspannte sich ein wenig. Walters Antworten waren schlüssig. Und typisch.

«Bravo, Walter, gut gemacht», lobte Nik.

«Bravo, Walter, gut gemacht», sagte Walter.

Sonja sah ihn verdutzt an.

«Du musst nicht mehr nachsprechen, Walter!», rief Nik.

Der alte Mann nickte.

Sonja betrachtete ihn lange.

Auf dem Waldweg tauchte eine schlacksige Gestalt auf. Lassie blieb neben Sonja stehen und zog den Schwanz ein. Walter und Sonja erblickten Boris im gleichen Augenblick. Sonja zog sofort das Smartphone hervor und tat, als ob sie ein SMS schreiben würde.

«He, Boris!», brüllte Walter.

Boris nahm den Kopfhörer ab.

«Rate mal, wer tot ist. Nelly!»

Boris trat näher und betrachtete die Scheiterbeige. «Ich sehe sie nirgends.»

«Sie liegt dahinter.»

«Soso, dahinter», murmelte Boris. Er betrachtete die Scheiterbeige eine Weile. Dann setzte er seine Kopfhörer wieder auf und ging weiter, ohne Sonja auch nur anzusehen.

Sonja steckte das iPhone wieder ein. Dass Boris im Wald spazieren ging, war ihr neu. Hoffentlich machte er sich das nicht zur Gewohnheit.

«Nicht mal meine Perücke hat er bemerkt», brummte Walter.

Auch Nelly zog beleidigt die Augenbrauen hoch. Da erfuhr er von ihrem tragischen Tod, und alles, was er dazu sagte, war «Soso, dahinter.» Und nun durfte ausgerechnet dieser gefühllose Mensch sich als Erster im Dorf mit der Meldung ihrer ruchlosen Ermordung aufblasen. Wenn er es überhaupt tat, dieser desinteressierte Barbar!

Minuten später traf eine freundliche Polizistin ein, die sich akzentfrei als Tara McKee vorstellte, dazu ein bestens gelaunter junger Polizeikorporal namens Reinhold Abgottspon sowie zwei Männer in Zivil, die sich als Vertreter von Statthalteramt und Rechtsmedizin zu erkennen gaben. Alle vier stapften hinter die Scheiterbeige.

Tara McKee kam sofort wieder nach vorne, um Sonja ein paar Fragen zu stellen. Sonja beantwortete sie, berichtete auch von Nellys eigenartigem Verhalten am Freitag bei der Beerdigung und zeigte der Polizistin Nellys Profil auf Facebook. Die Ermittlerin wirkte unaufgeregt, und Sonjas Anspannung liess etwas nach.

Schliesslich traten auch die drei andern wieder auf die Strasse.

«Eine Schusswunde», sagte Korporal Abgottspon aufgeregt.

«Ein Schuss in die Lunge», ergänzte der Rechtsmediziner.

McKee runzelte die Stirn.

Sonja sah den Rechtsmediziner entgeistert an. «Ein Schuss?»

Die Polizistin wandte sich Sonja zu. «War sie ... intelligent?»

Es dauerte einen Augenblick, bis Sonja die Frage verstand. «Intelligent genug, um sich nicht in die Lunge zu schiessen, das war sie schon. Aber das würde ja bedeuten ...» Sonja sah die Polizistin hilflos an. Diese nickte. Sonja spürte, wie ihr Magen wieder zu rumoren begann. Wer um Himmels willen sollte auf Nelly geschossen haben?

«Sie ist angezogen», sagte der Rechtsmediziner, «Laufbekleidung, Technik neuster Stand, nur die Turnschuhe lagen neben ihr. Sie ist massiv übergewichtig, zu joggen hat ihr nicht geschadet. Keine Anzeichen von Misshandlungen, soweit sich das im Moment sagen lässt.»

«Irgendwo ist sicher noch die Tatwaffe», sagte Korporal Abgottspon und sah McKee aufgeregt an. «Wir werden sie finden, und wenn wir den ganzen Wald vom Schnee freischaufeln müssen!»

McKee wandte sich Sonja zu. «Frau Hofmann, wir müssen ein Protokoll machen. Das könnte gut und gern eine Stunde dauern, zumal Sie uns auch Auskunft über das Opfer geben können. So wie Sie frieren, schlage ich vor, dass wir auf die Polizeiwache fahren. Dort gibt es Kaffee.»

Sonja nickte. «Könnte ich eine Freundin anrufen, damit sie Lassie abholt?»

«Selbstverständlich.»

Sonja zog ihr iPhone aus der Tasche und blickte Walter an. Er stand da, sah zu und schwieg. Eigenartig. Früher hatten Uniformen ihn und die alte Johanna immer provoziert. Diesmal schienen sie ihn eher einzuschüchtern.

Bevor Sonja Dušankas Nummer wählte, trat sie näher zur Polizistin und flüsterte: «Muss Walter wirklich mitkommen? Ich mache mir etwas Sorgen, er ist nämlich schon 81 und hat einen Knick in der Fichte.»

McKee sah ihr in die Augen. «Da können Sie beruhigt sein, Zeugenaussagen können wir durchaus einordnen. Die Befragung dauert nicht lang, und anschliessend fahren wir ihn zurück ins Heim. Rufen bitte Sie dort an, das verursacht weniger Aufregung.»

«Walter wohnt noch allein», sagte Sonja kleinlaut.

Die Polizistin runzelte die Stirn. «Dement und mit 81?»

«Der Umzug in die *Abendsonne* steht an, sobald dort ein Platz frei wird.»

«Aber er wird doch wohl einen Beistand haben?»

Sonja nickte. «Das war mein Vater.»

«War?»

«Vorgestern war seine Beerdigung.»

Nun sah McKee Sonja betroffen an. «Das ... tut mir leid.»

Sonja gab keine Antwort.

Die Polizistin sprach nun mit einer sanfteren Stimme als vorher. «Kennen Sie die Angehörigen des Opfers?»

Sonja schüttelte den Kopf. «Nicht wirklich. Nelly ist ... ich meine, sie war Single. Ihre Mutter wohnt weiter weg, und sie hat immer sehr schlecht über sie gesprochen, ich glaube nicht, dass sie noch Kontakt haben.»

McKee seufzte. «Wir müssen sie trotzdem informieren. Wo hat das Opfer gewohnt? Korporal Abgottspon würde sich gerne umsehen.»

«Yep», freute sich Abgottspon.

Sonntag, 14.30 Uhr

Auf dem Weg zum Parkplatz versuchte Sonja, ihre Gedanken unter Kontrolle zu bringen. Niemand hatte einen Grund, Nelly zu ermorden. Ein Sexualstraftäter schon gar nicht. War sie womöglich das Zufallsopfer eines Irren?

Sonja steckte sich die kalten Hände in die Taschen ihres Mantels und spürte das kalte Metall von Walters Gewehrmagazin. Sie blickte Walter an, und wieder wurde ihr mulmig. Er hatte die Leiche gefunden. Er hatte einen Keller voller Munition. Er hatte die Katzen des Mordopfers bei sich daheim. Er klaute Perücken aus Särgen. Himmel, war er inzwischen bereits so verwirrt, auf jemanden zu schiessen, den er sehr gut leiden mochte? Sonja fröstelte. Auf einmal schien ihr Walters Erklärung von vorhin reichlich abenteuerlich. Andererseits war sie gerührt, wie liebevoll Walter sie in den Arm genommen und mitgeweint hatte.

Der Parkplatz am Waldrand war gesäumt von den Schneebergen, die der Pflug in die Wiese hinausgeschoben hatte. Neben dem Polizeikombi stand ein schwarzer Leichenwagen, an der Kühlerhaube angelehnt zwei mässig gelaunte Bestatter. Der Jüngere rauchte, der Ältere sah sich auf seinem Smartphone auf Youtube schlimme Motorradunfälle an.

«Zu Fuss mit Sarg eine halbe Stunde», sagte McKee und deutete auf den Weg, «ein schmaler Pflug kommt aber durch, ihr mit eurem Vierradantrieb danach wohl auch.»

«Bis in zwei Stunden ist es dunkel», murrte der Ältere und steckte sein Smartphone in die Tasche.

«Das wird euch reichen, die Spurensicherung haben sie bereits abgeschlossen, ist ja witzlos in diesem Schnee, also *keep it cool.*»

Sonja und Walter setzten sich auf die Rücksitze des Polizeiautos, Lassie quetschte sich zwischen ihre Beine.

«In einem Polizeiauto bin ich noch nie gefahren!», strahlte Walter, inzwischen wieder gesprächiger.

Offenbar hatte er seine Abneigung gegen alles Uniformierte beiseitegeschoben, um stattdessen die Aufregung zu geniessen.

Wieder schüttelte Sonja unwillkürlich den Kopf. Nein, Walter konnte es nicht gewesen sein. Für Leute, die er mochte, tat diese gute Seele ja alles. Auf einmal schoss ihr ein scheusslicher Gedanke durch den Kopf: Was, wenn Walter Nelly erschossen hatte, weil sie ihn inbrünstig und heulend darum gebeten hatte? Erneut begann Sonjas Magen zu protestieren.

Am Postplatz nahm Dušanka Lassie in Empfang.

«Der Hintereingang ist offen», sagte Sonja, «ich schreibe dir, wenn wir fertig sind. Sheryl ist unterwegs.»

Dušanka sah Sonja besorgt in die Augen. «Ist Sascha nicht da?»

Sonja schüttelte den Kopf. «Nein, und das ist gut so.» Dann warf sie einen Blick zur Polizistin: «Dürfte ich statt auf den Rücksitz auf den Beifahrersitz? Ich fühle mich nicht besonders gut.»

Auf der kurvenreichen Strasse nach Hardstadt versuchte Sonja, den Gedanken an Nelly zu verdrängen, doch es gelang ihr nicht. Trotz zunehmender Kopfschmerzen sah sie Nelly immer wieder vor sich, wie sie Walter heulend die Katzen brachte und ihn anflehte, sie von ihrer Trauer zu erlösen. Und bestimmt hatte Walter sich dann an seine Mutter Johanna erinnert, die bei jeder Gelegenheit erklärt hatte, Leben und Tod gehörten zusammen. So musste es gewesen sein. Darum plapperte Walter wohl auch ständig von Nelly.

Sonja klappte die Beifahrersonnenblende über der Frontscheibe hinunter und suchte im kleinen Schminkspiegel Walter. Er sass zufrieden im Fond des Autos und blinzelte in die Nachmittagssonne. Sonja klappte die Blende wieder hinauf und fuhr sich durch die Haare. Sie war die Einzige, die verhindern konnte, dass sie Walter auf der Wache behielten. Im Prinzip genügte eine einzige kleine Lüge: Nicht Walter, sondern Lassie hatte die Leiche gefunden.

«Es ist schön hier hinten im Polizeiauto», rief Walter nach vorne, «aber das Blaulicht dreht nicht, Sie sollten es reparieren. Überhaupt, wenn es noch lang geht, muss ich bald wieder heim.»

Die Polizistin drehte sich um: «Warum denn so eilig?»

Sonja hielt die Luft an. Wenn er jetzt nur nicht Nellys Katzen erwähnte!

«Weil es schon spät ist», erwiderte Walter, «ich muss noch meine Medizin nehmen.»

Sonja atmete auf.

Sonntag, 15.30 Uhr

Der starke Kaffee auf der Polizeiwache tat Sonja gut. Walter hatte bei der Kaffeemaschine neben den Teebeuteln Sticks für Apfelpunsch entdeckt und war in Plapperlaune. Vor seinen Antworten war Sonja ebenso bange wie vor den Fragen der Polizistin. Und sie selber? Sie würde lügen. Sie würde sagen, dass Lassie Witterung aufgenommen und Nelly gefunden hätte. Dann war Walter aus dem Schneider.

Im Grunde genommen war es gar keine Lüge. Lassie hatte Nelly ja tatsächlich gefunden. Einfach erst nach Walter. Ein Detail zu verschweigen war ja noch keine Lüge, solange man nicht danach gefragt worden war. Überhaupt war eine Lüge, mit der man jemanden schützen wollte, nur eine Notlüge, und Notlügen waren erlaubt.

Sonja und Walter setzten sich an das kleine Tischchen in McKees Büro. Die Polizistin holte noch ein Glas Wasser und zwei Kopfwehtabletten für Sonja, holte den Laptop vom Schreibtisch und nahm ebenfalls Platz.

«Der Punsch ist gut, kann ich dann ein paar mit nach Hause nehmen?», fragte Walter.

«Das lässt sich einrichten, aber nur, wenn Sie mir die Fragen schön beantworten, Herr Jakob.»

Walter strahlte. «Herr Jakob, hei, das letzte Mal als mich jemand so genannt hat, war ich sicher noch klein.»

Die Aufnahme der Personalien ging zügig vonstatten. «Sie werden in zwei Tagen 18», bemerkte die Polizistin, sah vom Laptop auf und blickte Sonja in die Augen. «Ein grosses Fest gibt es wohl nicht?»

Sonja schüttelte den Kopf. «Meine Mutter kommt aus Deutschland, wir gehen einfach essen.»

«Ihre Eltern sind, nein, waren geschieden?»

Sonja nickte. Die Polizistin sah sie nachdenklich an.

«Und Sie sind allein?»

«Ich habe schon einen Freund, aber ...» Sonja stockte. «Meinen Geburtstag hat er nie angesprochen.»

Die Polizistin nickte. «It has to get worse before it gets better.»
«Was heisst das?», fragte Walter.

«Manchmal muss es noch schlechter kommen, bevor es wieder gut kommt», übersetzte Sonja, «ein irisches Sprichwort.» Frau McKee sah sie erstaunt an. Sonja lächelte. «Mein Grossvater stammt aus Galway. Sie haben wohl auch irische Wurzeln?»

Die Polizistin nickte. «Mein Vater kommt aus Waterford.»

Sonja nahm einen Schluck Kaffee. Mit einer Ermittlerin Herkunft und Haarfarbe zu teilen konnte nur dienlich sein.

«Wir halten die Befragung kurz», sagte McKee. «Sie beide sind also mit dem Hund spazieren gegangen.»

Sonja nickte. «Wir sind um eins aus Walters Haus, ich hatte ihm vorher noch ein wenig im Haushalt geholfen.»

«Wann haben Sie die Leiche entdeckt?»

«Wohl um halb zwei», sagte Sonja. Ihr Herz schlug schneller. Nun würde die entscheidende Frage kommen. Himmel – was geschah eigentlich, wenn sie log, aber Walter sie korrigierte?

Ohne ihren Blick vom Protokoll auf ihrem Bildschirm abzuwenden fragte die Polizistin: «Und wie sind Sie auf die Leiche gestossen?»

Sonja zögerte einen Sekundenbruchteil zu lang mit der Antwort, und Walter kam ihr zuvor.

«Lassie hat Witterung aufgenommen, sie hat eine lange Nase.»

Die Polizistin schrieb mit, ohne aufzusehen.

Nik grinste.

Sonja wusste nicht, wie ihr geschah. Sie starrte Walter mit offenem Mund an. Er hatte im perfekten Moment die perfekte Lüge aufgetischt. Dieser lange, 81 Jahre alte Bub mit grossem Herzen und kleinem Gehirn. Er sass auf seinem Stuhl schlürfte zufrieden seinen Punsch, als ob nichts geschehen wäre.

«Und was taten Sie dann?»

Sonja musterte Walter, doch der beschäftigte sich lieber mit seinem Punsch, sodass sie das Gespräch wieder übernahm.

«Dann ... haben wir Sie angerufen. Und den Rest wissen Sie ja.»

Mehr Zeit nahmen die Fragen zu Nelly in Anspruch.

«Manchmal war sie eine Nervensäge, aber Feinde hatte sie bestimmt keine», sagte Sonja, «darum kann ich mir auch nicht vorstellen, wer sie erschossen haben sollte.»

Walter sprang empört auf. «Nein, sie war keine Nervensäge, sie war lieb! Sind wir bald fertig?»

McKee nickte. «Gut, schliessen wir ab. Damit Sie noch rechtzeitig zu ihrer Medizin kommen, Herr Jakob.»

«Ja, genau, und die Katzen sollte ich auch füttern. Sie sollten zwar abnehmen, sie sind halt von Nelly.»

Sonntag, 16.30 Uhr

Die Polizistin blickte von ihrem Bildschirm auf und sah Walter eindringlich an.

Niks Hände ballten sich zu Fäusten. «Walter, jetzt musst du mir gut zuhören und jeden Satz wiederholen», zischte er, «und nicht ständig nicken!»

Walter nickte.

Tara McKee war fassungslos. Sie wandte ihren Blick von Walter ab und fixierte Sonja. «Habe ich ihn richtig verstanden – er hat die Katzen des Mordopfers?»

Sonja beugte sich vor und flüsterte zerknirscht: «Ich weiss, ich hätte es Ihnen sagen sollen, aber Walter war es sicher nicht, jedenfalls nicht mit Absicht, und wenn Sie ihn in Untersuchungshaft stecken, das wäre für ihn in seinem Alter schlimm.»

Die Polizistin sah Sonja prüfend in die Augen. «Tatverdächtige in seinem Zustand nehmen wir nicht in U-Haft», sagte sie schliesslich ebenso leise, «Ihre Sorge um Herrn Jakob in Ehren, Frau Hofmann, aber es wäre äusserst hilfreich, wenn Sie uns nichts verschweigen!»

«Tut mir leid», murmelte Sonja betreten.

«Sie müssen nicht flüstern, worüber sprechen Sie, über mich?», rief Walter beleidigt.

Die Polizistin wandte sich ihm zu. «Erklären Sie mir mal, Herr Jakob, wie Sie zu diesen Katzen gekommen sind.»

«Ich habe die Katzen bei Nelly geholt. Ich bin halt gestern Abend spaziert und über Nelly gestolpert. Dann habe ich sie hinter die Scheiterbeige gezogen.»

McKee runzelte die Stirn. «Wieso denn das?»

«Damit nicht noch mehr Leute stolpern.»

«Und die Katzen?»

«Um die habe ich mir halt Sorgen gemacht, und drum habe ich sie geholt.»

Nik wischte sich den Schweiss von der Stirn.

Die Polizistin sah Walter eine Weile in die Augen. Sie schien unschlüssig, was sie davon halten sollte. «Und warum erzählen Sie mir das erst jetzt?»

«Ich hatte doch Angst wegen dem Gefängnis, ich will nicht ins Gefängnis!»

Sie setzte zu einer Antwort an, liess es dann aber bleiben und nahm Walters Aussage zu Protokoll.

Sonja versuchte, in Walters Gesicht zu lesen, was in seinem Kopf vorging. Schon wieder log er im richtigen Moment das Richtige. Und wirkte dabei nicht einmal verwirrt.

McKees Smartphone piepste. Die Polizistin nahm den Anruf entgegen, ohne sich namentlich zu melden, hörte schweigend zu, bedankte sich und beendete den Anruf. Dann sah sie Walter an.

«Wie sind Sie in Frau Orsinis Wohnung gekommen?»

«Sie war abgeschlossen, dann habe ich bei Nelly den Schlüssel geholt. In der Tasche von ihrem neuen Trainingsanzug war er.»

Sonja schluckte leer. Das war zu klug und zu präzise.

«Und Sie haben die Wohnung hinterher nicht abgeschlossen», antwortete die Polizistin.

«Du kannst ihr den Schlüssel geben, hast ihn glaub noch in der Hosentasche.»

Walter nickte, griff in seine Hosentasche, nestelte umständlich darin herum und zog zufrieden den Schlüssel hervor.

«Da ist er ja.»

Sonja seufzte. «Warum hast du mir das nicht gesagt?», sagte sie laut.

«Vergessen, in letzter Zeit vergesse ich viel, ich bin nicht mehr 30.»

McKee lehnte sich zurück, verschränkte die Hände hinter dem Kopf und sagte, leicht entnervt: «Haustiere und Hausschlüssel – haben Sie vielleicht sonst noch etwas, das dem Mordopfer gehört?»

«Sag einfach Nein.»

Walter neigte seinen Kopf auf die linke Schulter, sah an die Decke und dachte konzentriert nach. Dann sagte er: «Wenn mir noch was in den Sinn käme, würde ich es Ihnen sicher sagen, versprochen; können wir jetzt dann heim?»

Sonntag, 22.05 Uhr

Als Walter an diesem Sonntagabend kurz nach zehn unter lautem Protestgeheul in der *Abendsonne* einzog, im Rucksack ein paar Kleider und im Plastiksack ein paar von Johannas kleinen Fläschchen mit Medizin, kletterten fast alle Alten, die noch nicht schwerhörig und physisch noch halbwegs beieinander waren, aus den Betten, wandelten in ihren Nachthemden und mit nackten Füssen aufgeregt hinaus in die Gänge zum Spalier und kommentierten die schief sitzende Frisur und die blaugrüne Beule auf der Stirn des ihnen wohlbekannten künftigen Mitbewohners, der es trotz seines bescheiden möblierten Oberstübchens länger als sie selber geschafft hatte, selbstständig zu bleiben. Walter klang wie ein anhaltender Schleuderunfall, und weder Sonja noch die Polizistin noch die eine Stunde zuvor aus München eingetroffene Sheryl noch die Heimleiterin vermochten ihn zu beruhigen. Wie Bodyguards gruppierten sie sich um ihn herum, und obwohl Walter die vier Frauen um einen guten Kopf überragte, liess er sich ohne Ausbruchsversuche von ihnen durch den Gang steuern.

«Halb so schlimm, Walter», sagte Nik, der der Gruppe hinterherlief, in demonstrativ beschwingtem Tonfall. «Das Notzimmer im Estrich ist nicht für lange, es ist ja nur vorübergehend. Jetzt lernst du viele neue Freunde kennen, mit denen du jeden Tag jassen kannst, und das Essen wird dir sehr schmecken, es gibt dreimal am Tag, und es ist sicher viel besser als im Gefängnis, du bist ein echter Glückspilz.»

Walter war zu beschäftigt, um ihn zu hören. Nur eine der Betagten schüttelte ihren Kopf.

Sonntag, 23.50 Uhr

Lassie döste auf ihrer Hundedecke. Sheryl sass auf dem Sofa im Wohnzimmer, Sonjas Kopf auf ihren Oberschenkeln, und strich ihr über die Haare. Zwanzig Minuten lang sprachen beide kein Wort.

Schliesslich erhob sich Sonja und ging duschen; Sheryl ging in die Küche, brühte Tee und stellte Gurken, Tomaten, Mozzarella, Brot und zwei Stück Münchner Prinzregententorte auf den Küchentisch.

«Ich mag nicht», murmelte Sonja, die in ihrem weissen Bademantel und mit nassen Haaren die Küche betrat.

«Was hast du heute gegessen?», fragte Sheryl.

Sonja überlegte kurz und griff dann lustlos zu. «Bestimmt hat sie ihn darum gebeten, und er hat sie erschossen», sagte sie nach einer Weile mit halb vollem Mund. «Er schwört, dass er es nicht gewesen sei, aber er plappert ständig von Nelly.»

Nach den ersten drei, vier Bissen fiel Sonja mit Heisshunger über die Tomaten und den Mozzarella her. Dazwischen schüttete sie ihr Herz aus. «Paps' Perücke habe ich Walter nun geschenkt. Aber weisst du, was mich am meisten irritiert? Immer wenn es brenzlig wurde, hat er gelogen. Und er hat genau das gesagt, was ich auch gesagt hätte. Ich weiss nur nicht, ob es Zufall ist. Du hättest übrigens das Munitionsdepot in seinem Keller sehen sollen. Frau McKee hat fast der Schlag getroffen. Sie fand es gut, dass ich ihm das Gewehrmagazin abgenommen hatte. Sie glaubt mir. Er kann in der *Abendsonne* bleiben. Die Katzen wohnen vorübergehend bei zwei Betreuerinnen. Hast du eine Ahnung, wer Walters Haus räumt?»

«Jedenfalls nicht du», erwiderte Sheryl. «Für wie lange hast du dich an der Schule krankgemeldet?»

«Die ganze Woche.»

Sheryl nickte zufrieden.

«Gut. Ich mich in der Klinik auch.»

Nik hockte müde auf der kleinen Küchenbank, sah und hörte den beiden zu. Sheryl sass am Küchentisch, das linke Bein angewinkelt mit dem linken Fuss auf der Stuhlfläche und dem Knie über dem Tischrand. So wie früher. Manchmal hatte sie während des Kochens auf Irisch wilde Geschichten erzählt, von Chinesen oder Indianern oder Eskimos oder Kannibalen oder Ausserirdischen. Meistens hatte sie einfach zu erzählen begonnen und keine Ahnung gehabt, wie die Geschichte enden würde, und meistens endete sie unlogisch, aber filmreif. Sheryl hatte miserabel gekocht, aber toll erzählt; er selber hatte ordentlich gekocht und ordentlich vorgelesen.

Es kam Nik vor, als ob all das erst gestern gewesen sei. Sheryl trug Jeans wie eh und je, gleich geschnitten, aber teurer. Im Gang hing ein marineblauer Mantel, darunter standen schwarze Lederstiefel. Früher hatte sie nie viel auf Mode gegeben. Sie trug auch die unmöglichsten Stücke mit solcher Selbstverständlichkeit, dass sie ihr standen.

Im Spital trug sie sicher einen Arztkittel. Und ein Stethoskop um den Hals. Bestimmt steckte sie sich ihre kupferroten Haare zur kokett verrutschten Banane hoch. Oder in einen wilden Chignon. Oder flocht sie als Bauernzopf, nicht streng, seitlich, dick und dicht, der frech hin und her wippte, wenn sie durch die langen Spitalgänge wirbelte. Und wenn sie Feierabend machte, ging sie in die Garderobe, zog sich um, schüttelte sich die Mähne auf und verliess das Haus als Teenager.

Ihr deutscher Coiffeur war natürlich ein Pfuscher, aber bei Sheryl sahen sogar missglückte Frisuren beabsichtigt aus. Nik hatte mit ihren Haaren gelegentlich dieses oder jenes ausprobiert, nichts Extravagantes, dann und wann sogar abends am Küchentisch. Und Sonja wollte immer dasselbe in Klein. In der letzten gemeinsamen Zeit, als Sheryl am Abend immer öfter weg gewesen war, waren Nik und Sonja manchmal noch in den Salon hinuntergegangen, wo er an ihrem Kopf Frisuren ausprobierte, während sie ihm die europäischen Hauptstädte aufzählte, und sie hatte morgens schöne Haare in die Schule und abends schöne Noten nach Hause gebracht. All das war eine Ewigkeit her und fühlte sich trotzdem so frisch an, als ob es gestern passiert wäre.

Nik standen die Tränen zuvorderst. Wie schön wäre es, jetzt durch die Türe hereinzukommen, beide zu küssen, sich dazuzusetzen, lebendig, etwas zu essen, Eile mit Weile zu spielen, eine

Weltkarte auszubreiten, über Sheryls und Sonjas erstaunten Blick zu lachen, zwei Koffer zu packen, oder noch besser Sporttaschen, am nächsten Morgen zum Flughafen zu fahren, in Turnschuhen, vielleicht sogar noch in der Nacht, und vor der Abfahrt noch Babettas verdammten historischen Coiffeursalon anzuzünden.

Sheryls Smartphone piepste. Sie nahm es vom Sims neben dem Kühlschrank, zog es vom Ladekabel, liess ihre beiden Daumen über den Bildschirm tanzen und drückte auf «Senden». Dann stand sie auf, begann den Tisch abzuräumen und bemerkte beiläufig: «Du hast den ganzen Abend lang keine einzige SMS geschrieben.»

«Nicht nötig», erwiderte Sonja kurz angebunden.

Mit dem Geschirr in der Hand blieb Sheryl stehen. «Denkst du nicht, dass Sascha die Sache mit Walter inzwischen leidtut?»

Sonja starrte mit leerem Blick durch das Küchenfenster hinaus auf den dunklen Postplatz. «Übermorgen werde ich 18, und er hat mit keinem Ton angedeutet, dass er daran denkt.»

Sheryl räumte den Geschirrspüler ein. «Du hast ihn aber auch nie eingeladen, oder?»

Müde schüttelte Sonja den Kopf. «Ich wollte eigentlich am Sonntagabend die SMS verschicken, aber dann kam ich heim und Paps …»

«Und Dušanka?»

Sonja stand die Enttäuschung ins Gesicht geschrieben. «Dušanka hat auch nie gefragt. Dabei feiert sie ja sonst auch jeden Mist.»

Sheryl lächelte und gab keine Antwort, was Sonja irritierte.

Einen Augenblick später neigte Sonja unvermittelt den Kopf auf die Seite und sagte: «Meinst du …?»

«Who knows», sagte Sheryl, ohne aufzusehen.

Sonjas Blick hellte sich auf. «Eine Überraschung. Natürlich. Dass ich daran nicht gedacht habe!»

«Dich haben wichtigere Dinge in Beschlag genommen.»

Sonja wirkte wie erlöst. Sie lächelte, stand auf und umschlang ihre Mutter stürmisch. «Ich bin froh, dass du da bist.»

Sheryl drückte sie herzhaft und küsste sie auf die Stirn.

«Lass uns schlafen gehen. Kommst du in mein Bett?»

Mit einem Lächeln im Gesicht ging Sheryl in Niks Zimmer und angelte ein Pyjama aus ihrem Koffer.

Nik sah ihr zu und hing seinen Gedanken nach. Sie knöpfte die Bluse immer noch von unten nach oben auf. Und wippte die Hüften immer noch links-rechts-links, wenn sie die Jeans Stück für Stück hinunterzog. Sie schmiss nach dem Abschminken die Wattepads immer noch ungeniert in die Toilette, obwohl Nik ihr hundert Mal gesagt hatte, dass sie damit die Kläranlage verstopfte. Und wenn sie nach dem Zähneputzen den Mund spülte, berührten ihre Lippen immer noch den Wasserhahn, wie unhygienisch. Nik schauderte.

Schliesslich stiegen Sonja und Sheryl in Sonjas Queen-Size-Bett. Es war das einstige Ehebett, Sheryl lag das erste Mal seit sechs Jahren wieder darin.

Nik verzog das Gesicht. Vermutlich fühlte sie nicht einmal etwas dabei. Sonja legte ihren Kopf an die Brust ihrer Mutter. Beide schlossen die Augen. Sonja, weil sie einschlief, Sheryl, weil sie es offensichtlich genoss. Wie hatte sie all das nur aufgeben können.

Als Nik sich aufmachte, das Schlafzimmer zu verlassen, surrte Sheryls iPhone. Sie angelte es unter dem Bett hervor, ohne Sonja zu wecken.

Nik zögerte, warf dann aber trotzdem einen Blick auf das kalt leuchtende Display und las die SMS. «ist sie immer noch böse? habe blumen organisiert. kann ich ihr morgen schreiben? s.»

Sheryl schrieb zurück: «Entspannt. Party wird gut, sie ahnt etwas, freut sich. Blumen sind super. Sleep well, Sheryl.»

Nik stutzte. Wer war «s»? Womöglich Sascha? Sheryl stand im Kontakt mit dem Serviettenzeichner? Gehörte sie dazu? Und was hiess «Party wird gut, sie ahnt etwas, freut sich»?

Es dauerte Minuten, bis es bei Nik dämmerte. Dann aber fuhr ihm die Erkenntnis wie eine Faust in die Magengrube: Was sich am Mittwochabend in der Waldhütte ereignete, war kein Komplott, sondern eine Überraschungsparty für Sonja. Mit «aus ihrem Scheissleben herausreissen» hatte die betrunkene Dušanka eine Geburtstagsparty gemeint. Und mit Knorr hatte die also gar nichts zu tun gehabt – bis er mit Walters Hilfe einen Mord in Auftrag gegeben hatte. Wie hatte er nur so paranoid sein können! Mittwochabend. Er hatte also noch drei Tage Zeit, die Ausführung eines göttlichen Auftrages zu verhindern.

Montag, 01.00 Uhr

Es war stockdunkel im Seziersaal des Instituts für Rechtsmedizin im Unispital Hardstadt. Nelly hatte sich auf den zweiten Seziertisch von rechts gelegt. Ihr Leichnam lag in der Kühlzelle in einem dieser Leichensäcke mit dem Reissverschluss oben in der Mitte, die sie im Fernsehen immer so wahnsinnig endgültig zuzogen.

Nelly weinte ihrem Leichnam keine Träne nach. Stattdessen starrte sie an die Decke und ärgerte sich. Klar, die Bergung war wirklich etwas kompliziert gewesen, aber anständige Bestatter hatten gefälligst nicht zu fluchen, nicht einmal bei einem Leichnam mit schweren Knochen. Und beim Entkleiden hatte der Rechtsmediziner keine Miene verzogen, null Mitleid, nicht mal einen Blick auf ihr Décolletée hatte er geworfen, sondern nur Augen gehabt für die gewaltige Blutkruste auf ihrem Bauch und die Schusswunde darunter. Wenn er ihren Leichnam wenigstens noch gestern Abend hergerichtet hätte wie ein tüchtiger CSI-Forensiker, aber die faulen Säcke hier in Hardstadt sassen am Sonntagabend daheim und schauten den *Tatort*, seit Jahren den ersten, den sie verpasst hatte; programmiert hatte sie ihn natürlich nun auch nicht, und jetzt diese Warterei, und ob sie es in die Abendnachrichten geschafft hatte, erfuhr sie frühestens am nächsten Morgen, wenn ihre Kolleginnen vom zentralen Transportdienst aufgeregt in der Pathologie standen und ihre Leiche sehen wollten; womöglich nackt, Gott wie peinlich, hoffentlich hatten nicht Gvozdic oder Schmittchen Dienst, diese Kindsköpfe von Pathologen spielten sich ja bei jeder Gelegenheit auf und würden ihre Kolleginnen sicher reinlassen.

«Sieh doch nicht alles so schwarz.»

Erschrocken hielt Nelly den Atem an. Jemand war im Seziersaal. In finsterer Nacht. Ein Leichenschänder! Wobei – es war eine Frauenstimme. Also eine Leichenschänderin. Nelly rührte sich nicht.

«Du brauchst dich nicht tot zu stellen», sagte die Stimme sanft, «das hast du nicht nötig.»

Natürlich. Blöd.

«Angst brauchst du auch keine zu haben.»

Mit einem Ruck setzte Nelly sich auf. Das Universum! Oder ein anderes Geistwesen? In den andern Kühlräumen lagen ja wohl noch weitere Verstorbene.

«Wer bist du?», fragte Nelly.

«Mutter Erde», antwortete die Frauenstimme.

Nelly blickte unwillkürlich auf den Boden. «Mutter Erde?»

«Ja. Ausserdem bin ich die Fee Elenell. Und Maria Magdalena. Und deine Urmutter und dein Unterbewusstes, das ganze Programm.» Die Frauenstimme lachte. «Zum Glück bin ich nicht auch noch die Muse von Paulo Coelho.»

Nellys Herz pochte. Erlaubte sich da jemand einen Scherz? Das war jedenfalls nicht die Stimme des Universums. Das Universum machte keine so blöden Sprüche. «Paulo Coelho ist mein Lieblingsschriftsteller», sagte sie leicht beleidigt.

«Ach was. Du hast noch gar nie einen Coelho gelesen», erwiderte die Frau trocken, «sein Zitat auf deinem Facebookprofil hast du aus einem Magazin abgeschrieben.»

Nelly runzelte die Stirn. Ein anderes Geistwesen konnte das wohl nicht sein, dafür wusste es zu viel. «Bist du eine Erscheinung?», fragte sie.

Die Stimme lachte. «Du siehst mich nicht, du hörst mich nur. Ich wäre also eher Erhörung als Erscheinung. Aber nein, ich bin einfach, wer ich bin. Bist du auch schon die, die du bist, oder arbeitest du noch dran?»

«Ich habe mein Ich längst gefunden.»

«Ah ja? Das habe ich gar nicht mitbekommen. Wann war das?»

Nelly dachte nach. «Ich bin eine Latina und sehe aus wie Salma Hayek», antwortete sie dann, «aber leider erst seit ich tot bin.»

«Ein schöner Astralleib ist doch besser als nichts», erwiderte die Stimme.

«Nur nützt er mir nicht viel, wenn mich keiner sieht.» Nelly überlegte einen Augenblick. Dann sagte sie: «Darf ich mir etwas wünschen?»

Die Stimme lachte. «Warum auch nicht.»

Nellys Laune hellte sich auf. Vielleicht war es ja doch das Universum. «Ich möchte zurück ins Leben. Als Latina. Und als medizinisches Wunder. Und dann wüsste ich gerne, wer auf mich geschossen hat und warum. Er soll Kerker kriegen wie der Graf von Monte Christo, so richtig lebenslänglich.»

«Verhaftet wird er sicher, auf die Polizei in Hardstadt ist Verlass. Aber Kerker gibt es keine mehr hierzulande. Und zurück ins Leben, na ja, da würde ich mir nicht zu viele Hoffnungen machen, die Naturgesetze gehen kaum je Kompromisse ein.»

«Das Universum steht über den Naturgesetzen», erklärte Nelly, «und wenn man etwas ganz fest will, dann wirkt das Universum darauf hin, und dann geschehen Wunder.»

«Na, dann schiess los.»

«Womit?»

«Mit dem Ganz-fest-Wollen. Schreibt Coelho auch, wie lange es dauert, bis die ganz fest gewollten Wunder eintreten?»

Nelly schwieg pikiert. Es war wohl doch nicht das Universum.

«Das Universum ist kein Versandhaus», fuhr die Stimme fort, als ob sie Nellys Gedanken gelesen hätte. «Es ist nur die Gegend, in der die Erde herumkurvt.»

Nelly verdrehte die Augen. «Ich meine natürlich das innere Universum.»

«Dann bin ich ja gespannt auf deine Autopsie morgen.»

Nun wurde Nelly wütend. «Das innere Universum ist natürlich nicht im Leichnam, sondern unsichtbar, im Geist, du hörst mich ja, ich rede mit dir, als Geistwesen!»

«Dann gibst du die Bestellungen also bei dir selber auf?»

Nelly stieg vom Seziertisch und tastete sich durch die Dunkelheit langsam voran in Richtung Ausgang. Sich von dieser blöden Giftspritze weiter provozieren zu lassen, hatte sie nicht nötig, sie nicht.

«Am besten, du geniesst erst einmal deine Trauerfeier», sagte die Stimme, und nun klang sie beinahe etwas freundschaftlich. «Sie findet am Samstag um zwei Uhr statt und wird sicher rührend, die Leute mochten dich ja gut leiden. Und dann treffen wir uns am Samstagabend um acht bei deinem Grab.»

Nelly ging zum Ausgang, bestrafte die Stimme mit einem wütenden Schweigen und sagte kein Wort ausser: «Ich wüsste nicht, wozu!»

Die Stimme lachte schallend. «Ich schon. Um ein Debriefing zu machen und um deine weitere Laufbahn zu besprechen.»

«Ach. Und wenn ich nicht komme?»

«Kein Problem. Du darfst herumwandeln, solange du magst. Und wenn es dir als Untote doch mal langweilig wird, dann setzt du dich in der *Abendsonne* zu den Senioren in der Cafeteria und führst dir Volksmusiksendungen zu Gemüte, das sind ja auch Nahtoderfahrungen.»

Empört verliess Nelly das Spital. Von wegen Untote! Sie war lebendig wie eh und je, ein lichtes Geistwesen, und diese Stimme gehörte ganz sicher nicht zum Universum; vielleicht gehörte sie halt doch zu einer der übrigen Leichen in den Kühlräumen und spielte sich im Seziersaal bei Neuankömmlingen auf, weil sie selber nicht ins Reich der ewigen Liebe hinüberkonnte, weil sie hier unten noch ein wenig schmoren musste, weil sie im Leben eine dumme Zicke gewesen war oder eine Schlampe; quasi musste sie noch etwas Reifezeit im Seziersaal absitzen, auch kein Honiglecken; und wer war eigentlich die Fee Elenell?

Die Uhr auf dem Display der Bushaltestelle vor dem Spital zeigte 01.30 Uhr. Bis die Pathologen ihre Morgenschicht antraten, dauerte es also noch ein paar Stunden. Nelly setzte sich im kleinen Spazierpark auf der Westseite des Spitals auf eine Bank. Sie war wohl die einzige Latina, die eine Nacht lang draussen im Winter herumhängen konnte, ohne zu frieren. Fehlten nur die verdammten Zigaretten. Schade um die zwei Stangen, die noch daheim lagen.

Wer würde eigentlich erben? Kinder hatte sie keine, Geschwister auch nicht, der Vater hatte schon früh die Flucht ergriffen, es blieb nur noch die Mutter, ausgerechnet. Sie würde die Wohnung räumen, die Büchsen, die DVDs, die Zigaretten, die XXL-Spitzenunterwäsche, die Magazine über Astrologie. Was sie nicht finde würde, waren Bücher über Hindugötter, über makrobiotische Ernährung und über verbrannte BHs.

Aber es war ja auch egal, was ihre Mutter von ihr dachte. Sollte sie doch von ihr halten, was sie wollte. Den Teppich im Schlafzimmer hätte sie auch schon längst schamponieren sollen. Der mit den Brandlöchern. Wenigstens verstand die Mutter nichts von Computern und kam nicht auf die Idee, dass der Code auf dem Zettel auf dem Schreibtisch zu den Accounts bei den Flirtportalen und Partnervermittlungen gehörte. Die Flirts als Penelope gingen sie nichts an.

    Schade war nur, dass ihre Mutter sie nicht noch als Latina sehen konnte. Als jene, die sie geworden wäre, hätte sie nicht eine Mutter aus Schaffhausen erwischt. Nelly verzog das Gesicht. Gut, nach einer Seelenwanderung konnte sie ja als Latina auf die Erde zurückkehren, drüben im ewigen Licht konnte man sich das bestimmt aussuchen. Als Latina käme sie aber wohl in Südamerika auf die Welt, wo sie gar nicht auffiele, und überhaupt, bis sie gross wäre und Birkweil besuchen könnte, wären dort wohl die meisten schon gestorben und könnten sie gar nicht mehr sehen, Mist. Also doch keine Reinkarnation, lieber direkt durch den Tunnel des Lichts hinüber ins ewige Glück. Das echte Universum würde sich bestimmt noch bei ihr melden. Nach der Trauerfeier am Samstag. Nelly stutzte: Woher hatte diese Zwetschge im Seziersaal eigentlich gewusst, dass ihre Trauerfeier am Samstag war?

Montag, 01.30 Uhr

Einige brabbelten, einige schnarchten, einige grunzten, aber ansonsten war es ruhig in der *Abendsonne*.

Nik hastete durch den Gang des zweiten Stocks, stieg hinauf in den Estrich und betrat dort die kleine Kammer für Notfallankömmlinge.

Der Mond warf einen bleichen Schein durch das Dachfenster auf Walter, der halb zugedeckt in Embryostellung im Bett lag und tief und fest schlief.

«Walter, wach auf, ich bin's, Nik», flüsterte Nik.

Walter regte sich nicht.

«Aufwachen, Walter», wiederholte er, diesmal lauter.

Nichts geschah.

Nik beugte sich zu ihm hinunter. Atmen tat er noch, tot war er also eher nicht, aber die Dosis Schlafmittel, die Sheryl ihm in sein Medizinfläschchen geschüttet hatte, hätte wohl einen Elefanten ins Koma versetzt; typisch Sheryl. Bei gewöhnlichen Eintritten bestand das übliche Beruhigungsmittel für die Neulinge aus dem Satz: «Es ist doch nur vorübergehend», und bei den meisten tat es seine Wirkung; die alten Weiber fanden nach ein paar Tagen Gefallen am neuen Heim, und die alten Männer schimpften und starben. Aber Walter hatte seiner Mutter bestimmt noch auf ihrem Sterbebett schwören müssen, auf kein «Vorübergehend» hereinzufallen. Wenigstens schluckte er widerstandslos jedes Beruhigungsmittel, wenn man es ihm als Mutters Medizin verkaufte.

Nik formte seine Hände zum Trichter und brüllte: «Walter!»

«Walter?», krächzte eine Stimme.

Nik schnellte herum und blickte zur offenen Kammertüre, doch da war niemand.

«Walter?»

Die Frauenstimme kam von unten. Nik wusste nicht, wie ihm geschah. Er trat hinaus und stieg die Treppe hinunter. Im Gang stand die fette Angelina.

«Angelina, du hörst mich doch nicht etwa?», fragte Nik.

«Natürlich höre ich dich, ich bin doch nicht blind», krähte Angelina, «Walter?»

«Ich Trottel», murmelte Nik. Dass er nicht schon lange darauf gekommen war! Alle Senilen konnten ihn hören.

«Walter?», krächzte sie.

«Walter schläft», sagte Nik.

«Ruhe!», krächzte Angelina, «Walter?»

Er überlegte. Angelina würde er wohl kaum in den Estrich hinaufkriegen, um Walter wachzurütteln. Klärchen konnte er nicht wecken, die war zwar in der richtigen Dosierung senil, aber stocktaub. Amelie hörte noch gut, ging aber am Rollator und war nicht mehr wasserdicht. Ruth war körperlich noch auf Zack und hatte es beim letzten Ausbüxen bis fast nach Hardstadt geschafft, allerdings tendierte sie zu Amokläufen. Also doch Angelina. Einen Versuch war es wert.

«Angelina, du nette alte Fregatte» sagte Nik leise, «ich bin's, Nik, Babettas Coiffeur.»

Die immer noch energische alte Italienerin sah sich um und schüttelte den Kopf.

«Du, Angelina, hör mal, Walter schläft im dritten Stock, er hat noch Platz in seinem warmen Bett.»

«Walter?»

«Sei bitte etwas leiser.»

«Walter?»

«Ja, Walter, der Mann deiner Träume, er erwartet dich, oben in seinem Bett.»

«Walter?!»

Nik biss sich auf die Unterlippe. «Ja, komm herauf, er sehnt sich nach dir.»

«Walter???»

«Natürlich Walter, du alte Kuh!»

Angelina kniff drohend die Augen zusammen und brüllte: «Ich bin keine Kuh! Die Kuh ist Ruth!»

Minuten später war der zweite Stock in heller Aufruhr. Die Nachthemden wuselten im Dutzend durch die *Abendsonne*, Ruth schlug mit ihrem Gehstock nach Angelina, und Nik floh schimpfend auf die Strasse.

Montag, 10.00 Uhr

Im Pyjama und mit nackten Füssen hüpfte Sonja die Treppe hinunter und öffnete die Haustüre. Der junge Bote errötete, lächelte verlegen, entschuldigte sich, überreichte ihr den Blumenstrauss und verschwand im Schneegestöber. Sonja stieg erwartungsfroh hinauf in die Wohnung, packte den Blumenstrauss aus und stellte ihn ein. Zehn Minuten später wedelte Lassie herein, gefolgt von der fröstelnden Sheryl mit einem frischen Brot in der Hand.

Sie frühstückten in der sonnigen Küche und schrieben SMS nach München und Hardstadt. Saschas Blumen, seine ernsthafte Entschuldigung und die freudige Erwartung einer Geburtstagsüberraschung stimmten Sonja versöhnlich.

Inzwischen war Sascha beim Arzt gewesen. Sonja behielt die Episode mit dem Reissverschluss für sich. Ihre Mom hätte wohl geschimpft, weil Sascha nicht schon am Samstag zum Arzt gegangen war. Ihr war schon vor ihrer Karriere als Ärztin nichts peinlich gewesen, und von Erwachsenen erwartete sie dasselbe.

Um zwei Uhr machten Sonja und Sheryl sich mit Lassie auf eine lange Hunderunde mit Umweg über die *Abendsonne*. Als Sonja die Haustüre abschloss, piepste ihr iPhone. Nach einem kurzen Gespräch steckte sie das iPhone wieder ein und sah Sheryl ratlos an.

«Das war Tara McKee. Die Kugel stammt nicht aus Walters Gewehr.»

Sheryl zog die Augenbrauen hoch. «Dann hat jemand anders Nelly erschossen?»

«Ich habe keine Ahnung, was ich noch denken soll», murmelte Sonja.

20 Minuten später betraten Sonja und Sheryl die *Abendsonne*. Die Heimleiterin tigerte durch das Foyer. Mit der Rechten presste sie sich ein Smartphone ans Ohr, mit der Linken gestikulierte sie heftig. Als sie die beiden Frauen erblickte, beendete sie den Anruf und kam auf sie zu.

«Herr Jakob ist noch keinen halben Tag hier und schon ist der Teufel los. Letzte Nacht stand Angelina unten an der Estrichtreppe im Gang und krähte nach ihm, bis das ganze Haus in Aufruhr war. Fast alle wachten auf, nur er natürlich nicht, Ihr Beruhigungsmittel hat ihn versenkt. Das Morgenessen hat er grossartig verschlafen. Wecken war sinnlos. Dafür hat er dann beim Mittagessen gefuttert wie ein Mähdrescher. Nachher gerieten Angelina und Ruth sich wegen ihm in die Haare, Ruth brach sich den Schenkelhals und musste mit dem Krankenwagen ins Spital. Und unterdessen hat dieses Schlitzohr die Aufregung genutzt und sich vom Acker gemacht. Jetzt ist er seit einer Stunde spurlos verschwunden, ich habe vorhin die Polizei angerufen. Wenn das so weitergeht, lasse ich unseren kleinen Park vom Schnee räumen, damit die Polizistin gleich ihr Zelt bei uns aufschlagen kann.»

Sonja atmete tief durch. «Walter ist bestimmt in sein Haus zurück.»

«Nein, ist er nicht», rief die Heimleiterin entnervt. «Dort sehen wir immer zuerst nach, was glauben Sie denn! Und die Polizisten, die seit heute Morgen sein Haus auf den Kopf stellen, haben ihn auch nicht gesehen. Angelina haben wir nach dem Mittagessen übrigens auch vermisst. Aber die haben wir vor wenigen Minuten auf der Bank vor Zimmermanns Haus aufgegabelt, halb zugeschneit und schwer unterkühlt. Und geschluchzt hat sie, zum Steinerweichen. Sie hätten doch heiraten wollen, und nun sei Walter durchgebrannt.» Die Heimleiterin schnaubte. «In meinem Job gibt es nichts Schöneres als nächtliche Notfalleintritte von gefrässigen lauten Störenfrieden, die man schon Jahre zuvor hätte anmelden sollen und die sich schon am nächsten Tag aus dem Staub machen wie Heiratsschwindler. Von mir aus darf der Herr ganz gern noch eine Weile im Pfefferland bleiben, Sie werden mir meine überschwängliche Laune verzeihen.»

Sie blitzte die beiden Frauen an.

Sheryl sah der Heimleiterin in die Augen und blitzte zurück. «Renken Sie sich ein, Sie hysterische Geiss! Meine Tochter hat am Freitag ihren Vater beerdigt, ich selber lebe in München, und Walter ist weder der Sohn meiner Tochter noch der von mir. Sie sind hier die Dienstleisterin, also machen Sie verdammt noch mal gefälligst Ihren Job, und zwar wie ein Profi!» Sheryl nickte Sonja zu, drehte sich auf den Fersen um und marschierte durch den Haupteingang.

Sonja folgte ihr.

Die Heimleiterin blieb wie erstarrt im Foyer stehen und schnappte nach Luft. Am Jasstisch der Cafeteria klatschten drei Senioren vor Begeisterung in die Hände.

«Mamma mia!», flüsterte Sonja draussen und sah ihre Mutter verdattert an.

Sheryl löste grinsend Lassies Hundeleine vom Haken an der Aussenwand. «Lass uns gehen, Lassie steht unter Druck. Womöglich begegnen wir Walter im Wald.»

Montag, 13.15 Uhr

Die Kirchenuhr schlug Viertel nach eins, als Pfarrer Theodor Oswald Knorr etwas früher als sonst von seinem langen Waldspaziergang zurückkam. Er hängte den Mantel an einen der Kleiderhaken in der kleinen Eingangshalle und zog seine Winterstiefel aus. Plötzlich hielt er inne. Knarrte der Parkettboden in der Wohnung? Er lauschte. Nein, der Boden knarrte nicht.

Der Pfarrer schlüpfte in seine Hausschuhe, deaktivierte in der Schreibstube den Anrufbeantworter, stieg die Treppe hinauf und betrat seine Wohnung, um zu tun, was er an seinem freien Montag zu tun pflegte, nämlich etwas trinken.

«Wieso sind wir hier in den Estrich heraufgerannt?», fragte Walter.

«Damit er dich nicht sieht», erwiderte Nik.

«Ich mag aber nicht hier oben sitzen, ich gehe hinunter.»

«Sprich leiser.»

Der alte Mann verzog sein Gesicht. «Das ist das letzte Mal, dass ich dir geholfen habe.»

«Du kannst bald hinunter, Walter; aber ein guter Assistent wie du wartet, bis die Luft rein ist.»

«Und wann ist die Luft rein?»

«Bald, Walter, bald.»

Nik biss sich auf die Unterlippe. Sie sassen fest, vielleicht für Stunden. Gut, hinter dem Kamin lagen ein paar alte Matratzen, und die drei Bratwürste und drei Teller Kartoffelstock, die Walter am Mittag in sich hineingestopft hatte, hielten auch eine Weile hin. Das Mittagessen in der *Abendsonne* war vermutlich sein erstes vollwertiges Menu gewesen, seit Johanna den Kochlöffel abgegeben hatte, abgesehen von Niks Trauermahl. Nik kaute auf seinen Fingernägeln herum. Er konnte nur hoffen, dass Knorr das Haus noch einmal verliess oder dass er einschlief.

Montag, 15.15 Uhr

Marga Schneider tippelte durch das Wohnzimmer ihrer verstorbenen Tochter, begutachtete den Teppich und runzelte die Stirn, ohne ihr Lächeln zu unterbrechen.

Tara McKee stand hinter ihr und verzog keine Miene. In der Polizistin war schon am frühen Vormittag beim ersten Wortwechsel der Verdacht aufgekeimt, angesichts dieser Mutter sei es im Fall von Nelly Orsini wohl Selbstmord gewesen. Die Minustemperaturen hatten die spindeldürre Mitfünfzigerin nicht davon abgehalten, in einem indischen Sari auf der Rechtsmedizin zu erscheinen.

Beim Betreten des Spitals hatte sie gelächelt und geschlottert, hatte gelächelt und sich verneigt, hatte gelächelt und ihre Winterstiefel gegen rosa Flipflops eingetauscht und dazu in ihrem ungezügelten Schaffhauser Dialekt erklärt, hierzulande sei die traditionelle Kleidung des Shivaismus saisonal gelegentlich ergänzungsbedürftig, doch sei sie unbekümmert, das naturnahe Leben sei dem Karma zuträglich, ihr biologisch abbaubarer und pestizidfrei gewobener Sari und sie seien unzertrennlich, es sei Liebe auf den ersten Blick gewesen damals auf dem Touristenbazar vor dem Hindutempel auf Bali, selbst der Händler habe es gespürt und ihr auf der Stelle ein Shiva-Havelaar-Echtheitszertifikat ausgestellt und eine Heirat offeriert.

Nach ihrem Lamento hatte Marga Schneider Luft geholt, hatte Tara McKee ein erlöstes Lächeln geschenkt, hatte lächelnd den Leichnam ihrer Tochter identifiziert, war lächelnd auf die Damentoilette entschwunden und 20 Minuten später lächelnd und mit repariertem Make-up wieder aufgetaucht, um sodann in ihrem Hybrid hinter dem Polizeiauto her zur Wohnung ihrer verstorbenen Tochter zu kriechen, wo sie angesichts des Schokolade- und Zigarettendepots ihr Lächeln mit einer säuerlichen Note verfeinerte.

Tara McKee fiel es schwer, die Frau anzusehen. «Sie pflegten nicht sehr häufig Kontakt?»

Marga Schneider schüttelte den Kopf. «Nein, ich ernähre mich im Einklang mit der Natur.»

McKee verzichtete auf eine Antwort.

Margas Lächeln fiel auf den Post-it-Zettel am Bildschirm von Nellys Laptop. «Was ist das?»

«Ein Code», antwortete McKee.

«Wofür?»

«Für einen Account.»

«Was für einen Account?»

«Für ein Versandhaus.»

«Danke», seufzte Nelly.

Die Polizistin war in Ordnung. Bereits gestern Abend hatte sie den Laptop untersucht, jeden ihrer Posts im Flirtportal gelesen und dabei weder das Gesicht verzogen noch blöde Sprüche gemacht. Am Morgen war sie dabei gewesen, als der Pathologe die Kugel aus Nellys Leichnam geholt hatte. Sie hatte Sonja informiert, dass die Kugel nicht aus Walters Gewehr stammte. Sie hatte telefonisch eine Medienmitteilung in Auftrag gegeben. Sie hatte Schmittchen davon abgehalten, ihre Kolleginnen vom Transportdienst in den Sezierraum zu lassen. Sie hatte die Identifikation ihres Leichnams durch ihre Mutter und den Abtransport durch die Bestatter überwacht. Und jetzt war sie dabei, als die Mutter ihre Wohnung inspizierte. Diese Polizistin war wirklich eine Freundin und Helferin, und es tat Nelly leid, dass sie die Polizei früher immer so despektierlich «Schmier» genannt hatte.

«Möchten Sie Pfarrer Knorr informieren, um die Abdankungsfeier in die Wege zu leiten?», fragte Tara McKee und zog ihr Smartphone aus der Tasche. «Ich gebe Ihnen die Nummer, und er kann dann planen.»

Marga Schneider lächelte verklärt. «Es gibt keine Trauerfeier, Nelly soll kremiert werden, ihre Asche werde ich höchstselbst verstreuen, zur karmischen Reinigung, unter einer Birke, die ich aussuchen werde, im Schaffhausischen, in einer Vollmondnacht.»

«Wie Sie wollen», sagte Tara McKee trocken, «aber wählen Sie eine Birke, die nicht zu nahe an einem Waldweg steht.»

«Wegen des Karmas?»

«Nein, wegen der Hundepisse.»

Marga Schneiders Lächeln setzte nun doch kurz aus. Sie ging ohne Erwiderung zum Gestell neben dem Fernseher und begutachtete mit einem missbilligenden Lächeln *Pretty Woman*, *Dirty Dancing* und jene Filme mit Matthew McConaughey, in denen er noch sein Schmalzlächeln draufhatte.

Nelly liess sich auf das Sofa fallen und heulte los. Also keine Abdankung am Samstag um zwei Uhr. Die unsichtbare Zwetschge im Sezierraum hatte geblufft. Keine Trauerfeier, keine Kranzniederlegungen, kein Grabmal neben Nik. Jedenfalls nicht, solange sie nicht ihr Testament fanden, in dem sie den Tag ihrer Trauerfeier bis ins Detail geplant und auch die Musikstücke aus *Dirty Dancing* festgelegt hatte.

Ob Nik immer noch böse war? Sollte sie zu ihm gehen und sich entschuldigen? In dieser Wohnung hielt sie eigentlich nichts mehr zurück. Vielleicht würde er ihr ja verzeihen, so attraktiv wie sie jetzt war.

Montag, 19.40 Uhr

Nik schoss hoch und donnerte in der Dunkelheit mit dem Kopf an einen der Dachbalken. Einen Fluch unterdrückend versuchte er, sich zu orientieren. Das Knarren, das ihn geweckt hatte, kam von der Treppe. Im Schein des Lichtkegels, der von unten heraufdrang, sah Nik seine Perücke verschwinden. Mit brummendem Schädel robbte er von der Matratze und folgte Walter hinunter. Wenn nur Knorr nicht auf ihn aufmerksam wurde.

Die kleine Funkuhr auf dem Schuhgestell im Gang zeigte 19.42 Uhr. Demnach hatten sie den ganzen Nachmittag lang geschlafen, was nach der lebhaften vergangenen Nacht kein Wunder war.

Aus dem Badezimmer erklang ein Plätschern. Knorr stand also unter der Dusche und bekam nichts mit, Gott sei Dank.

Nik hastete hinunter in die kleine Empfangshalle. «Warte, Walter!»

«Nein, ich muss heim und aufs Klo.»

«Beim Eingang neben der Garderobe findest du eins.»

Walter nickte, betrat die Toilette und prasselte los. Als er wieder heraustrat, hatte auch das Prasseln oben in Knorrs Dusche aufgehört.

«Gut, packen wir die Chance», flüsterte Nik mit gepresster Stimme, «jetzt leise und schnell.»

Die Bibel lag zugeschlagen auf dem Schreibtisch. Zwischen den Seiten lugte die Ansichtskarte aus Brescello hervor. Der Pfarrer musste sie wieder aus dem Papierkorb gefischt haben, sein Glaube an den sprechenden Jesus am Kreuz war also zurück.

Nik sprach wieder leise, damit Walter sich bewusst wurde, dass sie nicht entdeckt werden durften. «Du nimmst den Stift, schlägst die Bibel bei der Liste auf und streichst die Einträge Sascha Meves und Dušanka Laznik durch.»

«Die sind aber immer noch schön.»

«Wozu alte Einträge behalten, wenn man kostenlos neue schreiben kann?»

Walter nickte, griff zum Stift und strich die Einträge durch.

«Super, Walter, und jetzt schreibst du darunter: ‹Du hast der Versuchung widerstanden, mein Sohn›. Ich buchstabiere.»

Walter tat wie geheissen.

Nik grinste triumphierend. Gott hatte den Schlachtbefehl an Abraham im letzten Moment zurückgezogen, also warum nicht auch bei Knorr?

«Super Walter, super.» Nik hielt einen Augenblick inne. Ein boshaftes Lächeln erschien auf seinem Gesicht. «Warte Walter, schreib noch etwas. Schreib: ‹Mission erfüllt, kehre heim und vertraue mir›. Ich buchstabiere.»

Gewissenhaft setzte Walter Zeichen an Zeichen.

Nik platzte beinahe vor Entzücken. «Prima Walter, fast fertig! Jetzt schreibst du nur noch den Namen ‹Theodor Knorr› hin und setzt ein Kreuz dazu.»

Montag, 19.50 Uhr

Walter hatte den Stift noch nicht weggelegt, als Nik das Knarren der Treppe vernahm. Sein Puls schoss in die Höhe.

«Der Pfarrer kommt. Lösch schnell das Licht, kriech unter den Schreibtisch und halt dich dort ganz still, es dauert nicht lange.»

Sekunden später ging die Türe auf, Knorr machte Licht und schlurfte in Plüschlatschen und Bademantel in die Schreibstube, der Schritt unsicher, das Gesicht gerötet.

Walter kauerte wie in einer Höhle eingeklemmt zwischen den beiden Seitenkorpussen unter der ausladenden Schreibtischplatte und gab keinen Mucks von sich.

Knorr trat zum Schreibtisch und griff zum Laptop. Dabei fiel sein Blick auf die offene Bibel. Seine Augen wurden grösser und grösser. Er knipste seine Schreibtischlampe an, hielt die Bibel darunter, glotzte die Seite mit den beiden durchgestrichenen Einträgen an und rang um Fassung. Dann öffnete er mit einem Ruck die Schublade, zog eine Taschenlampe hervor und untersuchte das Fenster. Es war von innen verriegelt.

Er wankte hinaus in die kleine Empfangshalle. Auch der Haupteingang war verriegelt. Er begutachtete den Boden der kleinen Halle, schüttelte den Kopf, öffnete die Gartentüre, betrachtete im Lichtkegel der Taschenlampe den Weg zur Türe. Er war verschneit, verdächtige Spuren waren keine zu erkennen. Der Pfarrer ging zurück in seine Schreibstube, besah erneut den Eintrag, drehte sich schliesslich um und sah hilflos zu dem Holzkreuz an der Wand.

Nik unterdrückte einen Triumphschrei.

Wieder stand Knorr die längste Zeit da, völlig verwirrt.

Nik drehte sich Walter zu und sagte: «Flüstere mal ganz leise ‹Es ist Zeit›, und dann sei wieder mucksmäuschenstill.»

Walter nickte und flüsterte: «Es ist Zeit.»

Knorr zuckte dermassen zusammen, dass er beinahe das Gleichgewicht verlor. Er drehte sich um, liess seinen Blick durch seine Schreibstube schweifen und horchte.

«Leise atmen, Walter», flüsterte Nik.

Knorrs Blick wurde leerer und leerer. Dann ging ein Ruck durch seinen langen drahtigen Körper. Er trat zum Stehpult, öffnete die kleine Schublade unterhalb der Schrägklappe und zog ein Foto heraus. Die vergilbte Aufnahme zeigte Knorr in jüngeren Jahren, braun gebrannt, neben ihm eine kleine schwarze Frau, dazwischen ein wohl dreijähriges Mädchen mit milchkaffeebrauner Hautfarbe. Es hielt eine Strohpuppe in der Hand, die Nik augenblicklich erkannte.

Dann hatte das Gerücht also gestimmt. Knorr hatte in Afrika tatsächlich eine Familie gehabt. Ein Blick in die geröteten Augen des Pfarrers genügte Nik, und er wusste, dass er sie nicht zurückgelassen, sondern verloren haben musste, auf welche Art auch immer. Eine Frau und eine Tochter. Nik schluckte leer. Eine Frau und eine Tochter.

Eine geraume Zeit sah Knorr mit leerem Blick auf das Foto in seiner zitternden Hand. Schliesslich verliess er seine Schreibstube, ohne die Schublade zu schliessen, die Schreibtischlampe abzustellen oder auch nur einen Blick auf das Holzkreuz an der Wand zu werfen.

Auf einmal fühlte Nik sich schlecht.

Walter kroch unter dem Schreibtisch hervor und reckte seine Glieder. Während er sich durch die Gartentüre aus dem Staub machte, erklang von der Wohnung her afrikanische Musik.

Montag, 20.45 Uhr

Als Walter gegen Viertel vor neun abends mit tief verschneiter Perücke zum zweiten Mal in die *Abendsonne* einzog, begleitet von Tara McKee und den zwei Kollegen von der Fahndung, die ihn aufgegriffen hatten, blieb kaum einer der Betagten in der Cafeteria vor dem Fernseher sitzen. Die Heimleiterin schimpfte, die Polizistin rief Sonja an, und Walter war wütend.

«Du hast das grossartig gemacht, Walter!», flüsterte Nik, «deine Mutter wäre stolz auf dich. Und jetzt hast du ein warmes Bett, und das Frühstück ist noch besser als das Mittagessen, denk an die Bratwürste von heute Mittag.»

Montag, 20.50 Uhr

«Sie haben ihn.» Sonja sah vom iPhone auf und lehnte sich auf der Chaiselongue zurück. «Aufgegabelt im Dorf. Er sei nur im Wald spazieren gewesen, behauptet er.»

Sheryl stellte die Schachtel mit den alten Fotos auf den Clubtisch. «Im Wald wären wir ihm mit Sicherheit begegnet.»

Sonja seufzte. «Ich weiss gar nichts mehr. Er lügt, er haut ab, taucht Stunden später wieder auf, lügt wieder, schiesst Hühner, findet Leichen ... Waffen haben sie keine mehr gefunden, obwohl sie sein Haus auf den Kopf gestellt haben. Und dann ist er immer wieder dieser liebenswerte, grosse Bub, der mich im richtigen Moment in den Arm nimmt ...» Sonja blickte wieder auf ihr iPhone. «Ah, schau her, die Meldung ist draussen», sagte sie dann, scrollte hinunter und las. «Die Polizei schliesst weder einen Suizid noch ein Tötungsdelikt aus.»

Nelly sass auf dem Boden und nickte zufrieden. Dank der Gratisblätter war ihr Name sicher bald bekannt. Am Anfang hiess das Opfer «N. O.», dann «Nelly O.» und dann «Nelly Orsini», woraufhin die ersten Interviews mit schockierten Nachbarn und tief erschütterten Birkweilern erschienen, die sich einfach nicht erklären konnten, wer um Himmels willen diese liebenswürdige Zeitgenossin umgebracht haben mochte. Hoffentlich trat nicht noch ihre Mutter vor die Kamera, Gott wie peinlich. Gut, vielleicht hatte sie noch hübsche Fotos, wobei, in der Wohnung hatte ihre Mutter bestimmt keine gefunden, sie selber hatte sie ja vor Jahren in einem Wutanfall über sich selber verbrannt. Ihr Fall hätte super ins *Aktenzeichen XY ungelöst* gepasst, Eduard Zimmermann hätte furchtbar ernst hinter seiner DDR-Brille hervorgeschaut, ein Hinweis aus der Bevölkerung hätte die Polizei auf die Spur des Täters gebracht, einen der zahlreichen von Nelly Orsini abgelehnten Verehrer, aber Zimmermann hatte das Zeitliche ja auch gesegnet, kein Wunder, wusste die Polizei immer noch nicht, wer sie umgebracht hatte und warum.

Dienstag, 01.12 Uhr

Als Pfarrer Theodor Oswald Knorr sich am Glockenseil des stockdunklen Kirchturms von Birkweil betrunken und mit glasigen Augen aufknüpfte, war es genau zwölf Minuten und vier Sekunden nach eins.

Dienstag, 01.12 Uhr

Als Pfarrer Theodor Oswald Knorr wieder herunterfiel, weil er keinen todsicheren Henkersknoten hinbekommen hatte, war es eine Sekunde später. Er gab keinen Laut von sich, rieb sich das Genick, drehte sich vom Rücken auf die Seite und blieb benommen auf dem Boden liegen.

Niks Knie schlotterten so heftig, dass er sich auf den Boden setzen musste. Eine gefühlte Ewigkeit lang war Knorr mit dem Strick um den Hals auf dem wackelnden Klappstuhl gestanden und hatte auf Gottes Eingreifen gewartet, bis er das Gleichgewicht verloren hatte und der Stuhl umgekippt war.

Nun lag er auf dem Boden, über seinem Kopf baumelte der Strick mit dem aufgegangenen Knoten. Neben ihm lagen der zusammengeklappte Stuhl, das Smartphone, das ihm aus der Tasche gefallen war und das Foto von Frau und Tochter.

Nik konnte seinen Blick nicht von dem Foto abwenden. Er fühlte sich erbärmlich. In der letzten halben Stunde war ihm klargeworden, wieso Knorr tat, was er tat. Er war auf Gott wütend, weil er zugelassen hatte, dass seine Familie verunfallte. Er hatte seinen Glauben verloren und damit begonnen, selber Unfälle in die Wege zu leiten, um Gott zu provozieren. Und wenn der sich nicht zeigte und nicht eingriff, machte er ihn verantwortlich. «So weit hätte es nicht zu kommen brauchen», hatte er dem Kruzifix in der Kirche entgegengeschleudert. Alles passte zusammen.

Knorr bewegte sich.

Nik sah kurz hin, schloss aber sofort die Augen. Der Hass war ihm schon abhandengekommen, als der schon etwas angetrunkene Pfarrer fast eine Stunde lang hilflos versucht hatte, aus dem Seilende einen Henkersknoten zu basteln, und dabei zweimal vom Klappstuhl gefallen war.

Knorr kämpfte sich mühsam auf die Knie und sah sich benommen und mit schmerzverzerrtem Gesicht um. Mit der linken Hand rieb er sich unablässig seinen geschwollenen Hals, mit der rechten hielt er sich an allem fest, was ihm Halt bot. Auf Knien kroch er der Wand entlang zur Türe. Noch bevor er sie erreichte, surrte sein Smartphone, das immer noch auf dem Boden lag.

Nik kniete sich auf den Boden und sah auf das Display.

«auftrag canceln nein, nicht mit mir, das bringe ich zu ende.»

Nik war wie gelähmt. Es war noch nicht vorüber. Knorrs unbekannter Komplize meuterte. Er würde den Auftrag allein ausführen, am Mittwochabend in der Waldhütte, und Sascha und Dušanka …

Niks Puls begann zu jagen. Wer zum Teufel war der Kerl?

Dienstag, 10.00 Uhr

Die Bestatter hatten Nelly erstaunlich gut hinbekommen. Sonja war beim Anblick von ihrem Leichnam weniger peinlich berührt als befürchtet.

«Sie trug wirklich einen Jogginganzug?», fragte Sheryl verwundert.

«Ich war auch erstaunt», sagte Sonja, «ihr neues Leben begann sie sonst jeweils erst im Mai.»

Eine Frau betrat den Aufbahrungsraum. Sie trug einen indischen Sari, darüber einen Wintermantel. Ihre Füsse steckten in Moonboots, auf der Rückseite des einen klebte noch eine Preisetikette. Die Dame fröstelte, lächelte und verneigte sich.

«Guten Tag», sagte Sheryl freundlich und musterte sie.

Sonja nickte ihr wortlos zu und tauschte dann einen stummen Blick mit ihrer Mutter. Die beiden traten beiseite, damit die Besucherin zum Sarg schreiten und hineinblicken konnte.

Eine ganze Weile lang war es still im Raum. Die Unbekannte stand mit dem Rücken zu Sheryl und Sonja, sodass sie ihren Gesichtsausdruck nicht erkennen konnten. Schliesslich drehte sie sich wieder um.

«Nelly war bestimmt eine gute Arbeitskollegin», bemerkte Sheryl.

«Das weiss ich nicht», antwortete die Frau im Sari, «sie ist jetzt in einer besseren Welt; waren Sie Freundinnen?»

«Nicht direkt», sagte nun Sonja. «Nelly kam alle paar Wochen zu meinem Vater, Nik Hofmann vom Coiffeursalon am Postplatz.» Sie deutete auf Sheryl. «Das ist meine Mutter.»

«Ah, ja, freut mich; Marga Schneider», sagte Nellys Mutter, «und jetzt fragen Sie sich, wieso ich als Nellys Mutter Schneider heisse, Nelly aber Orsini. Dafür ist mein Exmann verantwortlich, Nelly wollte lieber Orsini heissen, Schneider klinge ihr zu klein, hat sie gesagt, aber Orsini klingt kein bisschen grösser; überhaupt, beurteile einen Menschen nicht aufgrund seines Namens, sondern aufgrund seiner Persönlichkeit.»

Sheryl setzte ein zuckersüsses Lächeln auf. «Bestimmt kannten Sie Nelly besser als jeder andere Mensch.»

Nellys Mutter schüttelte den Kopf. «Eigentlich interessierte sie sich durchaus für Herzensdinge, aber sonst kam sie nach dem Vater; von einer Verstorbenen sollte man zwar nicht schlecht sprechen.» Sie streckte ihren Rücken durch. «Fürchterliche Matratzen in der *Frohen Aussicht*, wenn ich das gewusst hätte, ich hätte in Nellys Wohnung geschlafen, trotz der ungesunden Luft; zum Glück sind die Katzen nicht mehr da, die Zigaretten werde ich verbrennen. Und ihre Asche werde ich der Natur zurückgeben.»

«Die von den Zigaretten?», fragte Sheryl höflich.

«Die Asche von Nelly natürlich.»

«Sie ist jetzt wirklich in einer besseren Welt», bemerkte Sheryl mit vielsagendem Blick zu Sonja. «Wann soll denn die Trauerfeier sein?»

«Ich bin nicht religiös.»

Sonja musste sich zusammenreissen, um sachlich zu bleiben. «Nelly war es aber. Sie ging fast jeden Sonntag zur Kirche.»

«Ach ja?»

«Oh ja. Sie hätte sich sehr über eine würdige Abdankung gefreut.»

«So? Woher wollen Sie das wissen?»

«Sie hat es mir selber gesagt.»

Nellys Mutter starrte sie an. «Das wäre mir neu.»

Sonja sah Sheryl mit einem ernsthaften, gehaltvollen Blick an. «Doch doch, bei der Beerdigung meines Vaters am letzten Freitag, nicht wahr, Mom?»

Sheryl nickte heftig. «Genau so war es. Sie sagte: ‹Weisst du, wenn ich einmal sterbe, wünsche ich mir eine schöne Trauerfeier in Birkweil.›»

«Ja, und eine Erdbestattung. Neben Nik. Nicht wahr, Mom?»

«In der Tat, auch ich habe es gehört, ich selber, höchstpersönlich, mit meinen ureigensten Ohren.»

Marga Schneider überlegte. «Nun, ich werde Zwiesprache halten mit der Manifestation des Höchsten.»

Sheryl nickte. «Auch ich will dies tun, die Hochachtung vor der Verstorbenen ist doch eines der schönsten kosmischen Gebote, nicht wahr?»

Nelly stand im Türrahmen und hätte Sonja und Sheryl am liebsten umarmt. Vielleicht bekam sie nun doch noch ihre würdige Trauerfeier.

Sonja zog die Beifahrertür von Sheryls BMW zu. «Die Manifestation des Höchsten», äffte sie Nellys Mutter nach, «die Manifestation des Höchsten hat dieser Tante die Hirnzellen weggeschmort.»

Sheryl lachte. «Nicht die Manifestation, sondern Marihuana. Die Frau war sicher einst ein Hippie und hat Indien absolviert, mit Blumen, Gras und der Gottheit Shiva, die war hip Ende der 60er.»

«Und wieso ist sie nicht in Indien geblieben?»

«Weil es auf Dauer doch nicht so berauschend war. Die meisten Hippies sind zurückgekommen und haben ihre Götter gewechselt. Die glauben heute an die Karriere oder die Ernährung oder die Esoterik oder die Umwelt oder alles zusammen. Soll ich dir wieder mal eine Geschichte erzählen?»

Sonja lachte.

Sheryl startete ihren Wagen und begann zu erzählen. «Es war einmal, vor langer Zeit, da übernachtete eine junge irische Backpackerin auf einem Campingplatz im Tessin. Dort lernte sie einen goldig schüchternen Schweizer kennen, der sie mit grossen Augen und seligem Blick anstaunte, was ihr natürlich gefiel. Am Abend setzten sie sich ans Seeufer und löschten einen Durst nach dem andern. Dann lockte sie ihn ins Zelt. Dort bekam er einen Hustenanfall. Und sie erklärte ihm, der schwere süsse Geruch in der Luft käme von ihrem irischen Parfüm.»

Sonja prustete los. «Und er hat es wirklich geglaubt?»

Sheryl nickte.

«Das war dann wohl vor 18 Jahren und neun Monaten», grinste Sonja.

«Nein, nur knapp acht Monate. Du kamst zu früh. Du und ich, wir waren schon immer früh reif.»

Dienstag, 15.30 Uhr

Gekrümmt wie ein Embryo lag Knorr seit fünfzehn Stunden auf seinem Bett. Er war mit Schmerzmedikamenten zugedröhnt, und Nik mochte sich gar nicht vorstellen, wie er die Medikamente überhaupt durch seinen Hals gebracht hatte. Der weisse Kragen des schwarzen Talars war blutverschmiert. Das Hinsehen fiel Nik schwer, und er richtete seinen Blick auf das Kreuz über dem Bett. Aber der Jesus, der dort dran hing, wirkte auch nicht weniger erbärmlich.

Nik war verzweifelt. Stundenlang hatte er das Pfarrhaus nach Hinweisen auf Knorrs meuternden Komplizen abgesucht, hatte aber keine gefunden.

Mit einem letzten Blick auf den halbtoten Pfarrer verliess er das Zimmer und stieg die Treppe hinunter. Hinweise auf den Komplizen fand er wohl am ehesten in der Waldhütte, wo der Kerl vielleicht sein Attentat vorbereitete.

Vor der Türe zur Schreibstube hörte Nik ein Telefon klingeln. Er betrat die Schreibstube und lauschte.

«Guten Tag, hier spricht Marga Schneider, die Mutter von Nelly Orsini, die ja ums Leben gekommen ist, wie sie sicher vernommen haben, es kam ja sogar im Fernsehen; ich muss Ihnen sagen, ich bin keine Befürworterin der Kirche, aber man hat mir gesagt, Nelly hätte sich eine Trauerfeier gewünscht, und darum will ich hiermit eine bestellen.»

Was für eine nervtötende Frauenstimme!

Die Uhr am Kirchturm zeigte 16.20 Uhr, als sich Nik in Richtung Wald aufmachte. Es hatte wieder aufgehört zu schneien, und der Verstorbene kam zügig voran, auch im Wald, wo die Hundehalter und Spaziergänger bereits wieder einen Pfad getrampelt hatten.

Kurz vor der Waldhütte kamen Nik zwei Männer entgegen. Einer trug eine grosse Kamera auf der Schulter. Der andere war einer der aufgeblasenen Moderatoren von *Hardstadt TV*, die jeden Fliegendreck zum Weltuntergang hochschwurbelten. Die

Meldung von Nellys Tod war draussen, und die dünnbärtigen Büblein vom Fernsehen machten wohl wieder einen wahnsinnigen Krimi draus. Die Fundstelle hatten sie offenbar bereits gefilmt, jetzt gingen sie bestimmt bei Freunden und Nachbarn des Opfers noch Tränen der Rührung einholen. Schade eigentlich, dass sie Nellys langjährigen Coiffeur nicht mehr befragen konnten, wenn möglich im Salon, das wäre gute Werbung gewesen. Nik hätte über seine Kundin natürlich nur Gutes erzählt, und wie zufrieden sie immer gewesen war mit seinen unvergleichlich individuellen Styles.

Nik stellte sich vor der tief verschneiten Waldhütte auf und betrachtete sie. Noch etwa 25 Stunden. Ob der Komplize wusste, dass nicht nur Sascha und Dušanka anwesend sein würden, sondern eine ganze Geburtstagsparty? Um 16.50 Uhr sollte es passieren. Zum Schiessen war es da zu dunkel, der Komplize beging sein ruchloses Verbrechen wohl eher in der Hütte. Also musste er bereits vor Sascha und Dušanka dort sein. In diesem Fall brauchte er einen Schlüssel. Dann würde er auf seine Opfer warten. Sascha und Dušanka kamen aber womöglich schon am Mittag, damit sie bis zum Abend die Hütte mit dem Cheminée warm bekamen. Vielleicht überraschten sie den Komplizen. Vielleicht würde er sie dann schon am Nachmittag umbringen. Vielleicht kam er aber auch später, vielleicht vielleicht vielleicht, verdammt noch mal, vielleicht schoss er ja auch gar nicht, sondern führte etwas anderes im Schilde. Nik presste wütend seine Lippen zusammen und machte rechtsum kehrt.

Auf dem Weg zurück ins Dorf hatte Nik einen Einfall.

Dienstag, 18.30 Uhr

Mit trübem Gesichtsausdruck sass Walter in der Cafeteria, stierte in seine Jasskarten und schimpfte. «Du hast mir absichtlich die schlechtesten Karten gegeben.»

Hännes grinste triumphierend. «Nein, aber ich kann besser jassen, du schuldest mir schon vier Desserts.»

Nik betrat die Cafeteria, erblickte Walter und Hännes und trat zum Tisch. Er warf einen Blick in die Karten der beiden.

«Hallo, Walter», sagte er dann leise, «ich bin's, Nik, sag nichts und spiel einfach weiter.»

«Kannst grad wieder gehen», sagte Walter.

Hännes sah Walter an. «Und du kannst deine Selbstgespräche von mir aus in deiner Estrichkammer führen und nicht jetzt, du bist dran.»

Walter stierte weiter in seine Jasskarten.

Nik stand hinter Hännes und studierte dessen Karten. Dann sagte er: «Walter, leg die Schilten Sechs.»

«Nichtspieler, Maul halten!», erwiderte Walter.

«Geben, nicht plappern», monierte Hännes.

«Für einmal bist nicht du mein Assistent, sondern ich bin deiner», sagte Nik, «jetzt leg die Schilten Sechs.»

Walter dachte kurz nach. «Hätte ich sowieso gelegt», brummte er schliesslich und legte die Schilten Sechs.

Eine knappe Stunde darauf warf Hännes entnervt die Karten auf den Boden und polterte schimpfend aus der Cafeteria.

«Drei Desserts», rief Walter ihm schadenfroh hinterher, «du schuldest mir drei Desserts!»

Eine Minute später hatten Walter und Nik eine längerfristige enge Zusammenarbeit besiegelt, und Walter hatte ein neues Wort kennengelernt: Win-win-Situation.

Um acht Uhr, als die Betagten und Umnachteten in der Cafeteria einmal mehr auf den Musikantenstadl und den Tod warteten, nutzten Nik und Walter die Gelegenheit und schlüpften unbemerkt aus dem Haus.

«Ich will aber nicht schon wieder ins Pfarrhaus!», monierte Walter.
«Sei leise und denk an all deine Siege und Desserts.»

Als Walter eine halbe Stunde darauf im Kirchturm den Strick entdeckte, der von der Decke hing, schrie er «Jesses Maria!» und tat einen Satz nach hinten.

«Keine Angst, Walter» beschwichtigte Nik, «es passiert dir nichts. Irgendwo auf dem Boden liegt ein Smartphone, das wir haben müssen.»

Es war verschwunden.

Nik biss die Zähne zusammen. «Hör mal, wir müssen jetzt halt doch noch einmal ganz schnell ins Pfarrhaus, es dauert aber nicht lang. Denk an deine Siege.»

Im Pfarrgarten führten Spuren zum Hintereingang.

«Warte kurz, ich sehe nach, ob die Luft rein ist.»

Nik schlüpfte durch die Türe. Abgesehen von Knorr war niemand im Haus, und der lag in der gleichen Stellung auf seinem Bett wie zuvor.

Unter Niks Anleitung öffnete Walter alle Schränke und Schubladen. Gestört wurden sie nur vom Telefon, das jede halbe Stunde klingelte, und von Nellys Mutter, die auf dem Anrufbeantworter immer genervter Pfarrer Knorrs gefälligst augenblicklichsten Rückruf forderte.

Nach zwei Stunden stellte Walter sich im Wohnzimmer auf und verschränkte die Arme. «Fertig, aus, basta, amen, du kannst mir in die Schuhe blasen mit der Win-win-Situation, ich gehe heim!»

Nik fühlte sich mies. Er hatte nicht die geringsten Hinweise auf den meuternden Komplizen. Jetzt blieb nur noch das, was er unbedingt hatte verhindern wollen – Walter musste mit der Bibel zu Sheryl und Sonja. Sie würden ihm glauben müssen, die Party in der Waldhütte abblasen und die Polizei informieren.

«Gut, Walter», sagte Nik bemüht fröhlich, «wir beide werden noch viele Desserts gewinnen, jetzt holen wir noch schnell die Bibel aus der Schreibstube, und dann raus hier.»

Die Bibel war verschwunden.

Nik unterdrückte einen Wutschrei. Zweifellos war Knorrs Komplize hier gewesen und hatte alles beiseitegeschafft, das ihn verraten konnte, das Smartphone und die Bibel.

Diesmal brachte Nik Walter selber in die *Abendsonne* zurück. Er schaffte es, ihn unbemerkt in sein Notzimmer im Estrich zu manövrieren, und kehrte verzweifelt ins Pfarrhaus zurück. Knorr lag immer noch im Bett, aber nicht mehr in Embryostellung, sondern ausgestreckt. In Nik keimte Hoffnung. Vielleicht war der Pfarrer ja am nächsten Morgen doch ansprechbar und konnte den Namen des Täters nennen. Sofern sein gequälter Kehlkopf es zuliess.

Müde legte Nik sich in Knorrs Wohnzimmer auf das Sofa, betrachtete die Strohpuppe, dachte an Knorrs Familie, an Sonja und Sheryl und fiel in einen unruhigen und trostlosen Schlaf.

«Hoi, Nik.»

Gopf!

Dienstag, 22.45 Uhr

Nik presste die Lippen zusammen. Statt den Gruss zu erwidern, wartete er darauf, dass die Stimme nachhakte. Bestimmt hatte Gott alles mitbekommen. Eine Strangulation war ja ein einschneidendes Ereignis, da konnte Er wohl nicht fehlen. Gut, man konnte sich auch fragen, warum Er das überhaupt zugelassen hatte. Wobei – zugelassen hatte Er es ja nicht, Knorr lebte noch. Vielleicht verstummte die Stimme auch einfach wieder, so wie neulich. Vielleicht gehörte sie ja auch nicht Gott, sondern war sein schlechtes Gewissen, das sich als Gott ausgab, der ganze Schmarren hing ja sowieso irgendwie zusammen, Über-Ich und so.

«Hoi, Nik.»

«Ich hatte doch keine andere Wahl!»

«Hani öppis anders bhauptet?»

Nik glaubte, sich verhört zu haben. Mundart? Sprach der jetzt Mundart? Das war ja gar nicht Gott. «Wär bisch etz du?»

«Immer no de glich.»

«Wär's glaubt.»

Die Stimme lachte. «Schön, dass du mich jetzt duzt, ich scheine nicht mehr so eine Respektsperson zu sein, sobald ich Schweizerdeutsch spreche», sagte die Stimme, nun aber wieder auf Hochdeutsch. «Weisst du, Einbildungen finden gewöhnlich in der Muttersprache statt.»

«Meine Muttersprache ist nicht Hochdeutsch», brummte Nik trotzig.

«Wie man's nimmt. Dein halbes Leben besteht aus Hochdeutsch. Lehrer, Richter, Steuerbeamte, Warndurchsagen, Urteilsverkündungen, Arztrezepte, heilige und andere Bücher und Trauversprechen – immer wenn es ernst gilt, wird das Leben hochdeutsch.»

«Ja, und?»

«Nichts und. Es ist nur der Grund, warum die Deutschen für dich immer autoritär klingen und du dann immer gleich beleidigt bist und warum du dir Gottes Stimme eben hochdeutsch vorstellst – weil du sie als Autorität empfindest.»

Wieder dieser ekelhafte Besserwisserton. Schon im Salon hatte Nik diesen Tonfall nicht ausstehen können. Allerdings hatte die Stimme nicht ganz unrecht. Mit einem Gott mit Bündner- oder Bernerdialekt war sicher besser Kirschen essen. Nur würde ein Gott aus Hasle-Rüegsau nicht wirklich allmächtig wirken. Und einer mit Zürcher Dialekt nicht vertrauenswürdig.

Nik räusperte sich. «Ja also, wo kommst du denn her?»

Die Stimme lachte. «Schon vergessen? Ich bin doch deine Einbildung.»

«Gut. Dann bilde ich mir dich von jetzt an in meinem eigenen Dialekt ein.»

‹Tu dir keinen Zwang an», sagte die Stimme fröhlich und auf Hochdeutsch.

Nik runzelte die Stirn. Eine Weile war es still. «Hast du dafür gesorgt, dass Knorr vom Seil fiel?» Die Frage purzelte einfach aus Nik heraus.

«Nein, der misslungene Knoten», antwortete die Stimme trocken.

«Ja, aber hast du dafür gesorgt, dass der Knoten misslang?»

«Nein. Die Anleitung zum Knüpfen für Henkersknoten aus dem Internet taugte nicht viel.»

«Und was, wenn der Knoten gelungen wäre?»

«Dann wäre Knorr tot.»

«Und das hättest du einfach zugelassen?»

Die Stimme seufzte. «Weisst du, was ich an Agnostikern mag? Sie haben keine Vorstellung von Gott und darum auch nicht so entsetzlich genaue Vorstellungen dessen, was ein Gott zu tun und zu lassen hat, so wie Pfarrer Knorr und Coiffeur Hofmann und die übrigen liebenswerten Don Camillos dieser Welt.»

Jetzt platzte Nik der Kragen. «Knorr war verzweifelt, er hat gewartet, dass du eingreifst wie bei Abraham, aber du hast ihn hängen lassen.»

«Wenn ich ihn hätte hängen lassen, wäre er wohl kaum heruntergefallen.» Die Stimme gluckste.

«Hier zu lachen, ist geschmacklos!»

«Ach, Nik Hofmann». Die Stimme hatte plötzlich einen eigenartig feinen Klang. «Erinnerst du dich an die Szene, in welcher der Jesus am Kruzifix in der Kirche nicht mehr mit Don Camillo spricht?»

Nik erinnerte sich. Er stutzte; eigentlich war Knorr in der Kirche genau dasselbe passiert wie damals Don Camillo – er hatte mit dem Kruzifix gesprochen, aber keine Antwort bekommen. Und er hatte die Dinge in die eigene Hand genommen – ebenfalls wie Don Camillo. Nik runzelte die Stirn. «Hättest du mit Knorr gesprochen, dann hätte er seinen Glauben wiedergefunden!»

«Das war nicht nötig, das hast du ja selber erledigt mit deinem göttlichen Eintrag in der Bibel.»

Nik musste sich zusammenreissen, um nicht wütend zu klingen. «Dass es Knorr jetzt so dreckig geht, ist das deine Strafe für seine Sabotageakte?»

«Wieso schon wieder ich? Wer hat ihn denn mit seinem ‹Mission erfüllt, geh heim› so weit gebracht?»

«Mit dir kann man einfach nicht diskutieren!»

«Stimmt. Und ihr verbockt Dinge und schiebt es dann einem Gott in die Schuhe, von dem ihr nicht mal wisst, ob er nicht doch bloss Einbildung ist. Wenn ich die Evolution wäre, dann würde ich mich ernsthaft fragen, wieso ich eine Spezies mit einem solchen Dachschaden hervorgebracht hätte.»

Nik überhörte den Spott. «Und wieso hören die einen Stimmen und die andern nicht?»

«Weil kein Mensch ist wie der andere. Hast du mit deiner Menschenkenntnis eines erfahrenen Coiffeurs das noch nicht gemerkt?»

«Du bist gnadenlos und bösartig.»

«Ich mag dich auch, Nik Hofmann.»

Schweissgebadet wachte Nik auf. Es dauerte eine geraume Zeit, bis er diesen Traum von sich geschüttelt hatte. Blödsinn geträumt hatte er öfter in seinem Leben, aber das hier schlug alles. Eine Selbstauflösung wäre vielleicht doch nicht das Dümmste.

Mittwoch, 09.00 Uhr

Auf Katzenpfoten schlich Sascha die alte Holztreppe hinauf. Sheryl erwartete ihn in der offenen Wohnungstüre. «Sie schläft noch», flüsterte sie zufrieden und nahm Sascha den leicht zerknitterten Herbststrauss und eine der beiden Einkaufstaschen ab.

Die Morgensonne liess den Schnee auf Strassen, Dächern und in der Umgebung von Birkweil so aggressiv gleissen, dass es auch in der Wohnung über *Babettas historischem Coiffeursalon* erfrischend hell war.

«Ein richtiger Wintergeburtstag für Sonja», bemerkte Sheryl zufrieden und goss Sascha einen Kaffee ein. «Das passt wunderbar, in vier Tagen ist ja schon erster Advent.»

Etwas später drapierten sie auf dem Buffet im Wohnzimmer vier Geschenke und stellten auf dem Küchentisch einen Brunch bereit. Schliesslich machte Sascha sich mit Lassie auf eine kurze Hunderunde. Sheryl ging ins Bad und schminkte sich, trank in der Küche einen Kaffee, las auf ihrem Tablet die ersten Gratulationen auf Sonjas Facebook-Profil und postete selber eine.

Beim zweiten Kaffee vernahm Sheryl die WC-Spülung. Kurz darauf stand Sonja im Türrahmen und gähnte in die Küche.

«Eben erst volljährig geworden und schon müde», sagte Sheryl, stand auf und umarmte sie. «Sagte ich schon, wie stolz ich auf dich bin?»

«Nein.»

«Ich bin stolz auf dich.»

«Jetzt, wo du's sagst.» Sonja deutete auf den gedeckten Frühstückstisch. «Das hast du aber nicht alles heute Morgen gekauft?»

«Ich kann zaubern.»

Sonja lächelte. Mom hatte immer behauptet, sie könne zaubern, und Sonja hatte es geglaubt, bis sie acht Jahre alt war.

«Ich bin erwachsener als du», sagte Sonja und setzte sich an den Küchentisch.

Sheryl lachte. «Definitiv, schon seit Jahren. Da bist du ganz Paps.»

Als ihre Mutter sich zur Kaffeemaschine umdrehte, sagte Sonja: «Bitte eine von Paps' Kapseln nehmen.»

Sheryl verstand, wählte eine von Niks Kapseln und dazu seine grosse Morgentasse.

Eine Viertelstunde später ging die Wohnungstüre auf, Lassie wedelte herein, hinter ihm Sascha. Sonja trat in den Gang. Sascha sah sie schuldbewusst an. Sie zögerte kurz. Dann lächelte sie. «Schön, dass du da bist.»

Eine Viertelstunde später sassen die drei versöhnt mit sich und der Welt am Küchentisch, Lassie lag zufrieden darunter und Nelly sass heulend auf dem Küchenboden neben der Türe. Ihren eigenen Geburtstag hatte sie meist mit vier Katzen und fünf Büchsen Prosecco begangen. Bei ihrem Vater, der mit seinen späteren Frauen in Thailand lebte, war immer ausgerechnet an Nellys Geburtstag der Akku leer gewesen, und die Mutter hatte ihr aus ihren jährlichen Meditationswochen in Indien jeweils eine Geburtstags-SMS geschickt und nach der Heimkehr aberwitzig scharfe Gewürze in Cellophanbeutelchen mitgebracht, die sich dann stets innert Jahresfrist von grell zu pastell entwickelten und von denen sie nun mindestens 30 Stück aus zehn Jahrgängen zurückerben würde.

«Volljährig und voll», erklärte Sonja nach zwei Stunden, tätschelte sich auf den Bauch und verabschiedete sich ins Bad.

Sascha sah Sheryl leicht erstaunt an. «Sie glaubt, das sei nun die Überraschung gewesen.»

Während Sonja duschte, räumten sie den Tisch ab und die Küche auf und gingen noch einmal die Party und die Gästeliste durch. Dušanka war auf dem Tablet zugeschaltet.

Sheryl blickte Sascha in die Augen und sagte: «Ich weiss, du bist nicht gut auf Walter zu sprechen. Aber Sonja hängt an ihm und fühlt sich auch ein wenig für ihn verantwortlich.»

«Ich bin auch dafür», erklärte Dušanka.

Sascha zuckte mit den Schultern. «Meinetwegen soll er mitkommen, da ist dann schon mal für Unterhaltung gesorgt.»

Noch während Sonja unter der Dusche stand, rief Sheryl in der *Abendsonne* an und kündigte an, Walter am späteren Nachmittag abzuholen und am Abend wieder zurückzubringen.

Mittwoch, 12.00 Uhr

Ein unangenehmes Geräusch riss Nik aus dem Schlaf. Die Sonne schien direkt in Knorrs Wohnzimmer hinein. Er ächzte. Jetzt war er doch wieder eingeschlafen. Der blöde Traum steckte ihm immer noch im Gemüt. Als die Glocken im nahen Kirchturm zwölf Uhr schlugen, war er auf einmal hellwach. Nicht einmal mehr fünf Stunden blieben ihm. Kopfschmerzen waren im Anzug.

Wieder dieses Geräusch. Es kam aus dem Bad. Nik schlich sich durch den Gang und warf einen Blick hinein. Knorr kniete vor der Toilettenschüssel, und es klang überaus ungemütlich. Nik kniff die Augen zu, hielt die Luft an und trat zurück in den Gang. Gut, wenigstens war der Pfarrer wach, woraus sich schliessen liess, dass er noch lebte.

Zwischen zwei ausgiebigen Würgeattacken vernahm Nik die Haustürglocke. Er ging zurück in die Stube und spähte zwischen zwei Vorhängen hinunter. Eine Unbekannte stand draussen, vermutlich Nellys Mutter. Sie trug eine Winterjacke und Moonboots, ihre Beine waren mit einem Tuch umschlungen, und sie hatte einen miserablen Coiffeur.

Die Frau drückte ein zweites Mal auf die Klingel und blickte ungeduldig zu den Fenstern hinauf. Schliesslich öffnete sie die schwere Holztüre einen Spalt breit, rief «Hallo?» in die kleine Empfangshalle, lauschte, verzog das Gesicht und riss die Türe erschrocken wieder zu. Unschlüssig sah sie erneut zu den Fenstern hinauf, kniff die Augen zu und öffnete die Haustüre ein zweites Mal.

«Gute Idee, mit geschlossenen Augen klingt das Kotzen bestimmt leiser», bemerkte Nik trocken.

Die Besucherin lauschte nur kurz, zog dann die Türe erneut zu, trat vorsichtig die drei verschneiten Stufen zum gepflasterten Vorplatz hinunter und rutschte auf der Strasse davon.

«Sehr hilfsbereit», murmelte Nik und trat vom Fenster weg.

«Das war meine Mutter», sagte eine Stimme hinter ihm.

Nik wirbelte herum. Im Türrahmen stand Nelly.

«Wieso um Himmels willen kotzt Knorr sich im Bad die Seele aus dem Leib, und wieso sieht der so fürchterlich aus?»
«Er ... hat sich besoffen und ist gestürzt.»
«Glaub ich nicht.»
Nik gab sich geschlagen. Nelly in diesem Moment irgendwelche Märchen zu erzählen, war schlicht zu kompliziert und zeitraubend. «Er ist gestürzt, als er sich erhängen wollte.»
«Erhängen? Er wollte sich wirklich ... erhängen??»
«Er hatte ein schlechtes Gewissen, kein Wunder.»
Die beiden Verstorbenen gingen zurück zum Bad. Knorr stand inzwischen vor dem Lavabo und spülte sich den Mund. Vieles an ihm war geschwollen, fast alles an ihm leuchtete rot, Augen, Nase, Schläfe, Hals, Wäsche.

Nelly betrachtete ihn angewidert. «Ich will für meine Trauerfeier einen anderen Pfarrer. Die sollen mit mir Mitleid haben und nicht mit ihm.»

Knorr schleppte sich in die Küche, goss Wasser in den Teekocher, schaltete ihn ein, ging zurück ins Wohnzimmer, griff zum Telefon auf dem Buffet und tippte sich im Telefonbuch durchs Menu bis auf dem Display «Polizei» erschien. In diesem Moment klingelte es an der Haustüre. Knorr setzte das Telefon wieder auf die Ladestation, trat ans Fenster, schob langsam den Vorhang ein paar Zentimeter beiseite und spähte diskret hinunter.

Marga Schneider war zurückgekommen. Sie blickte unvermittelt zum Fenster hinauf. Der Pfarrer wich erschrocken zurück, aber sie hatte ihn zweifellos gesehen.

Sie klingelte noch einmal. Knorr machte keine Anstalten, hinunterzugehen und die Türe zu öffnen. Dann erklang das Knarren der Haustüre. Knorr blieb wie erstarrt im Wohnzimmer stehen.

«Herr Pfarrer? Ist alles in Ordnung?», rief Nellys Mutter von der Treppe aus in die Wohnung.

Dann fiel die Haustüre ins Schloss, und kurz darauf ächzte die Treppe. Durch Knorrs Körper ging ein Ruck, und er schlüpfte hinter die halb offene Wohnzimmertüre.

Marga Schneider blieb oben an der Treppe stehen und lauschte. In der Küche gurgelte der Wasserkocher. Sie warf einen Blick hinein, aber die Küche war leer. Marga Schneider sah ins Bad, hielt sich erschrocken die Nase zu und wandte sich ab. Mit

Schweissperlen auf der Stirn betrat sie schliesslich das Wohnzimmer. Sie liess ihren Blick durch den Raum schweifen, sah aber niemanden.

«Jetzt trifft sie dann der Schlag», bemerkte Nelly trocken.

Ihre Mutter drehte sich um und erblickte Knorr. Sie stiess einen spitzen Schrei aus, wich drei Schritte zurück, fiel rücklings über das Clubtischchen, stürzte zu Boden und riss Bücher, Kerze und Fernbedienungen mit.

Nelly lachte. «Wie ein Käfer auf dem Rücken!»

«Sie ist immerhin deine Mutter», sagte Nik befremdet.

Nelly verzog keine Miene.

Marga fand zurück auf die Beine, liess Knorr dabei aber keine Sekunde aus den Augen. Dieser öffnete den Mund, brachte aber nicht einmal ein Krächzen heraus. Ein Schritt in Richtung Marga genügte, und sie schrie auf, humpelte hinaus, stieg so schnell sie konnte die Treppe hinunter und liess die Haustüre ins Schloss donnern.

«Sie hat sich einen Fuss verstaucht», sagte Nik.

Nelly schien das nicht zu kümmern. «Hast du eine Ahnung, an wen sie sich jetzt wenden muss wegen meiner Trauerfeier?»

«Zuerst wird sie hoffentlich die Polizei alarmieren», erwiderte Nik unwirsch.

«Wieso hoffentlich?» Nelly sah ihn verständnislos an. «Erst noch hast du mich angebrüllt, ich sei schuld, wenn die Polizei ins Dorf komme.»

«Weil Sascha, Dušanka und Sheryl in der Waldhütte für Sonja eine Überraschungsparty organisiert haben, und Knorr nun den Auftragsunfall verhindern will.»

Nelly starrte ihn an. «Siehst du, ich habe ja gesagt die sind unschuldig!»

Nik schwieg.

Nun fixierte sie ihn mit ihrem Blick. «Und wieso soll Knorr deinen idiotischen Auftragsunfall verhindern? Gestern hast du noch behauptet, er sei der Drahtzieher!»

Nik blickte zu Boden. «Vorletzte Nacht haben Walter und ich den Auftrag durch eine neue Notiz in der Bibel ersetzt. Knorr glaubt es auch diesmal wieder, Abraham sei Dank. Aber sein Komplize meutert.»

«Ach. Und wer ist das?»

«Genau das ist unser Problem.»

«*Unser* Problem?»

Nik platzte der Kragen. «Hör mal, wegen dir hat Sonja deine Leiche entdecken müssen, also hilf mir jetzt bitte, wenigstens den Anschlag heute Abend zu verhindern!»

Knorr sass inzwischen am Küchentisch, rührte Honig in eine Tasse Tee, hielt die Augen geschlossen und tastete vorsichtig den Adamsapfel ab. Dann versuchte er zu sprechen. Schon das Zuschauen tat weh, Nelly wie Nik sahen weg.

«Wieso schreibt er der Polizei nicht einfach eine SMS, um den Anschlag zu verhindern?», fragte sie kühl.

«Weil sein Komplize sein Smartphone mitgenommen hat», erwiderte Nik genervt, «er könnte höchstens eine Mail schreiben.»

«Gut, und was machen wir jetzt?»

Nik atmete auf. Sie war also dabei. «Deine Mutter wird die Polizei alarmiert haben. Bleib bitte du bei Knorr, bis sie kommt, und ich hole in der *Abendsonne* unser Sprachrohr.»

«Und was, wenn sie die Polizei gar nicht alarmiert hat?»

«Jeder würde die Polizei alarmieren!»

Als Nik die kleine Empfangshalle durchquerte, rief Nelly laut hinunter: «Warte mal!» Sie trat auf die Treppe. «Der glaubt doch nicht ernsthaft, dass sein lieber Gott einen Auftrag gibt und dann wieder zurücknimmt!»

«Abraham sollte ja auch im Namen Gottes seinen Sohn schlachten, und dann hat der das Opfer im letzten Moment abgeblasen. Knorr glaubt diese Geschichten halt. Und wenn du seine Vorgeschichte kennen würdest, dann würdest du ihn verstehen.»

Nik rannte ohne ein weiteres Wort durch die Türe.

«Knorrs Vorgeschichte?», murmelte Nelly. «Ist der jetzt plötzlich dein Freund oder was?»

Mittwoch, 13.30 Uhr

Um halb zwei stürmte Nik die *Abendsonne*. In der Cafeteria waren nur noch zwei Tische besetzt. An einem von ihnen sass Walter mit drei Schalen Tiramisu vor der Nase. Er schien wütend zu sein. Nik trat zu Walter. «Hallo, Walter, antworte leise, sonst denken die Leute, du führst Selbstgespräche.»

«Die andern führen auch Selbstgespräche, also darf ich auch», erklärte Walter.

«Wieso bist du sauer?», fragte Nik.

Walter deutete grimmig auf die Desserts. «Ausgerechnet heute gibt es dieses Geschmier, und jetzt muss ich drei davon aufessen, hättest wirklich schauen können, dass es Apfelstrudel gibt, wenn du schon zaubern kannst.»

«Lass sie doch einfach stehen», antwortete Nik.

Angewidert steckte Walter sich einen Löffel Tiramisu in den Mund. «Man isst, was auf den Tisch kommt.»

«Aber doch nicht drei Portionen!»

Walter deutete mit dem Löffel auf den zweiten besetzten Tisch drüben am Fenster. «Hännes und Röbi und der Affe im Rollstuhl schauen mir genau zu, denen werde ich schon zeigen, dass ich drei Tiramisu essen mag, und wenn ich kotzen muss, bist du schuld, fertig Schluss Amen.»

«Wenn du kotzen musst, lachen sie dich noch mehr aus.»

«Mir egal.»

«Dann musst du dich umziehen.»

«Mir egal.»

«Und Angelina hält sich nur noch die Nase zu, wenn sie dich sieht.»

«Mir egal, Angelina ist sowieso blöd, ausserdem ist sie im Spital vor lauter Erkältung, eine Win-win-Situation.»

«Na, du Plaudertasche, schmeckt's?», rief Hännes schadenfroh. Seine Tischgenossen grinsten genauso hämisch.

«Sieh diesen Tubel einfach nicht an», beschwichtigte Nik, «er ist es nicht wert, dass du ihn beachtest.»

Walter warf Hännes einen grimmigen Blick zu. «Dich Tubel sehe ich gar nicht an, du bist es nicht wert.»

Die drei lachten. «Ach, und wen siehst du denn gerade jetzt an?»

Walter kniff die Augen zusammen. Dann stand er auf, nahm mit jeder Hand eine Schale Tiramisu, hob sie über die Schulter wie ein Kugelstösser und sah drohend zum Nebentisch.

«Wehe, du wagst es», sagte Hännes.

Walter zielte.

«Hör auf!», zischte Nik.

Walter warf die Desserts mit aller Kraft hinüber zu Hännes' Tisch. Eine der Schalen klatschte Hännes auf die Brust, eine riss Röbi die Brille von der Nase.

«Schnell hier raus, Walter, komm mit mir!», rief Nik, doch der Alte schien ihn gar nicht zu hören.

Hännes strich sich mit der flachen Hand das Tiramisu vom Hemd, sprang wütend auf, sodass sein Stuhl nach hinten kippte, ging zu Walters Tisch und klatschte ihm den Inhalt seiner Hand frontal ins Gesicht. «Schön brav aufessen, das gehört dir.»

Walter rieb sich die Augen frei und trat Hännes mit seinem Fuss ans Schienbein. Röbi stand nun ebenfalls auf und kam zu Walters Tisch. Zwei weitere Senioren, die die Cafeteria soeben betreten hatten, strahlten vor Freude über die willkommene Abwechslung und krempelten ihre Ärmel hoch. Nik schnaubte.

Bis um fünf waren es nur noch dreieinhalb Stunden. Er ballte die Fäuste und rannte los.

Mittwoch, 13.30 Uhr

Mit glasigem Blick sass Knorr im Trainer am Schreibtisch und tippte mit dem Zeigefinger der linken Hand hilflos auf der Tastatur herum. Hinter ihm stand Nelly, sah auf den Bildschirm und buchstabierte aufgeregt mit. «Heute 16.50 Mordanshlag in».

Knorr hielt inne. Nelly sah, wie sein schwer in Mitleidenschaft gezogener Adamsapfel zu zucken begann. Mit schmerzverzerrtem Gesicht stand er auf und lief zur kleinen Gästetoilette neben der Garderobe. Sie steckte sich die Zeigefinger in die Gehörgänge und blieb vorsichtshalber in der Schreibstube.

Nach einer Weile streckte sie dann doch den Kopf aus der Türe und riss die Augen auf. In der Halle standen Pietro und Eric, zwei der Notfallsanitäter aus dem Spital. Nelly sah, wie die beiden einen sehr kurzen Blick in die Gästetoilette warfen und dann beschlossen, den Pfarrer vorerst nicht zu belästigen.

«Wo ist die Tante, die uns angerufen hat?», fragte Eric.

Pietro zuckte mit den Schultern. «Woher soll ich das wissen.»

Während Eric die Trage holte, beruhigte Knorrs Magen sich etwas. Pietro reichte ihm ein Handtuch. Der Pfarrer spülte sich den Mund und schleppte sich erschöpft aus der Toilette. Dann hoben ihn die beiden Sanitäter auf ihre Trage und schoben ihn in den Krankenwagen, ohne weiter auf sein wildes Gestikulieren zu achten.

Nelly tigerte verzweifelt hinter dem Wagen herum. Hatte Nik «bleib hier» oder «bleib bei Knorr» gesagt? Knorr war der Einzige, der seinen Handlanger kannte. Sie durfte ihn nicht aus den Augen verlieren. Vielleicht fand er im Spital in Hardstadt eine Möglichkeit, seine Warnung abzugeben.

Kurz bevor Eric die Hecktüre zuzog, sprang Nelly noch in den Krankenwagen. Dort musste sie entsetzt zusehen, wie Eric seinem Patienten eine Infusion legte, die ihn bestimmt wieder für längere Zeit versenken würde, während Pietro am Smartphone die Polizei zum Pfarrhaus aufbot. Dann machten sie sich auf den Weg nach Hardstadt. Nelly setzte sich in Fond des Krankenwagens auf den Boden und schloss die Augen.

Mittwoch, 14.20 Uhr

Als Nik das Polizeiauto vor dem Pfarrhaus erblickte, tat er vor Erleichterung einen Satz. Mit McKee sprechen konnte Knorr nicht, aber vielleicht sass er vor dem Computer und tippte eine Warnung, während sie ihm über die Schulter blickte.

Die Türe zur Schreibstube stand tatsächlich offen, doch der Raum war leer.

«Nelly, wo seid ihr?», brüllte Nik und nahm zwei Treppenstufen auf einmal.

Niemand antwortete ihm.

McKee stand im Eingang zum Bad und betrachtete die unappetitlichen Spuren, den blutigen Talar, den vollgekotzten Bademantel und eine leere Pillenschachtel.

Aus dem Schlafzimmer trat Korporal Abgottspon. «Das Bett sieht schlimm aus», strahlte er, «echt schlimm.»

McKee nickte und stieg in den Estrich hinauf, Abgottspon seinerseits ging ins Wohnzimmer und studierte das umgeworfene Clubtischchen und das Chaos am Boden. Kurz darauf rief eine Stimme vom Parterre herauf: «Ich habe was.»

Nik ging hinunter, McKee und Abgottspon kamen ebenfalls. In der Schreibstube stand ein kleiner Polizist mit unregelmässig geschnittenen Koteletten und deutete auf den Monitor.

«Der Computer war im Ruhezustand.»

«Heute 16.50 Mordanshlag in», las Abgottspon und drehte sich aufgeregt nach McKee um. «Eine Warnung an uns, vielleicht vom Pfarrer, er muss unterbrochen worden sein! Ganz schön was los in diesem Kaff!»

Nik biss sich auf die Lippe. Mit dieser halben Warnung konnte die Polizei wohl nichts anfangen. Er warf noch einen Blick in den Turm und in die Kirche, fand aber auch hier keine Spur von Nelly und Knorr. Entweder befand Knorr sich in der Hand seines unbekannten Komplizen, oder er versuchte, sich selber in die Waldhütte zu kämpfen, um das Desaster abzuwenden. Das schaffte er doch nie. Womöglich lag er irgendwo halbtot im Wald im Schnee, und Nelly stand daneben und heulte.

Nik rannte ins Freie und atmete ein paar Mal tief durch. Das Gleissen des Schnees blendete ihn, und es dauerte einen Augenblick, bis er die Zeit an der Turmuhr ablesen konnte. Es war kurz vor halb drei.

Mittwoch, 14.25 Uhr

«Wir haben mehrere blutende Nasen, ein paar Quetschungen, einen umgekippten Rollstuhl, eine zerbrochene Brille, eine zertretene Zahnprothese und dazu eine heftige Bisswunde. Walters Perücke haben sie mit Tiramisu schamponiert, und die Beule auf seinem Betonschädel tut schon beim Betrachten weh.» Die Heimleiterin zählte die Schäden an ihren Fingern ab, gab sich aber Mühe, nicht vorwurfsvoll zu klingen. «Wissen Sie, dass jemand in den Tagen nach dem Eintritt unsere Institution ein wenig in Aufruhr versetzt, kommt vor, aber am dritten Tag mit Desserts um sich zu werfen und eine solche Schlägerei anzuzetteln ...»

Sonja wirkte zerknirscht, aber Sheryl sah die Heimleiterin scharf an, die sofort zuckersüss fortfuhr: «Selbstverständlich ist das nicht Ihre Verantwortung, Frau Hofmann, ich dachte nur dass ... Sie es schätzen würden, wenn ich Sie informiere. Das Beruhigungsmittel hat er übrigens widerstandslos geschluckt, wie alles, was man ihm als Mutters Medizin anbietet, danke für Ihren Tipp.»

Sheryl nickte zufrieden, und die Heimleiterin entspannte sich.

«Lass uns später mit Lassie vorbeischauen», sagte Sonja, als sie wieder auf dem Heimweg waren. «Wenn er wach ist, mag er sicher auf die Hunderunde mitkommen.»

Sheryl nickte.

«Eine Schlägerei hat er auch noch nie angezettelt», fuhr Sonja nachdenklich fort. «Irgendetwas geschieht mit ihm. Die Art und Weise, wie er bei der Befragung geschwindelt hat – so was von clever. Kann das Intuition sein?»

Sheryl zuckte etwas ratlos mit den Schultern. «Ich habe keine Ahnung.»

Mittwoch, 15.30 Uhr

«Brennt nicht sehr überzeugend», brummte Sascha und betrachtete das dünne Flämmchen im Cheminée, das um sein Überleben kämpfte.

Dušanka stand mit einem Luftballon in der Hand auf einem Stuhl und blickte einem staubigen Hirsch in die Glasaugen.

«Janosch sagt, je nach Luftdruck und Wind zieht ein Ofen besser oder schlechter.»

Die Türe ging auf, Janosch trat ein.

«Wow», rief Dušanka und stieg vom Stuhl.

«Landrover mit Ketten», sagte Janosch und streckte den Daumen in die Höhe. «Helft mir ausladen, ich sollte schon wieder weg sein. Es sind jetzt doch sechs Rechauds.»

Nik stand auf dem Waldweg und krümmte sich. Der Seitenstecher stach natürlich wieder genau dann zu, wenn er sowieso keine Zeit hatte, um ihn loszuwerden. Typisch. Er war froh um die breiten Reifenspuren, die den fast kniehohen Schnee auf dem Waldsträsschen zerschnitten. Die stammten eindeutig von Janoschs Landrover, der hatte bestimmt Futter und Tränke in die Waldhütte gebracht, womöglich unterwegs Knorr aufgegabelt. Also weiter.

Kaum hundert Meter weiter musste Nik erneut pausieren, die Seite stach nun dermassen, dass er kaum mehr atmen konnte. Es dauerte eine geschlagene Viertelstunde, bis er den restlichen Weg zurückgelegt hatte.

Es war tatsächlich Janoschs Landrover, der vor der Waldhütte stand. Nik sah eben noch, wie der Mann einstieg. Kurz darauf rasselte er auf seinen Schneeketten an Nik vorbei. Er sass allein im Wagen.

Mit glühendem Kopf betrat er zwei Minuten später die Waldhütte. Dušanka war dabei, die Holztische mit Wegwerftischtüchern aus rotem Krepppapier einzupacken, Sascha füllte den Kühlschrank mit Getränken. Sie schienen keine Ahnung zu haben, was auf sie zukam. Knorr war also mit Sicherheit nicht hier gewesen. Nik setzte sich auf einen der alten Holzstühle, gönnte seiner Lunge eine Pause, stützte seinen hämmernden Kopf in die Hände und versuchte, bei Bewusstsein zu bleiben. So musste Nelly sich beim Joggen gefühlt haben.

Wieder warf Sascha einen missmutigen Blick auf das kümmerliche Feuer im Cheminée.

«Halb so wild», sagte Dušanka, «wir haben ja noch eine Stunde. Überhaupt, wenn die Rechauds brennen und die Leute da sind, wird es von selber heiss.»

Es dauerte, bis Nik wieder einen klaren Gedanken fassen konnte. Weder war Knorr hier gewesen, noch wusste die Polizei Bescheid. Der Pfarrer befand sich also wohl in der Hand seines Komplizen. Nik schloss für einen Moment mutlos die Augen. Dann raffte er sich auf und ging los, zurück ins Dorf. Er zwang sich, nicht zu rennen, um Seitenstecher und Lunge nicht unnötig zu provozieren. Er hatte nur noch eine Stunde Zeit und er hatte nur noch eine Chance: Walter musste die Polizei über die halbe Warnung auf dem Computer aufklären. Gehauen oder gestochen.

Mittwoch, 15.35 Uhr

McKee und Abgottspon starrten auf den zerbrochenen Klappstuhl, die Blutspuren und das Seil, das vom Glockenstuhl herunterhing.

«Biete die Spurensicherung auf», sagte McKee, «der wollte sich aufknüpfen.»

«Und wenn es versuchter Mord war?», erwiderte Abgottspon eifrig.

McKee blickte ihn fragend an.

«Könnte es nicht die Mutter von Nelly Orsini gewesen sein?», frohlockte er.

McKee schüttelte den Kopf. «Die Orsini ist zierlich und 1,70, der Pfarrer 1,90. Ausserdem war ja sie es, die die Sanität gerufen hat.»

«Hast du nicht gesagt, sie halte nichts von Religion und wolle keine Trauerfeier?»

«Ja, und?»

«Wieso war sie denn im Pfarrhaus?»

«Das weiss ich doch nicht. So durchgeknallt, wie sie ist, durchläuft sie alle zehn Minuten einen Sinneswandel.»

«Trotzdem sollten wir jeder Spur nachgehen!»

Die beiden verliessen die Kirche durch den Seiteneingang. McKee trat in die Sonne, schloss die Augen und blies Dampfwölkchen in die kalte Luft.

Abgottspon setzte sich die Sonnenbrille auf und zündete sich eine Zigarette an. «Versuchter Mord, sage ich, auch wenn's nicht die Orsini-Mutter war. Du weisst, wie das läuft; die Täterschaft hält den Pfarrer für tot und ergreift die Flucht. Der Pfarrer erwacht. Schleppt sich ins Haus. Kann nicht telefonieren. Will auf dem Bildschirm vor dem nächsten Mord warnen. Und wird von der Orsini-Mutter unterbrochen, die den Krankenwagen bestellt.»

McKee behielt die Augen geschlossen. «Und wieso sollte jemand den Pfarrer strangulieren?»

«Vielleicht weil er ihn mundtot machen wollte. Weil der zu viel wusste. Zum Beispiel über den Mord an Orsini. Vielleicht hatte der Pfarrer ihn ertappt.»

McKee lachte. «Ein Serienmörder im Dorf und der Pfarrer ein Hobbydetektiv, bravo, Gotti, Hauptsendezeit.»

Abgottspon verzog das Gesicht. Er hasste es, Gotti genannt zu werden. McKee blinzelte.

«Come on, Gotti, das war viel einfacher. Der Pfarrer war ja zugedröhnt. Der hat nach seinem misslungenen Suizid vom Tod halluziniert, dann kam ihm die Ermordung von Nelly Orsini in seinen verwirrten Geist, und er tippte halb umnachtet eine Mordwarnung in seinen Computer.»

«Das findest du glaubhafter?», erwiderte Abgottspon beleidigt. «Und wieso soll ein Pfarrer sich umbringen? Damit er früher in den Himmel kommt?»

McKee zuckte mit den Schultern. «In Irland hatte ich einen Priester, der sich für alles und jedes verantwortlich fühlte. Wenn eins von seinen Schäfchen sich umgebracht hätte, dann hätte er das auch nicht verkraftet. However, sehen wir uns mal nach der Schneider um.»

Mittwoch, 16.00 Uhr

Walter stand in der kleinen Toilette neben seiner Kammer vor dem Spiegel und schimpfte mit der Beule auf seiner Stirn. Anschliessend pinkelte er in Richtung Toilette, wusch sich die Hände nicht und fuhr sich über die Glatze. Die Perücke war in der Reinigung, hoffentlich roch sie nachher nicht mehr nach Tiramisu.

«Walter?»

Er schoss herum.

Sonja blinzelte durch einen Türspalt. «Entschuldige, ich habe geklopft, aber du hast mich nicht gehört. Hast du dein Mittagsschläfchen gehalten?»

Walter trat heraus. «Nein, ich es habe es probiert, aber ich habe Kopfweh», murrte er, «Hännes ist schuld, ganz allein nur Hännes.»

«Ja, er ist ein Garstiger. Und zur Strafe darf er überhaupt gar nicht mitkommen, sogar wenn er ganz fest will!»

«Wohin?»

«Auf eine lange schöne Runde im Winterwald, mit Lassie und mir. Frische Luft ist gut gegen Kopfweh. Meine Mutter ist auch noch dabei, aber sie ist ja auch nett, nicht wahr? Und wenn wir uns jetzt auf den Weg machen, siehst du noch die letzten Sonnenstrahlen.»

Sheryl und die Heimleiterin standen im Foyer.

«Wir bringen Walter spätestens um zehn Uhr zurück», sagte Sheryl, «es gibt ein Fondue in der Waldhütte, die Geburtstagsüberraschung für Sonja.»

Die Heimleiterin nickte demonstrativ entzückt. «Wunderbar, da wird sich Herr Jakob sicher sehr freuen!»

Mit stolz erhobener Glatze kam Walter die Treppe hinunter, gefolgt von Sonja.

«Wollen Sie nicht eine Zipfelmütze mitnehmen, Herr Jakob, jetzt, wo die Perücke noch in der Reinigung ist?», flötete die Heimleiterin.

Walter würdigte sie keines Blickes und marschierte mit durchgestrecktem Rücken durchs Foyer und den Haupteingang hinaus in den Schnee, wo Lassie ihn freudig begrüsste.

«Also los», sagte Sheryl zufrieden und sah auf die Uhr. «Das wird ein unvergesslicher Spaziergang.»

Sonja lächelte.

Mittwoch, 16.20 Uhr

Nik lief in der *Abendsonne* ein und warf einen Blick in die Cafeteria. Walter war nicht da. Schwer schnaufend und mit einer dumpfen Ahnung im Gemüt stieg er die Treppe hinauf in den Estrich. Seine Ahnung bestätigte sich, Walters Zimmer war leer. Er war also tatsächlich im Spital oder mindestens beim Arzt. Kein Wunder, nach dieser Schlägerei.

Nik fühlte sich wie ein Ballon, dem die Luft ausging. Mit einem letzten Rest von Hoffnung ging er in den Keller. Vielleicht hatte er ja Glück, und Walter wartete in der Lingerie auf seine Perücke. Aber er fand nicht einmal eine Lingerie, geschweige denn Walter.

Als Nik durch das Foyer lief, zeigte die Uhr beim Haupteingang fünf vor halb fünf. Er trat ins Freie, wischte sich wütend ein paar Tränen aus den Augen und machte sich auf zur Waldhütte. So machtlos wie jetzt hatte er sich noch nie gefühlt. Er hatte Angst vor dem, was ihn erwartete.

Mittwoch, 17.00 Uhr

Es hatte eingenachtet. Der Himmel war klar und die Luft prickelnd kalt. Die Birken trugen teilweise noch Laub und bogen sich unter der Last des frühen Schnees. Da und dort waren Äste abgebrochen.

Schon nach wenigen Metern auf dem Waldweg fielen Sonja die ungewöhnlich vielen Fuss- und vor allem die beiden Reifenspuren auf. Die Letzteren stammten bestimmt von Janoschs Jeep. Und der hatte sicher Partymaterial in die Waldhütte gefahren. Sonja stiess ihrer Mutter sanft die Faust in die Seite und grinste.

Eine Wegbiegung vor der Waldhütte spitzte Lassie die Ohren und raste davon. Walter sprang ihr hinterher. Sekunden später gellte sein Schrei durch den Wald. «Es brennt!»

Als Sheryl und Sonja die Wegbiegung erreicht hatten, blieben sie überrascht stehen. Vor der Hütte steckten grosse Fackeln im Schnee, die lodernden Flammen zauberten ein lebendiges Licht auf die tief verschneite Lichtung. Sonja betrachtete die Szenerie. Ihre Augen füllten sich langsam mit Tränen. Dann fiel sie Sheryl um den Hals und begann zu weinen.

Ihre Mutter drückte sie an sich. «Alles Gute zum Geburtstag.»

Nach einer Weile riss Sonja sich los. Sie lachte ihr wohltuendes, ansteckendes Lachen, schoss mit Sheryl und der Hütte im Hintergrund ein Selfie und postete es auf Instagram.

Als Sonja, Sheryl und Walter schliesslich die Hütte betraten, schlug ihnen ein solches «Happy Birthday» entgegen, dass Lassie aufjaulte und Walter sich entsetzt die Zeigefinger in die Ohren stopfte.

Mittwoch, 17.10 Uhr

Mehr als einmal musste Nik auf dem Waldweg stehen bleiben, um zu husten und um den Seitenstecher unter Kontrolle zu bringen. Wozu überhaupt rennen? Ohne Walter konnte er sowieso nichts ausrichten.

Als die Waldhütte mit den Fackeln in Sichtweite kam, wurde er wieder nervös. Er betrat die Blockhütte. **Ein paar Dutzend zumeist junger Leute standen mit Bierflaschen, Weissweingläsern und Energydrinks in der Hand herum, lachten, plauderten, prosteten sich zu und drückten Sonja Küsschen auf die Backen.** Die Musik war grauenvoll, aber wenigstens nicht so laut. Sonja hatte doch vernünftige Seiten von ihm geerbt.

Auf einem der regelmässig gezückten Smartphones las Nik die Uhrzeit ab. Es war Viertel nach fünf. Eigentlich musste doch das Attentat bereits geschehen sein. Hatte Walter beim Eintrag in die Unfallliste wirklich «16.50 Uhr» geschrieben? Vielleicht war der unbekannte Attentäter verspätet. Oder etwas hatte ihn an der Ausführung gehindert. Oder er hatte angesichts der vielen Leute Skrupel bekommen. Vielleicht vielleicht vielleicht. Vielleicht blieb das Desaster aus. Hoffentlich.

Der verstorbene Vater des Geburtstagskindes begann, sich die Gäste genauer anzuschauen. Unter Umständen befand sich der unbekannte Täter ja unter ihnen. Niks Coiffeurblick würde ihn erkennen. Allerdings entdeckte er nur wenige bekannte Gesichter. Nik fühlte sich fremd. Er hatte keine Ahnung von Sonjas Leben gehabt. Und er hatte es nicht einmal gemerkt.

Die meisten waren in Sonjas Alter. Mehrere Jugendliche sprachen Hochdeutsch. Sonja hatte nie viel erzählt, wenn sie aus München zurückgekommen war. Nik schluckte leer. Er hatte wohl auch kaum nachgefragt.

Und dann entdeckte er Walter. **Ohne Perücke auf dem Kopf stand er mit dem Rücken zur Party an der Durchreiche in die Küche und fütterte Lassie und sich selber mit Erdnüsschen.**

«Walter!», rief Nik erlöst.

Dieser hielt kurz inne, kaute dann aber ungerührt weiter.

«Das ist ja super, Walter», drosselte Nik seine Stimme, «ich wusste gar nicht, dass du auch eingeladen bist, wieso hast du denn nichts gesagt?»
Walter zeigte keine Reaktion.
«Nicht wahr, du erinnerst dich doch, dass heute Abend noch ein Unfall passiert? Du bist der Einzige, der das schreckliche Unglück noch verhindern kann!»
Der beste Assistent der Welt wechselte von Erdnüsschen zum Apérogebäck.
«Hännes war wirklich gemein.»
Keine Reaktion.
Nik presste die Lippen zusammen und trat vor die Hütte. Wenn Walter beleidigt war, brauchte er Zeit. Es kam Nik bestimmt noch etwas in den Sinn, mit dem er ihn weichklopfen konnte. Allerdings wusste er ja selber nicht, wonach er eigentlich Ausschau hielt. Einen Unbekannten mit einem Gewehr würde er kaum entdecken.

Dušanka hing mit fünf oder sechs andern auf der geräumten Veranda an der Holzbrüstung vor dem Aschenbecher, umgeben von jener süsslichen Duftwolke, die Nik an sein erstes Mal erinnerte. Dass es sich damals nicht um irisches Parfum gehandelt hatte, hatte er erst begriffen, als Sonja schon in den Kindergarten ging.

Er sah sich um. Der Schnee vor der Hütte sowie auf dem Weg war festgetreten. Auf der übrigen Schneedecke waren nur vereinzelte Spuren von Hunden oder Wildtieren zu erkennen. Er lief ein Stück auf dem Waldweg in Richtung der Scheiterbeige, drehte sich um und liess seinen Blick über die Lichtung mit der Hütte schweifen. Hier unerkannt ein Attentat auf zwei Gäste auszuüben, war unmöglich. Auf dem Rückweg zur Hütte entdeckte Nik im Halbdunkel eine Spur im Schnee. Sie führte vom Waldweg aus im rechten Winkel in die Bäume hinein, war halb zugeschneit und stammte mit Sicherheit nicht von heute. Trotzdem war zu erkennen, dass hier jemand in grossen Stiefeln durch den Schnee in den Wald gewatet war.

Nik folgte der Spur. Sie führte 20 Meter in den Wald hinein, machte dort in einem grossen Bogen kehrt und endete an der Rückwand der Blockhütte.

Nik trat bis zur Wand und sah dann nach oben. Auf dem Dachüberhang fehlte ein Stück der Schneekrempe. Er trat ein paar Schritte zurück. Da musste jemand aufs Dach gestiegen sein, wahrscheinlich mit der Leiter aus dem Stauraum der Hütte. Seltsam. Dachdecker oder Kaminfeger kamen ja nicht im Winter.

Dann entdeckte Nik neben sich unter der frischen Schneeschicht einen weiteren Abdruck, rund und so gross wie ein Putzeimer. Doch ein Kaminfeger? Wohl kaum. Dafür brannte das Cheminée zu schlecht. Der lange Kamin der Waldhütte zog ja selbst bei Föhn und Bise hervorragend, und … Nik stutzte. Wieder begann sein Puls zu jagen. Er riss seinen Blick vom Abdruck im Schnee los und lief zurück in die Hütte.

Tatsächlich, der Ofen zog kein bisschen besser als am Nachmittag. Das konnte nur eins bedeuten: Im Kamin steckte ein Gegenstand. Nik war unschlüssig, was er davon halten sollte. Ein verstopfter Kamin provozierte allenfalls ein paar Hustenanfälle, brachte aber noch keinen um.

Eine Weile stand Nik ratlos im Raum, dachte nach, sah dem Treiben zu. Sonja war gut gelaunt, lachte mit Sheryl und flirtete mit Sascha, bis dieser sich schliesslich von ihr löste, sein Glas auf die Buffettische stellte und anfing, die Gasrechauds auf den Tischen anzuzünden. Beim Anblick der ersten Flamme schoss Nik ein Gedanke durch den Kopf.

Kaum eine halbe Minute später stand er hinter der Hütte und betrachtete den halb verschneiten runden Abdruck. Kein Zweifel, der stammte von einer Propangasflasche.

Mittwoch, 17.30 Uhr

Nik raste in die Hütte und brüllte: «Walter! Die Hütte explodiert, du musst alle Gäste hinausscheuchen!»
Walter kaute unbeeindruckt weiter.
Dafür sagte eine andere Stimme: «Wieso soll die Hütte explodieren?»
Nik wirbelte herum und schnaubte. «Wo bist du gewesen?»
«Bei Knorr, wo denn sonst», antwortete Nelly missmutig, «du hast ja gesagt, ich soll bei ihm bleiben, sie haben ihn ins Spital gefahren, und ich sage dir was, ein kleines Dankeschön wäre an dieser Stelle das Mindeste.»
«Dankeschön, Nelly, im Kamin steckt eine Propangasflasche, Walter muss die Leute hinausscheuchen, aber der sture Bock ignoriert mich, sprich du mit ihm!»
Nelly sah Nik in die Augen. Dann schüttelte sie den Kopf. «Jetzt bist du definitiv hinüber.»
Nik deutet auf das Cheminée. «Siehst du dieses lausige Feuer? Du weisst doch, wie super dieser Kamin normalerweise zieht! Komm mit!»
Widerwillig folgte Nelly ihm hinter die Hütte. Beim Betrachten des Abdrucks wurde sie unsicher.
«Da drin sind 30 Leute!», sagte Nik beschwörend, «und wenn du jetzt zögerst ...»
«Kein Mensch wird Walter glauben, wenn er von einer Gasflasche im Kamin faselt.»
«Dann soll er eben nicht von einer Gasflasche faseln, ist doch egal, was er erzählt, bring ihn dazu, die Leute hinauszubekommen!»
Nelly schien nicht wirklich überzeugt. Zurück in der Hütte warf sie einen Blick auf das kleine Feuer. «Diese Gasflaschen sind doch aus Metall, das braucht ein grösseres Feuer bis so eine explodiert.»
«Aber vielleicht kann man das Ventil irgendwie manipulieren, was weiss ich.»

Nelly dachte eine Weile nach. Dann ging sie auf Walter zu. «Hoi, Walter, wie schön, dass du auch da bist, ich bin's, Nelly!»

Walter drehte sich irritiert um und liess seinen Blick über die Gäste schweifen.

«Du kannst mich doch nicht sehen, Walter, ich bin doch tot.»

Walter nickte. «Ach so, ja, ich Birne. Zum Glück gibt es kein Tiramisu.»

«Walter, ich habe eine Idee. Hast du für Sonja schon ein Geburtstagsgeschenk?»

Walter überlegte. «Verflixt», sagte er nach einer Weile.

«Ich hätte eine Idee», rief Nelly ihm ins Ohr. «Sonja hat alles, was sie braucht. Aber sie liebt gemeinsame Erlebnisse wie zum Beispiel eine Schneeballschlacht.»

Walter dachte konzentriert nach. «Gute Idee», sagte er. «Nach dem Essen.»

«Nein, vor dem Essen.»

«Nein, nach dem Essen.»

«Nach dem Essen sind alle so satt und voll, dass sie gar nicht mehr rauskommen wollen, und dann ist deine ganze tolle Idee vergebens, und du hast überhaupt kein Geschenk für Sonja.»

Walter reckte die Brust. «Kannst Nik ausrichten, dass ich jetzt dein Assistent bin und nicht mehr seiner, er kann mir in die Schuhe blasen.»

«Mach ich; also los, fangen wir an, ich weiss auch schon wie. Ich gebe dir Kommandos, du führst aus, wir zwei sind ein super Team, viel besser als Nik und du, nicht wahr?»

Nik sah Nelly missbilligend an. Walter hingegen nickte heftig und reckte die Brust.

Er ging zur Garderobe, zog Jacke, Zipfelmütze und Handschuhe an, trat auf die Veranda und sprang die drei Stufen in den Schnee hinunter.

Dušanka streckte ihm ihren Joint entgegen und grinste. «Willst einen Zug?»

«Rauchen gibt eine schwarze Lunge», sagte Walter, ohne sie anzuschauen.

Die Teenager lachten.

Zehn Meter von der Hütte entfernt griff Walter in den unberührten Schnee und begann, Schneebälle zu pressen.

«Müssen wir uns fürchten?», rief Dušanka.

«Ja, denk!», entgegnete Walter.

Nach zwei Minuten hatte er ein ordentliches Arsenal beieinander. Er sah hinüber zu Dušanka und ihren Freundinnen und begann sein Bombardement. Die ersten Schneebälle flogen ins verschneite Hinterland. Dann klatschte ein erster Treffer auf eine der Fensterscheiben. Sheryl öffnete die Tür und blickte hinaus, eine der Raucherinnen sah zur Tür, drehte sich wieder um und bekam prompt einen Schneeball an den Kopf.

Als Dušanka grinsend und mit dem Joint im Mund von der Treppe stieg, um den Gegenangriff zu starten, flog eins von Walters Geschossen haarscharf an Sheryls Kopf vorbei durch das offene Fenster in die Hütte mitten in die Menge. Ein Schrei erklang, gefolgt von lautem Gelächter.

Fünf Minuten später tobte vor der Blockhütte eine wilde Schlacht.

Nik sah aufgeregt zu. Hin und wieder hatte Nelly wirklich gute Ideen. «Sind alle draussen?»

«Weiss ich doch nicht.» Nelly wandte sich Walter zu. «Walter, geh bitte in die Hütte und sieh nach, ob noch jemand drin ist, aber du musst schnell sein.»

Nelly und Nik folgten Walter in die Hütte. Nik warf einen besorgten Blick auf das Cheminée. Nur Sascha war noch im Raum, er ging von Tisch zu Tisch und reduzierte die Flammen der Rechauds.

«Sag ihm, dass Sonja draussen seine Unterstützung braucht», sagte Nelly zu Walter. Dieser tat wie geheissen. Sascha drehte beim letzten Rechaud die Flamme hinunter und trat dann tatsächlich hinaus.

«Super Walter», lobte Nelly, «und jetzt raus hier.»

Auch Walter hüpfte zufrieden hinaus und warf sich wieder in die Schlacht. Nik und Nelly standen daneben und beobachteten die Hütte.

«Was, wenn die Hütte nicht explodiert?»

Nik schwieg.

«Die werden nicht ewig draussen bleiben», hakte Nelly nach.

«Das weiss ich selber», zischte Nik. «Der Schlüssel hängt an einem Nagel neben der Türe zur Abstellkammer.»

Nelly sah ihn entgeistert an. «Du willst alle aussperren?» Es war zwecklos, Nik zu widersprechen. Sie wandte sich Walter zu. «Walter, du solltest die Türe absperren, nicht dass noch jemand das Essen stiehlt, während alle draussen sind.»

Eine Minute später hatte Walter die Hütte abgeschlossen, den Schlüssel eingesteckt und war in die Schlacht zurückgezogen.

Je länger sie dauerte, desto mehr Zweifel überfielen Nik. Hatte er sich schon wieder alles nur eingebildet? Hatte bei seiner Logik eine Selbstauflösung begonnen?

Inzwischen war die Schlacht in einen Kampf aller gegen alle ausgeartet. Sascha wollte in die Hütte, um seine Kamera zu holen, doch die Türe war verriegelt. Er rüttelte an der Türfalle und rief dann Sheryl. «Klemmt die Tür, oder hat jemand abgeschlossen?»

«Vielleicht bereitet jemand eine Überraschung vor», sagte Sheryl, «geben wir ihr oder ihm noch zwei Minuten.»

Nik starrte gebannt auf die Hütte und biss auf seiner Unterlippe herum. Die Hütte war massiv, ein Blockbau aus dicken Stämmen. Die würden wohl nicht gleich herumfliegen. Nun näherte Sascha sich nochmals der Türe. Nik verkrampfte sich.

«Mach auf, du Spassvogel», rief Sascha durch die geschlossene Türe, «uns ist kalt, und jemand sollte auf die Toilette.»

Im selben Moment entdeckte Nik, dass das dritte Fenster von links, durch das Walters erster Schneeball geflogen war, nicht abgeschlossen war. Sekunden darauf sah Sascha es ebenfalls.

Er war bereits mit einem Bein in der Hütte, als Walter unvermittelt die Hände zu einem Trichter formte und aus Leibeskräften brüllte: «Die Hütte fliegt in die Luft!»

Die Schneeballschlacht kam abrupt zum Ende, der alte Mann hatte die ganze Aufmerksamkeit.

«Im Kamin steckt eine Propangasflasche!», schrie er so laut, dass es auf der Lichtung trotz des Schnees auf den Bäumen hallte.

Sascha runzelte die Stirn, kletterte aber doch wieder hinaus und stieg von der Veranda. Die Teenager starrten den verrückten Alten entgeistert an. Sonja realisierte sofort, dass seine Verzweiflung echt war.

«Wie kommst du denn darauf, Walter?»

Er schwieg, als ob er sie gar nicht hören würde.

«Walter?»

Walter nickte und sah auf. «Ich … habe ein Geräusch gehört und … der Kamin zieht miserabel, obwohl es windstill ist.»

Dušanka kicherte.

Sonja sah Sascha an. Dieser zuckte mit den Schultern. «Ja, er zieht schlecht, aber wohl kaum wegen einer Gasflasche.»

Sonja wandte sich wieder Walter zu. «Woher weisst du von einer Gasflasche?»

«Es hat hinter der Hütte eine Spur, aber nicht nachsehen, geht lieber weiter von der Hütte weg.»

Nun schnitt Sascha eine Grimasse und ging zur Veranda.

«Walter!», rief Nik, «du musst ihn aufhalten, er hat dich die Treppe hinuntergeschubst, jetzt ist es Zeit, dass du ihn zur Strafe in den Schnee tauchst!»

Ein grimmiges Lächeln überzog Walters Gesicht. Sekunden später riss er Sascha vom Rand der ersten Treppenstufe der Veranda in den Schnee.

«Aufhören, Walter!», schrie Sonja.

Sascha lag auf dem Rücken im Schnee. Walter setzte sich auf seinen Bauch und strahlte. Dann legte Sascha seine flache Hand auf Walters Beule auf der Stirn und schob ihn langsam hoch. Walter brüllte vor Schmerz und sprang von Sascha herunter. Der erhob sich, wischte sich den Schnee von den Kleidern, betrat die Veranda und stieg durch das Fenster in die Hütte. Unterdessen zog Dušanka dem heulenden Walter den Hüttenschlüssel aus der Hosentasche.

Doch noch bevor sie selber die Türe der Hütte von aussen öffnen konnte, riss Sascha sie von innen auf. «Weg von der Hütte, im Kamin zischt etwas!»

Er sprang von der Veranda in den Schnee, Dušanka sprang hinterher. Die Teenager wichen erschrocken zurück. Nik stand unter Strom. Alle Blicke waren auf die Hütte gerichtet. Einige hatten ihre Smartphones auf die Hütte gerichtet. Auch Sascha starrte die Hütte an.

Nichts geschah.

Irritiert wandte Sascha sich Sonja zu. «Ich dachte wirklich, ich höre etwas zischen. Hat mich der Alte jetzt auch schon dermassen konfus gemacht?»

Er tat zwei Schritte zur Hütte. Dann gab es einen ohrenbetäubenden Knall. Aus dem Kamin schoss eine meterhohe Flamme. Die Fensterscheiben zersplitterten, ein Feuerstoss donnerte durch alle Fenster nach draussen, Sascha flog rückwärts in den Schnee. Die Jugendlichen kreischten erschrocken auf, die vordersten wichen zurück und rissen die zu Boden, die hinter ihnen standen. Lassie zog den Schwanz ein und jagte davon. Vom Dach flogen Ziegel und Kaminsteine. Die Flammen zischten wieder in den Innenraum zurück, als ob jemand sie hineinziehen würde. Dann begannen sie, die Hütte von innen her aufzufressen.

Sonja starrte Walter an.

Nik stand daneben und heulte, dass es ihn nur so durchschüttelte.

Mittwoch, 18.25 Uhr

Tara McKee sass vor ihrem Laptop, die Finger auf der Tastatur, und wartete darauf, dass Marga Schneider irgendetwas von sich gab, das das Geschehen im Pfarrhaus auch nur halbwegs erklärt hätte, doch ihr Geplätscher machte keinen Sinn.

«Wissen Sie, dass der Pfarrer schwer verletzt und bewusstlos im Spital liegt, lässt mich selbstverständlich überhaupt nicht kalt, wirklich, meine Gedanken sind ganz bei ihm und seinen Angehörigen, und wichtig ist jetzt nur eines, nämlich, wo bekomme ich einen Ersatzpfarrer her.»

Ein Polizist riss die Türe auf. «In Birkweil brennt die Blockhütte, eine Teenagerparty, Feuerwehr ist unterwegs, Sanität auch, wenige Leichtverletzte.»

Marga Schneider gab ein leises Quiecken von sich.

McKee sah ihren Kollegen an. «Lass mich raten: die Geburtstagsparty von Sonja Hofmann?»

«Menschenskind, woher weisst du das?»

McKee seufzte. «Weisst du etwas über die Brandursache?»

«Eine Gasflasche im Kamin, vermutete die Anruferin, aber nüchtern war die nicht.»

McKee erhob sich. «Ruf Gotti an, er soll zur Waldhütte hinauskommen, der wird hüpfen vor Freude.»

Dann wandte sie sich Marga Schneider zu. «Wir schliessen die Befragung ab. Sie erhalten von meinem Kollegen das Protokoll zur Unterschrift und die Nummer des Pfarramtes Hardstadt, irgendein Schnupperlehrling dort wird wohl Pikettdienst schieben.»

Mittwoch, 19.30 Uhr

«Gut, habe ich die Erdnüsschen noch gegessen», kicherte Walter, während er sich im Kreis drehte. «Man muss es machen wie ein Spanferkel, dann gibt das Feuer überall warm. Nur blöd, dass sie es jetzt löschen.»

Nelly grummelte missmutig vor sich hin. Alle waren sie eingetroffen, die Feuerwehr, die Polizei, zwei Typen mit einer Fernsehkamera und ausserdem Pietro und Eric, die ihren Krankenwagen 20 Meter vor der Hütte in den Schnee gesetzt hatten, quasi war alles wie im Fernsehen, eine solche Aufregung bloss wegen einer brennenden Hütte – ohne den geringsten Mord.

Einige Mädchen filmten immer noch, ein paar Jungs standen bei den Fernsehburschen Schlange, um als Augenzeugen von einem Dschihadisten mit Handgranaten, einer russischen Mittelstreckenrakete sowie einem Meteoriteneinschlag der NASA zuberichten. Einer sprach, und die andern filmten grinsend den entgeisterten Gesichtsausdruck des Interviewers. Die ersten kurzen Clips waren bereits online und wurden ironisch kommentiert.

Sheryl tupfte ihrer Tochter die verschmierte Schminke aus dem Gesicht.

Tara McKee trat herzu. «Viel Glück zum Geburtstag, Frau Hofmann, angesichts dieser Überraschung können Sie das sicher brauchen.» Ohne eine Antwort abzuwarten, deutete sie auf Walter. «Herr Jakob war den ganzen Abend da?»

Sheryl nickte.

McKee wandte sich direkt an Walter. «Gehen Sie doch hinüber zum Krankenwagen, die Sanitäter werden sich ihre Beule anschauen.»

Er sah sie böse an. «Die Beule kommt vom Hännes, dem Totsch.»

McKee sah ihm eine Weile wortlos in die Augen. Dann fragte sie Sheryl: «What happend?»

«Der Kamin ist explodiert», antwortete Sheryl kurz angebunden, «als wir draussen eine Schneeballschlacht machten, zum Glück.»

«Eine Frau Laznik hat uns alarmiert», hakte McKee nach, nun wieder auf Deutsch, «und die sprach von einer Gasflasche im Kamin.»

Dušanka mischte sich ein: «Die Frau Laznik bin ich, und die Gasflasche war nur eine Vermutung.»

«Eine Vermutung?»

Dušanka zog die Augenbrauen hoch. Sie wollte Walter nicht mit hineinziehen. «Klar. Woher sollte ich das denn wissen, ich strecke meinen Kopf nur selten in brennende Öfen. Wollen Sie eine Zigarette? Bier kann ich Ihnen keins anbieten, das ist verdampft.»

«Sie haben es wohl eher getrunken. Wie kommen Sie denn auf eine Gasflasche?»

Dušanka zuckte mit den Schultern. «Weil der Kamin explodiert ist.»

«Und da denken Sie gleich an eine Gasflasche?»

Dušanka schwieg.

McKee sah auf die Uhr. «Gut», sagte sie dann, «Sie alle gehen heim. Morgen kommen Sie bitte um elf auf die Polizeiwache, Frau Laznik nüchtern und alle andern ausgeschlafen. Herrn Jakob werden wir abholen.»

Als Walter um kurz nach acht in die *Abendsonne* einzog, eskortiert von Tara McKee und einem Kollegen, reckte er die Brust und brüllte in die Cafeteria: «Ich habe allen das Leben gerettet!»

Tara McKee sah ihn an. «Wieso Leben gerettet?»

«Scheisse, Walter!», rief Nik, der hinter ihm herlief, jetzt sag: ‹Ja, weil ich zufällig mit der Schneeballschlacht angefangen hab.›»

«Eben, weil ich habe ja mit der Schneeballschlacht angefangen, ganz zufällig.»

McKee musterte ihn. «Soso», brummte sie schliesslich, «dann gehen Sie jetzt mal ins Bett, Herr Jakob, ganz zufällig.»

Mittwoch, 20.00 Uhr

Angewidert sortierte Marga Schneider die krebserregenden Wurststückchen aus dem Salatteller heraus. «Hotel-Restaurant», von wegen, im einzigen «Fremdenzimmer» hatte seit Jahren niemand mehr genächtigt, und wenn sie diese Kammer nicht bis zum Samstag gebucht hätte, sie wäre schon nach der ersten Nacht ausgezogen und hätte wohl oder übel in Nellys Wohnung übernachtet. Selbst der Name *Frohe Aussicht* war ein Betrug, die Knelle stand mitten im Dorf und bot nicht den geringsten Blick in die Landschaft hinaus; dieser ganze Betrieb war eine einzige riesige Vorspiegelung falscher Tatsachen. Kaum mehr als eine miese Dorfbeiz mit einem Kochlümmel, der stolz war auf seine vegetarische Alternative, einen Wurstsalat, garniert mit einer fleischlosen Extrawurst, der Kerl wollte sie wohl für dumm verkaufen, aber nicht sie; und die alten Säcke am Stammtisch hatten gefälligst nicht so lüstern zu glotzen, gerade sie als überdurchschnittlich attraktive Frau hatte das Recht, nicht sexuell belästigt zu werden, schon gar nicht von alten Geifersäcken.

Nach dem Essen winkte Marga den Kochlümmel zu sich, der am Buffet herumlungerte und sein blödes Smartphone interessanter fand als sie in ihrem schicken Sari. Der Schlacks hatte keinen Stil, grosse Ohren, ein schlechtes Karma und keinen Verveine-Tee.

«Ich möchte einen Leichenschmaus bestellen», sagte Marga Schneider.

«Und ich dachte, Sie seien Vegetarier», antwortete der Koch.

Die Kerle am Jasstisch grölten vor Vergnügen.

«Vegetarierin, wenn schon, ich bin eine Frau, falls Sie das noch nicht gemerkt haben, Sie ...», Marga Schneider schnappte nach Luft. «Ich will auf der Stelle den Wirt sprechen!»

«Der ist nicht da, also, was für ein Trauermahl wollen Sie?»

Marga schluckte ihren Ärger herunter. Sie hatte wenig Lust darauf, nach der Bestattung zum Trauermahl nach Hardstadt zu fahren, also blieb nur die *Frohe Aussicht*.

«Setzen Sie sich gefälligst an den Tisch», sagte sie, «es ist unhöflich, stehen zu bleiben. Also, was können Sie anbieten?»
Der Koch setzte sich.
«Heissen Beinschinken mit Salat, heissen Fleischkäse mit Salat oder heisse Würstli mit Salat. Vegetarisch wäre Salat mit fleischloser Wurst, vegan wäre Salat ohne fleischlose Wurst. Nelly hätte Beinschinken plus Würstli plus Fleischkäse genommen.»
Marga klappte die Kinnlade hinunter.
«Woher wissen Sie, um wen es geht?»
«Sie ist die einzige pendente Verstorbene, also, wann wollen Sie essen?»
«Die Trauerfeier ist am Samstag um zwei Uhr.»
«Gut, dann wird es vier Uhr, Pfarrer Knorr macht immer lang.»
Marga verzog das Gesicht.
«Ein ausgesprochen freundlicher Pfarrer aus Hardstadt kommt.»
Boris stutzte und sah sie verwundert an.
«Ah ja? Wieso nicht Pfarrer Knorr?»
«Er ist im Spital.»
«Ein Unfall?»
«Das weiss ich doch nicht, informieren Sie sich gefälligst selber! Jedenfalls kann er die Trauerfeier nicht abhalten.»
«Wie viele Gäste?»
«Woher soll ich das wissen?»
«Trauerkarten oder Todesanzeige?»
«Todesanzeige. Sie ist morgen in der Zeitung, der nette Pfarrer in Hardstadt hat mir geholfen, da könnten Sie sich aber mal ein Vorbild nehmen!»
«Also 140 Personen.»
«Nie im Leben!»
«70 kommen, weil sie Nelly kennen, und 70, weil sie sie kennenlernen wollen. So ein Mordopfer aus der Zeitung erlebt man nicht alle Tage live.»
Marga schnappte nach Luft.
«Wie heissen Sie?»
«Zenger», sagte der Koch trocken.
«Also Sie geschmackloser Kerl mit dem Namen Zenger, nur weil ich attraktiv bin, bin ich noch lange nicht blöd, ich bestelle für 100.»

Der Bursche zückte seinen Kugelschreiber.

«Also hundertmal Beinschinken mit Fleischkäse mit Würstli.»

«Ganz bestimmt nicht, Nelly isst ja nicht mehr mit, also muss es mir schmecken, es gibt Würstli mit Salat, und zwar so viel Salat, dass auch die Vegetarier satt werden, auch ohne Ihre pseudovegetarische Extrawurst!»

«100, in Ordnung, ich mache Platten und Schüsseln.»

«Meinetwegen.»

Marga erhob sich, marschierte grusslos aus der Gaststube und liess die Türe ins Schloss krachen.

Einer der Jasser wandte sich Boris zu.

«Und?»

Boris stellte sein Bierglas aufs Buffet.

«80 kommen, wir kassieren für 100, und sie ist glücklich, weil sie nicht 140 gebucht hat.»

Die Jasser klopften sich auf die Schenkel vor Vergnügen, und Boris Zenger widmete sich wieder seinem Smartphone. Er scrollte durch seine Timeline. Eine Meldung, dass die Waldhütte in Birkweil in Flammen aufgegangen sei, stiess auf sein Interesse.

Donnerstag, 02.00 Uhr

Sonja sass auf dem Sofa, rechts neben sich Sascha, links neben sich Sheryl mit einem Glas Rotwein. Das Schimmern des Laptopbildschirms auf Sonjas Oberschenkeln tauchte ihre müden Gesichter in ein leichenkaltes Licht.

«Die Explosion galt nicht uns», bemerkte Sheryl. «Die Hütte ist doch nur alle paar Wochen belegt. Entweder ist die Gasflasche Walters Hirngespinst, oder er hat mal vor ein paar Wochen gesehen, wie besoffene Vandalen sie in den Kamin gesteckt haben.»

Sonja blickte unverwandt auf den Bildschirm. «Es ist möglich, dass viele geistig Behinderte sensitiv sind», las sie laut. «Wir wissen es nur nicht, weil sie es uns nicht sagen können. Oft bleibt Hellsichtigkeit unentdeckt und unverstanden, weil die Umgebung zu wenig über eine erweiterte Wahrnehmung weiss.»

«Blablabla», sagte Sheryl und nippte am Wein. «Naturwissenschaftliches wirst du dazu nicht finden. Die Masse unter Walters Schädeldecke ist so grau wie bei allen andern. Voll mit Einbildungen, Fantasie, Projektionen, spirituellen Erfahrungen, mit Liebe und Hass und Furcht und Hoffnung. Wir sind nur mehr oder weniger bei Sinnen, interpretieren Bruchstücke, teilen sie ein in Zufall und Vorhersehung und Sinn und Unsinn und Übersinn. Wir beten oder googeln, und was herauskommt, kann man glauben oder eben nicht.»

Sonja dachte nach. «Als ich noch klein war, habt ihr mit mir beim Zubettgehen gebetet. Glaubst du an Gott?»

«Beim Hiken in den Wicklow Mountains, ja. Beim Gucken der *Tagesschau*, nein.»

«Du bist unmöglich, Mom.»

«Nein, ich bin Agnostikerin. Das menschliche Wissen ist grundsätzlich begrenzt. Kennst du Richard Dawkins?»

«Wo spielte der mit?»

Sheryl grinste. «Das ist der renommierteste Evolutionsbiologe auf dem Planeten und Autor von *Der Gotteswahn*. Dawkins sagt, er halte es für extrem unwahrscheinlich, dass es so etwas wie

Gott gäbe, aber er könne es auch nicht zu 100 Prozent ausschliessen. Der denkt konsequent wissenschaftlich.»

«Du hältst einen Gott oder so etwas für extrem unwahrscheinlich?»

Sheryl dachte nach. «Na ja», meinte sie nach einer Weile, «die Völker hatten schon immer Religionen, und die Leute aller Kulturen machten spirituelle Erfahrungen. Von nichts kommt nichts. Aber man kann es nicht beweisen, und man darf es nicht verallgemeinern.»

«Und woher kommen die spirituellen Erfahrungen deiner Meinung nach?»

Sheryl sah Sonja an. «Walter beschäftigt dich, was?»

Sonja nickte.

Auf dem Laptop schaltete sich der Bildschirmschoner ein, das bläuliche Licht verschwand, und Nik konnte die Gesichter der drei nicht mehr sehen.

«Gut, meine letzte Antwort für heute: Früher dachte ich, Religion sei eine Erfindung der Evolution, die die Menschen eint und ihnen so beim Überleben hilft. Aber das ist Blödsinn. Die Leute benutzen die Religion ja auch als Argument, um andern die Köpfe abzuschlagen. Kurz und schlecht: Ich weiss es nicht. Und ich weiss auch nicht, warum Walter weiss, was er weiss.»

«Vielleicht hat die Mutter Natur bei der Evolution einfach mal Scheisse gebaut», bemerkte Sascha.

«Mutter Natur, come on», zischte Sheryl. «Die Natur ist keine Mutter, sondern eine Anarchie. Fressen und gefressen werden. Tag und Nacht lässt sie Milliarden lebender Pflanzen, Tiere und Menschen unter Schmerzen verrecken. Eine Löwin beschützt ihren Kleinen und zerfleischt Stunden später das junge Zebra von nebenan. Erst einen Sonnenuntergang heucheln und dann einen Tsunami schicken. Wenn die Natur eine Mutter wäre, dann hätte sie eine nicht therapierbare schizophrene dissozial gestörte hochgradig sadistische Borderline-Persönlichkeit.»

«Päng», sagte Sonja verdattert.

Ihre Mutter trank das Weinglas in einem Zug leer und stellte es neben dem Sofa auf den Boden. Sie war noch nicht fertig. «In Indonesien hat ein Vulkan 1815 so viel Asche gespuckt, dass es auf der halben Welt drei Jahre lang kaum einen Sommer gab. In Irland haben sie Gras gefressen. Deine Urururgrossmutter hat neun Kinder auf die Welt gebracht, sechs davon wurden keine zwei Jahre alt, und an der Geburt des zehnten Kindes ist sie schreiend gestorben. Dein Paps fällt sinnlos die Treppe hinunter und bricht sich das Genick, Nelly wird ohne Grund erschossen, und heute hätte es um ein Haar ein Massaker gegeben. Wären wir in der Hütte beim Fondue gesessen, es hätte 30 Schwerverletzte und Tote gegeben, sinnlos, und darum kackt mich die Mutter Natur im Moment grad etwas an.»

Nik biss sich auf die Unterlippe.

Eine Weile blieb es still. Sonja bewegte den Cursor und der Bildschirm leuchtete wieder auf. «Könnte man Walter ... unter Drogen setzen, sodass es von allein aus ihm herausplätschert, woher er alles hat?»

«Können vielleicht», sagte Sheryl, «aber sicher nicht dürfen. Jedenfalls nicht die Polizei.» Dann griff sie zum Laptop auf Sonjas Beinen, klappte ihn zusammen und legte ihn auf das Clubtischchen. «Laptop ausschalten, Hirn ausschalten, schlafen.»

Im Türrahmen drehte sie sich noch einmal um. «Sorry für meinen Vulkanausbruch», sagte sie, jetzt wieder entspannter. «Sprich mich mal beim Hiken in den Wicklow Mountains auf die Mutter Natur oder auf Gott an, da klinge ich anders. So, und jetzt schlafen, morgen ist ein neuer Tag. Lebe jeden Tag, als wäre es dein Letzter. Ist zwar nur ein platter Kalenderspruch, aber trotzdem nicht ganz falsch. Passt ganz gut zu heute. Und Walter sollten wir in den nächsten Tagen mal mit einer Monsterpackung Lindor-Kugeln prämieren. Schlaft gut.»

Donnerstag, 11.30 Uhr

«Es handelte sich in der Tat um eine Propangasflasche», referierte Abgottspon und sah mit bedeutungsvollem Blick in die Runde.

McKee fixierte mit ihrem Blick Dušanka.

«Benutzt wurde darüber hinaus Brandbeschleuniger», fuhr Abgottspon fort. «Also das Zeug, das die Leute ins Cheminée aufs Holz spritzen, bevor sie es anzünden. Der Ablauf stellt sich nach meinen ersten Erkenntnissen wie folgt dar: Die Gasflasche steckt im Kamin, die Plastikflaschen mit dem Brandbeschleuniger oben drauf. Das Feuer erhitzt die Gasflasche. Die Plastikflaschen werden langsam weich. Sie verformen sich oder schmelzen und fallen um. Der dickflüssige Brandbeschleuniger läuft langsam über die Gasflasche und entzündet sich, das Metallgehäuse der Gasflasche erhitzt sich so schnell wie eine Herdplatte, also wohl schneller, als das Sicherheitsventil reagieren kann, die Gasflasche birst, es kommt zu einer explosionsartigen Verpuffung; so weit der aktuelle Stand der Erkenntnisse unseres Kommandos von der Spurensicherung, gibt es Fragen?»

«Ja, ich!», rief Walter und rührte wütend in seinem Apfelpunsch, «welcher Totsch war das?»

Abgottspon reckte die Brust. «Eine gute Frage, Herr Jakob, wir sind zurzeit intensiv mit der Untersuchung des Falles beschäftigt, und was wir im Moment sagen können, ist …»

«… dass wir keine Ahnung haben», klemmte Tara McKee ab, «danke, Korporal Abgottspon.»

«Krass», bemerkte Dušanka.

McKee sah sie an. «Ja, Frau Laznik, sehr krass, vor allem, dass Sie gestern ganz zufällig die nicht ganz naheliegende Brandursache erraten haben.»

Dušanka sah der Polizistin trotzig in die Augen. «Ich sagte doch, ich weiss es nicht. Wir haben einen Gasgrill zu Hause, wahrscheinlich hat Janosch mal ausführlich gepredigt, wie vorsichtig man damit umgehen muss, und dass so was explodieren kann, und seither denke ich bei Explosionen eben immer zuerst an Gas oder so, und ja, Janosch ist mein Vater, und ich nenne ihn so, weil er so heisst.»

McKee sah sie scharf an, wandte sich dann aber Walter zu. «Haben Sie von der Flasche gewusst?»

Walter schwieg einen Augenblick. Dann nickte er. Alle sahen ihn gebannt an.

«Sie wussten davon?», wiederholte McKee.

Nik schwitzte und sagte schnell: «Eine Stimme hat es mir eingeflüstert. Es war der Liebgott.»

Wieder nickte Walter. «Eine Stimme hat es mir eingeflüstert. Es war der Liebgott.»

Hastig fügte Nik hinzu: «Ja, und ich sollte Sonja zum Geburtstag eine Schneeballschlacht schenken.»

«Ich sollte Sonja eben zum Geburtstag eine Schneeballschlacht schenken. Weil sie das mag.»

«Ich werde den Liebgott zur Befragung aufbieten», brummte Abgottspon.

«Hat der Liebgott denn auch gesagt, welcher Totsch die Flasche versteckt hat?», fragte McKee.

«Nein.»

«Nein.»

«Sonst hätte ich es Ihnen doch gesagt, ich bin ja nicht plemplem.»

«Ich bin sicher nicht plemplem!»

Zehn Minuten später sass McKee mit Walter allein im Büro.

«Herr Jakob, hatte der Liebgott eine Frauenstimme?»

Walter sah sie verwirrt an.

Nik biss sich auf die Lippe. Worauf wollte McKee hinaus? «Sag: Der liebe Gott ist doch keine Frau.»

«Der liebe Gott ist doch keine Frau.»

«Kennen Sie Frau Laznik gut?»

«Nein, ich finde Dušanka blöd!»

«Nein, ich finde Dušanka blöd.»

«Sie hat so einen grässlichen Ring in den Augenbrauen.»

«Sie hat so einen grässlichen Ring in den Augenbrauen.»

«Sagen Sie, Herr Jakob, bei welchen Gelegenheiten spricht denn der Liebgott so mit Ihnen?»

«Halt einfach manchmal.»

«Halt einfach manchmal spricht er.»
McKee seufzte.

Zehn weitere Minuten später sass Sonja bei Tara McKee im Büro.
«Gasflasche und Brandbeschleuniger, nie im Leben, dafür ist Walter zu beschränkt», erklärte sie.
«Dann hatte er eben Hilfe», sagte McKee. «Vielleicht nützt jemand ihn aus, setzt ihn unter Druck, instruiert ihn, besorgt ihm das Material …»
«Ach was!» Sonja sah McKee verärgert an. «Ich kenne Walter von klein auf! Er trifft nicht mal mehr seine Hühner im Hühnerstall, macht mitten in der Nacht Feuer im Ofen und fackelt sein eigenes Haus ab.»
«Wie erklären Sie sich denn, dass er alles weiss?»
«Verdammt noch mal, woher soll ich das denn wissen?», rief Sonja, «vielleicht … ist er hellsichtig oder so etwas!»
McKee liess ein paar Sekunden verstreichen. Dann sagte sie langsam: «Walter Jakob und Angelina Leonardi verliessen am Montag unbemerkt die *Abendsonne*. Frau Leonardi griffen wir am Mittag auf, Herrn Jakob am Abend. Beim Nachtessen plapperte die Leonardi, der Jakob habe am Morgen beim Ausbüxen das Pfarrhaus erwähnt.»
Sonja sah sie trotzig an. «Ja, und?»
«Heute Nachmittag wurde Pfarrer Knorr schwer verletzt aufgefunden. Er selber oder jemand anders hat versucht, ihn zu strangulieren. Im Pfarrhaus.»
Mit offenem Mund starrte Sonja McKee an. In ihrem Bauch begann es zu rumoren. «Das ist doch … absurd. Wieso sollte ein Unbekannter mit Walter zusammen Nelly erschiessen, den Pfarrer strangulieren und uns in die Luft jagen?»
«Weil der Unbekannte paranoid ist», flüsterte Nik bitter, «der dümmste tote Vater der Welt.»
«Sie wissen ganz genau, dass Walter Jakob beeinflussbar ist, Frau Hofmann. Wenn man ihm etwas verspricht oder ihm droht, dann tut er, was man ihm sagt.»
Sonja nickte. McKee hatte einen wunden Punkt getroffen.
«Gut. Wir werden wohl mehr erfahren, wenn sie den Pfarrer aus dem Koma holen. Bis dahin horchen Sie bitte schön Walter Jakob aus, Ihnen vertraut er.»

Donnerstag, 13.30 Uhr

Vier Mann mussten Walter festhalten, während Abgottspon ihm das Band mit dem Sender um den Knöchel des linken Beins legte. Das Zetern hatte erst ein Ende, als Sonja ihm erklärte, es handle sich dabei um einen ganz neu entwickelten Puls- und Blutdruckmesser, den er als Erster ausprobieren dürfe.

Nik schwieg grimmig. Mit der Fussfessel taugte Walter nur noch bedingt als Handlanger. Andererseits war es vielleicht ja nun vorbei. Das Attentat war misslungen, und Knorr und sein Komplize hatten bisher Erfolg oder Misserfolg als gottgegeben hingenommen. Nik verzog das Gesicht. Wenn die gewusst hätten, dass dieser «Gott» nicht einmal für die Qualität von Henkersknoten die Verantwortung übernahm. Eigentlich war ein Gott zu gar nichts gut, wenn man als Mensch dann doch immer selber schuld war.

Donnerstag, 14.00 Uhr

Boris Zenger stand an der Speiseausgabe und las die Zeitung. Nelly stand ungeduldig neben ihm und las mit. Die Titelseite nahm seine ganze Aufmerksamkeit in Anspruch. Birkweiler Waldhütte ausgebrannt. Party von Jugendlichen, wie durch ein Wunder keine Verletzten, Feuerwehreinsatz, Brandursache unklar, vielleicht unsachgemässer Umgang mit Alkohol. Boris las den Text, ohne mit der Wimper zu zucken.

Es dauerte ewig, bis er endlich Seite 23 aufschlug. Nelly hielt den Atem an und las laut. «Es ist unsere schmerzliche Pflicht, Sie vom Hinschied von Nelly Orsini in Kenntnis zu setzen.» Schmerzliche Pflicht, wie langweilig! So also wurde sie verabschiedet – auf Seite 23 und mit abgeschriebenen Phrasen. Wie viele wunderbare Verse hatte sie in ihrem Leben schon auf Facebook gepostet, die man hätte nehmen können, «das Leben ist 1 Reise mit unbekanntem Ziel du selbs kannst nur den Weg bestimmen und ankommen wenn du da bist», oder «wenn tief in dir drinnen Geist und Körper zueinander gefunden haben wird sich deine Seele von allem Leid erhohlen», aber nein, alles, was ihre Mutter zustande gebracht hatte, war eine schmerzliche Pflicht, die vier anderen Todesanzeigen waren zudem alle grösser und schöner, und überhaupt, wieso mussten ausgerechnet in dieser Woche so viele Leute sterben, das war wieder typisch, drei waren in Hardstadt «völlig überraschend in die Ewigkeit abberufen» worden, dazu Angelina Leonardi aus der *Abendsonne*, angesichts ihres Alters etwas weniger völlig überraschend, ihr hatte eine Lungenentzündung den Rest gegeben, aber sogar Angelinas Anzeige war noch origineller formuliert.

Nelly brach in Tränen aus.

Samstag, 11.00 Uhr

Eintauchen auftauchen eintauchen auftauchen. Bei der siebzehnten Länge klingelte Tara McKees Smartphone auf dem Badetuch beim Liegestuhl, aber sie hörte es nicht. Wenn sie gut gelaunt war, schaffte sie 20 Längen, schlecht gelaunt schwamm sie 25, dieser Tage waren es um die 30. Mit ihrem Team hatte sie alles mehrfach gecheckt, sass aber ohne jegliche Hinweise da. Selbst die Depotnummer auf der Gasflasche war weggekratzt worden.

McKee gelangte ans obere Ende des Schwimmbeckens, tauchte unter, stiess sich energisch mit den Beinen vom Rand ab und schoss wie ein Pfeil durch das Wasser in die Gegenrichtung. Nur zwei Personen wussten mehr. Der eine lag im Koma, der andere war auch ohne Koma hinüber. Von drei Fachleuten war er befragt und untersucht worden, und alle kamen zum selben Schluss: Walter Jakob war auch unter genauer Anleitung nicht in der Lage, jemanden zu erschiessen oder zu strangulieren oder eine Hütte in die Luft zu jagen. Er war ja nicht einmal in der Lage zu sagen, was er wusste und woher er es wusste.

An übersinnliche Wahrnehmung glaubte McKee nicht. Ihrer Meinung nach hatten Leute wie Marga Schneider einfach einen Sprung in der Schüssel. Und Sonja Hofmann würde die Sache wohl auch wieder nüchtern sehen, wenn sie den Verlust ihres Vaters erst einmal verarbeitet hatte.

McKee realisierte, dass sie gar nie gefragt hatte, woran der gestorben war. Hoffentlich hatte wenigstens er eine normale Todesursache. Und hoffentlich wachte der Pfarrer im Spital endlich auf. Heute würden es bestimmt 35 Längen.

Samstag, 13.30 Uhr

Nelly stand aufgewühlt neben dem Sarg im Aufbahrungsraum, freute sich auf die Gäste und beklagte ihren Tod. Als Einzige. Den ganzen Morgen war sie furchtbar aufgeregt gewesen, beerdigt wird man schliesslich nur einmal im Leben, und quasi war sie ja die Gastgeberin, auch wenn keiner sie sah. Die Sonne lachte vom Himmel, es war ein prachtvoller kalter Wintertag, viel zu schön, um heftig zu trauern, was auch erklärte, warum von denen, die bisher an ihrem Sarg vorbeidefiliert waren, nicht sehr viele geweint hatten, nur eine kleine Minderheit, wenn nicht sogar noch weniger, und das bei einem Total von 16 Personen, und neun von ihnen hatten unbekannte Gesichter, bestimmt hatten sie in Presse, Funk und Fernsehen von ihr erfahren und wollten nun mit ihrer Teilnahme ein Zeichen der Verbundenheit und Solidarität setzen; aber bis zwei Uhr schwoll der Besucherstrom garantiert noch an, und wenn die Menge erst einmal in der Kirche und von der Sonne weg war und während des Orgelspiels in Moll ihrer gedachte, würde sie ihres Schmerzes gewahr, beim Verlesen des Lebenslaufs würde es kein Halten mehr geben, und die eigentliche Trauerarbeit begann erst, wenn Birkweil in den nächsten Monaten so richtig begriff, welch tragischen Verlust es erfahren hatte.

Die Kirchenglocke schlug halb zwei. Nelly streckte ihren Kopf ein weiteres Mal über die Sargöffnung und betrachtete sich. Da ruhte sie in Frieden, die Augen geschlossen, der Teint blass, die Pausbacken recht schlank, lieber zu spät als nie. Gekleidet war sie in ein hässliches, altmodisches XXL-Damenhemd aus weisser Baumwolle mit Spitzenkragen und einer kleinen Fliege sowie zwei eingefassten Spitzenreihen und wohlwollenden Längsfalten, gebettet auf Sargwäsche, beige Naturseideoptik, was in Kombination mit dem weissen Baumwollhemd echt grauenvoll aussah, typisch Mutter, Feng-Shui im Sarg oder Restposten.

Ein Detachement aus dem Spital näherte sich, dreiköpfig und bestens gelaunt.

«Schön, dass wenigstens ihr zu meiner Trauerfeier gekommen seid», heulte Nelly.

Praktikantin Miranda hatte an einer Trägergurte einen grossen Ghettoblaster über die Schulter gehängt, wozu auch immer. Nelly verzog das Gesicht. Jetzt starrten alle wieder darauf, statt liebevoll die Verstorbene zu betrachten. Aber Nelly hatte beschlossen, heute alle Unstimmigkeiten zu vergessen, ihre Trauergäste mit bedingungsloser Liebe zu überschütten und selbst den dümmsten Zwetschgen zu vergeben.

Walter stapfte herbei. Die Beule auf der Stirn befand sich auf dem Rückzug, und die Perücke auf seinem Kopf war zwar zerzaust, aber gewaschen. Er plapperte aufgeregt auf Sonja, Sheryl und Sascha ein, die ihm folgten.

Hinter den dreien entdeckte Nelly Nik. Er hatte Ringe unter den Augen. Nicht, weil er zu viel trauerte, sondern weil er zu wenig schlief.

«Ich dachte, mit der Fussfessel muss Walter in der *Abendsonne* bleiben?», fragte Nelly.

«In Begleitung darf er raus», sagte Nik, «aber dank der Fessel wissen sie, wo er ist und was er anstellt.»

Walter streckte seinen Kopf in den Sarg hinein. «Hallo, Nelly!»

Nelly lächelte. «Hallo, Walter!»

Walter trat entsetzt vom Sarg zurück. Sonja und Sheryl sahen sich verwundert an.

«Spinnst du!», zischte Nik Nelly an.

«Nein, ich spinne nicht!», sagte Walter.

Sheryl legte ihm von hinten die Hand auf die Schulter. «Du musst keine Angst haben, Walter, das ist nur Nellys Leichnam, Nelly ist jetzt im Himmel.»

«Nein, Nelly ist nicht im Himmel», erklärte Walter, «sie ist hier, sie hat ja grad ‹Hallo› gesagt, das habt ihr denk auch gehört.»

Nik sah Nelly wütend an.

«Wenigstens er soll wissen, dass ich da bin», flüsterte sie trotzig.

Nik verdrehte die Augen. «Jaja, plaudere ruhig mit ihm, dann gilt die Aufmerksamkeit einem senilen alten Plappermaul, und deine Trauerfeier ist am Arsch.»

«Hat Nelly denn sonst noch etwas gesagt?», hakte Sonja nach.

Walter kratzte sich an der Perücke und streckte dann seinen Kopf ein zweites Mal in den Sarg. «Hallo, Nelly! Ich bin extra wegen dir gekommen, bist du auch da?» Dann drehte er den Kopf nach links, formte seine Hand zum Trichter für sein rechtes Ohr und lauschte.

Nelly presste wütend die Lippen aufeinander.

Walter wartete einen Augenblick, doch es blieb still im Sarg. «Ich wärme dich ein bisschen auf», sagte er und hauchte Nellys Leichnam seinen dampfenden Atem ins Gesicht, doch dieser zeigte keine Regung. Enttäuscht drehte Walter sich um. Die Umstehenden kicherten.

Immer mehr Trauergäste kamen vorbei, warfen einen Blick in den Sarg und betraten dann die Kirche. Nelly hatte aufgehört zu zählen, es mussten über 100 sein, darunter zahlreiche Unbekannte, von denen allerdings keiner eine Kamera oder ein Mikrofon trug.

«Die Journalisten wollen meine Trauerfeier nicht stören und sind undercover da», bemerkte sie.

«Du solltest lieber nach Hinweisen auf Knorrs Komplizen Ausschau halten», erwiderte Nik.

«Bestimmt filmen sie später die Kranzniederlegungen und stellen dann den Trauergästen auf dem Weg vom Friedhof ins Restaurant Fragen.»

Korporal Abgottspon erschien, in Zivil und offenbar bester Dinge.

Hinter ihm trat Marga Schneider zum Sarg. Nelly schnappte nach Luft; ihre Mutter trug einen stilvollen schwarzen Wintermantel, schwarze Lederhandschuhe und schwarze Lederstiefel, alles nagelneu, und sie war elegant frisiert und geschminkt.

Hinter Marga stand ein Unbekannter, der sie um fast einen Kopf überragte. Ein Schwarzer. Nicht dunkelhäutig oder farbig, sondern richtig schwarz, mit irrsinnig weissen Augen und Zähnen. Wie der Riese in *The Green Mile*, der am Schluss hingerichtet wurde und den Oscar nicht bekam.

Marga drehte sich zu dem Riesen um, schaute zu ihm auf und schickte ihm ein Lächeln. Er seinerseits tat einen Schritt zur Seite, und bei Nelly setzte kurz der Herzschlag aus – der Mann trug einen schwarzen Talar. Dann war das also der Pikettpfarrer aus Hardstadt, der sie beerdigen würde. Was war das für eine

Mutter, die den Trauerfeierpfarrer ihrer Tochter anmachte. Nelly presste die Lippen zusammen. Jetzt wurde es aber echt schwierig mit der bedingungslosen Vergebung selbst für die dümmsten Zwetschgen.

Auch der Blick von Nik blieb am schwarzen Riesen kleben. Ja, natürlich, von dem hatte er vor längerer Zeit einmal etwas gelesen, das war der Afrikanerpfarrer aus Hardstadt, wegen Pfarrermangels in der Schweiz stellten die Kirchen ja bereits Deutsche und Schwarze ein. Und in diesem Augenblick fiel es Nik wie Schuppen von den Augen – das musste Knorrs Komplize sein. Afrika! Das passte! Skrupellosigkeit hatte der Riese sicher mehr als genug mitgebracht, in Afrika unten verliessen sie ihre Hütten ja nie ohne Machete.

«Das ist er!», zischte Nik aufgeregt.

Nelly sah erst Nik und dann den Pfarrer verdutzt an. «Ja sicher, bestimmt», sagte sie bissig, «mit diesem Nullachtfünfzehngesicht fällt er im Dorf kein bisschen auf, wenn er ins Pfarrhaus und in die Waldhütte und in dein Treppenhaus eindringt.»

«Aber dafür kann er mit dieser Hautfarbe in der Dunkelheit Joggerinnen mit Reflektoren erschiessen, ohne dass man ihn sieht. Walter soll Abgottspon auf den Kerl ansetzen.»

«Ah ja? Vor fünf Minuten hast du erklärt, ich solle Walter ruhig plappern lassen, keiner würde ihm glauben und die Trauerfeier sei am Arsch.»

Nik schwieg grimmig.

Die Kirchenglocken begannen zu läuten. Janosch für alles stand an der Pforte, scheuchte die Gäste hinein und sagte alle zehn Sekunden lauter als nötig: «Handy auschalten, wir wollen hier keine Piepshow.»

Nelly warf einen letzten Blick in ihren Sarg, flüsterte sich ein müdes Adieu zu und ging in die Kirche ihre Trauer feiern.

Samstag, 14.00 Uhr

Gemessenen Schrittes ging die Verstorbene durch den Mittelgang und setzte sich auf die leere vorderste Sitzbank links des Mittelgangs. Sie atmete achtsam, streckte den Rücken durch und schloss die Augen. Ganz sanft liess sie ihr Herz zur Ruhe kommen, bis sie schliesslich ganz bei sich ankam, eine tiefe Gelassenheit empfand und sich verdammt noch mal kein bisschen mehr ärgerte, dass ihr Vater wieder mal nicht gekommen war, das war ja nicht anders zu erwarten gewesen, und sie hatte genau gewusst, dass sie dann trotzdem enttäuscht war und sich darüber ärgern würde, dass sie enttäuscht war, obwohl es ja zu erwarten gewesen war; in zwei Wochen würde er ihr eine SMS schreiben, leider, leider, leider sei die Todesanzeige zu spät in Thailand angekommen, eine SMS, dieser gedankenlose Mensch, er würde nicht mal dran denken, dass sie beim Erhalt seiner SMS schon seit zwei Wochen tot war und dass ihr Smartphone quasi mit leerem Akku so tot wie ihre Besitzerin in einer Kartonschachtel im Keller ihrer Mutter lag, wo sie doch das Abo gerade erst erneuert hatte. Wütend riss Nelly die Augen wieder auf. Dort drüben sass sie, Marga Schneider, rechts des Mittelgangs, ganz allein auf der vordersten Bank, und strahlte Erotik nach vorne, die Zwetschge.

Nik blieb hinten im Mittelgang stehen, behielt unruhig den Pfarrer im Auge und liess gelegentlich seinen Blick über die Köpfe schweifen. Was, wenn es doch nicht der schwarze Riese war? Er hatte sich ja schon bei Sascha verschätzt.

Mit dem Ausklingen des Glockengeläuts wurde auch das Murmeln im Kirchenraum leiser und leiser, bis es ganz verstummte und die Trauernden sich aufs Zusammenzucken vorbereiteten, wenn die Orgel die Stille zerriss. Was dann auch geschah.

Während des Orgelspiels liess Nelly ihr Herz erneut sanft zur Ruhe kommen, um ganz bei sich selber anzukommen; obwohl, es waren viele Fremde hier, quasi Gaffer, bestimmt neigten die lediglich zu leisen Gefühlsausbrüchen und waren für eine echte

Trauerarbeit keine Unterstützung, und wenn es blöd lief, dann hiess es nachher nur *Birkweiler Mordopfer beigesetzt* statt *Riesige Anteilnahme an der Beisetzung von Nelly Orsini – tränenüberströmtes Birkweil sagt Adieu!*

«Liebe Trauergemeinde, vorweg eine Information.»

Nelly richtete ihren Blick wieder nach vorne.

«Mein Name ist Momodou Kouyaté, und Sie brauchen keine Angst vor mir zu haben.»

An einer Beerdigung einen Witz zu machen, wie pietätlos!

«Ich habe heute die traurige Pflicht, Sie zur Beerdigung der geschätzten Nelly Orsini zu begrüssen, anstelle von Herrn Pfarrer Knorr, der nach einem unglücklichen ... Sturz im Spital liegt.»

Schon wieder «geschätzt»! Das klang wie ein «gab sich Mühe» im Arbeitszeugnis oder ein «führte die ihr aufgetragenen Arbeiten zu unserer Zufriedenheit aus», das war ja noch schäbiger als bei Nik vor acht Tagen, und der hatte ja mächtig Pech gehabt mit seiner Beerdigung. Nelly schluckte. Was, wenn Janosch für alles und seine Männer ihren Sarg genauso dilettantisch zu Grabe liessen wie den von Nik?

Sie stand auf und lief durch den Mittelgang zu Nik. «Würdest du mir einen Gefallen tun, quasi zu Ehren der Verstorbenen?»

«Je nachdem.»

«Bitte sieh nach meinem Sarg.»

Nik schüttelte den Kopf. «Wozu denn? Um herumzuschreien, wenn sie dich aus dem Sarg kippen? Ich bleibe hier und behalte den Pfarrer im Auge.»

Nelly sah ihn wütend an. «Glaubst du, er schiesst mit dem Gewehr von der Kanzel auf Sascha und Dušanka oder was? Die sind ja wohl nirgends sicherer als in einer Menschenmenge in einer Kirche. Seit ich tot bin, habe ich kaum etwas anderes gemacht, als für dich durch die Gegend zu rennen, also sei gefälligst so nett und begleite mich hinaus, damit ich hier drin in Ruhe meinen Lebenslauf anhören kann!»

Samstag, 14.10 Uhr

Zur Versenkung der Orsini hatte Janosch drei zusätzliche Mann aufgeboten, und sie wischten sich den Schweiss bereits von der Stirn, als sie den Sarg neben dem frisch ausgehobenen Grab ein erstes Mal abstellten. Nein, ehrlich, nächstes Jahr würde er den Dienst endgültig quittieren, wenn er nicht endlich den Sargversenker Imperial mittlere Ausführung Modell Cemetry mit stufenlos regulierbarer Absenkgeschwindigkeit bekam. Leichen von Nellys Gewichtsklasse gehörten von Gesetzes wegen sowieso kremiert, gopfertori, in der lehmigen Erde von Birkweil dauerte das Verrotten ewig, und wenn man die Gräber zu früh aufhob, weil es langsam eng wurde, dann stiess man beim Ausheben des nächsten Grabes auf Knochen oder auf Babettas vergessen gegangene dritten Zähne.

Die sieben Männer schafften es, Nelly unfallfrei zu versenken.

«Das läuft besser», brummte Nik.

«Schön für Nelly», sagte eine Frauenstimme.

Samstag, 14.15 Uhr

«Liebe Trauergemeinde. Vor ein paar Tage unsere Schwester in Christo, Nelly Orsini, ist in die ewige Heimat abberufen worden. Verstehen ist schwer. Sie selber ich hatte nie persönlich gekennenlernen, aber ihre geschätzte Mamma, Marga Schneider, die hat mir viel erzählt. Über ihr rundum sonniges Wesen. Wie beleibt sie war, nein, beliebt, immer für ein fröhlich Plaudern, ein Zigarette zusammen, ein Prosecco oder fünf. Trotz ihre Kontaktfreude sie hat konsequent und treu die Ehelosigkeit gefrönt. Vielleicht gerade deswegen sie hat so viel Liebe zu verschenken Menschen und Katzen. Beim Nachdenken mir ist Sprüche 17.22 eingefallen: ‹Ein fröhlich Herz ist die beste Arznei, ein gedrücktes Gemüt dörrt das Gebein aus.› Und ja: Das Gebein von Nelly Orsini war nicht ausgedörrt, aber sie hat eine schwere Stoffwechselkrankheit gehabt und schwere Knochen bekommen, aber hat sie getragen ihre schwere Last sehr voll von Würde.»

Nelly traten Tränen in die Augen. Ein Leben lang hatte sie diese herablassenden Blicke ertragen, und nun mussten die Spötterinnen mit Entsetzen zur Kenntnis nehmen, dass sie gar nichts dafür gekonnt hatte, dass sie das arme Opfer einer furchtbaren Krankheit gewesen war. Nelly sah zu ihrer Mutter hinüber und war auf einen Schlag versöhnt. Sie würde ihr noch ein paar Leben lang dankbar sein für diese kleine Lüge im Lebenslauf.

In den Rängen setzte Murmeln ein.

«Eine Krankheit, das wusste ich gar nicht», flüsterte Sonja.

Sheryl lächelte mild. «Ihre Katzen zeigten dieselben Symptome, sie wurden wohl beim Futternapf angesteckt.»

Sonja sah Sheryl entgeistert an. «Du bist boshaft.»

«Nein, Medizinerin.»

«Als spiritueller Mensch Nelly Orsini war auch oft in unsere Kirche antreffen. All die Lebensweisheiten sie hat täglich geteilt mit ihre Facebook-Freunde wie Zitate von Philosophen wie Paulo Coelho oder Lyrics von Helene Fischer oder persönlichen Erkenntnisse aus ihre Alltag, gesendet vom Universum, wie sie es nannte, was sie glaubte liebevoll. Sie war auch sehr lieb mit ihre Katzen, wie jeder sieht auf Facebook. Wie Sie vielleicht wissen, liebe Trauergemeinde, Katzen symbolisieren Weisheit, Klugheit und Glück. Attribute, die passen gut zu Nelly Orsini, Symbole für Sinnlichkeit und Fruchtbarkeit sie sind auch, und hat nicht die Lebensfreude von Nelly Orsini viele Früchte davongetragen? Und zu Ende: In der Mythologie Katzen sind die Hüter von Geheimnis von Leben, Tod und Wiedergeburt. Katzen haben sieben Leben, der Volksmund sagt. Und diese Überzeugung tröstet uns: Das Leben geht weiter. Für alle von uns. Und gewiss für Nelly Orsini. Sie ist an einem besseren Ort jetzt.»

Nelly weinte lautlos, um das Schneuzen der Trauergemeinde nicht zu verpassen.

«Und, wie gefällt dir deine Abdankung bisher?», sagte eine Frau.

Nelly zuckte erschrocken zusammen und drehte sich um. Die Trauernden folgten dem schwarzen Riesen. Sie war die Einzige, die diese Frauenstimme hörte.

«Die Idee mit der Stoffwechselkrankheit, alle Achtung», sprach die Frau weiter, «se non è vero, è molto ben trovato, nicht wahr?»

Nelly klopfte das Herz bis in den Hals. «Was heisst das?»

«Das heisst: ‹Wenn es schon nicht wahr ist, ist es doch gut erfunden.› Giordano Bruno hat das gesagt, ein Priester und Philosoph aus dem Mittelalter. Die Moralhüter der damaligen Kirche haben ihn verbrannt, weil er glaubte, dass Gott allem innewohnt.»

«Wer bist du?»

«Das Universum, deine Urmutter und deine Freundin aus dem Seziersaal.» Jetzt lachte die Frauenstimme.

Oh je. Was hatte diese Giftspritze denn hier an ihrer Beerdigung zu suchen?

«Und nun, Nelly», sagte eine Männerstimme, «nun lass uns deine weitere Laufbahn besprechen.»

Eine Männerstimme. Eine Männerstimme! Die waren zu zweit. Nelly schluckte. «Und … wer bist denn jetzt du?»

«Wir sind einfach, wer wir sind. Und wir sind an deine Abdankung gekommen, um mit dir über deine weitere Laufbahn zu sinnieren. Bist du bereit?»

Samstag, 14.15 Uhr

Janosch stand draussen vor dem Grab und drapierte die Rosen in den Kesseln mit dem Wasser, doch Niks Aufmerksamkeit galt der Frauenstimme.

«Wäre es nicht mal eine schöne Abwechslung», sagte sie gut gelaunt, «dir mich auch mal als Frau einzubilden?»

Nik gab keine Antwort. Jetzt war er wohl definitiv hinüber. Die Stimme lachte. «Wieso stellst du dir jetzt einen Gott vor, der mit einer Frauenstimme spricht, statt einfach eine Göttin?»

Nik verzog den Mund. «Ja wohl, weil du vorher mit einer Männerstimme gesprochen hast. Ausserdem heisst es ja Vaterunser und nicht Mutterunser.»

«Und auf den Fresken trägt der Herrgott Bart, ich weiss. Aber vielleicht ist der Herrgott ja eine Fraugöttin. Vielleicht sieht sie aus wie Angela Merkel oder Lady Gaga oder Whoopi Goldberg.»

Whoopi Goldberg also. Lieber Himmel. Was er sich hier einbildete, war in puncto Intelligenz nicht mehr allzu weit von Walters Pegel entfernt.

«Du siehst, ich kann nicht nur Frau», bemerkte die Stimme, «ich kann auch schwarz.»

Eine solche Einbildung lief wohl unter Phantomdemenz.

«Ich könnte auch alles zusammen. Schwarz und Schweizerdeutsch und Frau.» Die Stimme lachte. «Whoopi ab em Guggisbärg.»

Lächerlich. Nik schwieg. Wie sähe denn ein Gott aus, der aussähe wie Whoopi Goldberg?!

«Na, wie wohl», sagte die Frauenstimme, «eben wie Whoopi Goldberg. Und in der Sixtinischen Kapelle würden sich die Fingerspitzen von Whoopi Goldberg und Eva berühren. Das ist nicht absurder als ein Gott mit Bart und mit Adam, aber den bist du halt einfach gewohnt.»

Jetzt gab Gott also auch noch die Emanze. Da war sogar Sheryl noch normaler gewesen.

«Dein Bild von Gott ist kleinkariert, Nik Hofmann», fuhr die Stimme fort.

Jetzt platzte ihm doch der Kragen. «Das Bild in der Sixtinischen Kapelle habe nicht ich gemalt. Und ich habe nie behauptet, dass Gott ein Mann sei.»

«Natürlich nicht. Weil es dir nie in den Sinn gekommen ist, dass es auch anders sein könnte.»

«Emanzen halten Gott vielleicht für eine Frau, das ist genau so kleinkariert.» Er hielt einen Moment lang inne. Es spielte keine Rolle, wie man sich Gott vorstellte, es kam so oder so kleinkariert heraus. «Man stellt ihn sich am besten gar nicht erst vor.»

«Bingo. Ich bin einfach nur, wer ich bin.»

«Gut», erwiderte Nik trotzig, «dann sage ich dir von jetzt an einfach nur noch Stimme.»

«In Ordnung. Du entwickelst dich ja zu einem richtigen Ignostiker.»

Nik verdrehte die Augen. «Was sind jetzt das wieder für welche?»

«Das sind die, die sagen: Ich weiss nicht, was du mit dem Begriff Gott meinst, und kann darum auch nicht darüber spekulieren, ob es etwas in dieser Richtung gibt.»

«Meinetwegen.» Nik schüttelte ärgerlich den Kopf. Wieso hatte er sich überhaupt wieder auf dieses Geschwätz eingelassen? Und sowieso, eigentlich konnte ja auch mal er bestimmen, worüber sie sprachen. «Du, Stimme, sag mir, ist der Riese Knorrs Komplize? Und gibt er jetzt Ruhe, oder macht er weiter?»

«Du wirst es herausfinden.»

«Wieso sagst du es mir nicht?»

«Ich greife der Entscheidung eines Menschen nur ungern vor.»

Jetzt fing das wieder an mit diesen geschliffenen Antworten! Die Stimme wollte sich einfach nicht festnageln lassen. «Du willst mir gar nicht helfen», sagte Nik und klang absichtlich etwas weinerlich. Er lauschte, aber es blieb still. «Ein Gott, der einen einfach hängen lässt», wiederholte er, diesmal aber vorwurfsvoll. Wieder erhielt er keine Antwort. Typisch. Hätte er sich ja denken können.

Schlecht gelaunt stapfte Nik zurück in die Kirche. Das Leben wäre wirklich weniger kompliziert, wenn man einfach tot wäre und fertig.

Samstag, 14.45 Uhr

Als Tara McKee durch den Haupteingang kam, streckte die Bademeisterin ihr das Smartphone entgegen. «Glück gehabt», sagte sie mit mild vorwurfsvollem Unterton, «liegen gelassene Handys werden für gewöhnlich geklaut.»

McKee unterlegte ihren Blick mit der nötigen Dosis Schuldbewusstsein, dankte artig und machte auf dem Absatz kehrt, das Smartphone in der Hand, den Blick auf dem Display.

Der Akku lag bei 15 Prozent. Beim Einsteigen in ihren Mini Cooper hörte McKee die Voicemail ab. Ihr Blick hellte sich auf. Sie quetschte sich hinter das Steuer, schrieb Abgottspon eine SMS, steckte sich ein Fisherman's Friend in den Mund und fuhr los in Richtung Spital. Sie kroch brav der Höchstgeschwindigkeit entlang. Zweitens wegen der Sommerpneus, erstens weil ihr original Mini mit Baujahr 1972 nicht sehr viel mehr hergab.

Samstag, 14.50 Uhr

Gotti trat von einem Fuss auf den andern, sodass der Schnee unter seinen Füssen knirschte, und beobachtete, wie die Trauergäste sich vor Nellys Grab versammelten.
Nik tat dasselbe, wenn auch ohne Schneeknirschen.
Nelly trat neben ihn. «Das Universum hat zu mir gesprochen!», sagte sie aufgeregt, «vorhin, richtig laut und deutlich.»
Auf Niks Gesicht breitete sich ein Grinsen aus. «Eine Männer- oder eine Frauenstimme?»
«Sie waren zu zweit.»
«Es war nur eine Einbildung.»
«Sicher nicht! Ich habe die Stimmen glasklar gehört.»
«Natürlich. Und sie wollten mit dir deine weitere Laufbahn besprechen.»
Nelly klappte die Kinnlade nach unten. «Woher weisst du das?»
Nik lächelte überlegen. «Wie seid ihr verblieben?»
«Wir sprechen morgen weiter. Ich sagte, ich bräuchte noch etwas Zeit.»
«Wofür?»
«Ich weiss noch nicht, was ich wählen will, den Tunnel ins ewige Licht oder eine Wiedergeburt.»
«Das haben sie vorgeschlagen?»
«Nein, aber das ist es doch, was zur Auswahl steht.»
«Woher weisst du das?»
«Es ist einfach so. Steht in jedem Magazin. Weisst du was Besseres?»
«Vielleicht gibt es ja auch Himmel und Hölle.»
Nelly sah Nik entgeistert an. «Quatsch! Ich glaube nicht an die Hölle!»
«Aber wissen tust du es nicht.»
«Ich nicht, aber meine Intuition weiss es. So, und jetzt würde ich gerne zusehen, wie ich begraben werde.»
Nelly betrachtete das einfache Holzkreuz am Kopf ihres Grabes und den Blumenkranz dahinter. Einer war es, ein einziger.

«Deine Kolleginnen werden dich vermisen», stand auf der Schleife. Auf Niks Grab nebenan lagen drei Kränze mit null Schreibfehlern. Sie schluckte die Enttäuschung hinunter. Kränze waren doch bloss Materie. Kränze verblassten, Erinnerungen aber blieben. Sie hatten sicher alle lieber für Afrika gespendet statt für Kränze, das hatte sie selber ja bei solchen und ähnlichen Gelegenheiten offiziell auch immer so gemacht.

«Nun Sie können sich verabschieden von Nelly Orsini mit eine Rose», sagte der Pfarrer, dessen Gesicht vor dem gleissenden Hintergrund des verschneiten Friedhofs wohltuend dunkel war, «aber vorher wir hören noch einen kleinen Beitrag.»

Miranda brachte ihren Ghettoblaster auf einem bereitgestellten Taburettli in Stellung. «Vor zwei Monaten waren Sofia und Nelly und ich bei Helene Fischer, wir sind nämlich grosse Fans, Nelly hat sogar eine signierte CD, von der ich jetzt gar nicht weiss, wer sie kriegt, aber auf jeden Fall singt Helene Fischer jetzt zum Abschied *Atemlos,* ganz allein für dich, Nelly.»

Nelly war gerührt. Helene Fischers Stimme erklang, und die Gäste lauschten andächtig. Nelly summte leise mit. «Wir sind heute ewig, tausend Glücksgefühle, alles, was ich bin, teil ich mit dir, wir sind unzertrennlich, irgendwie unsterblich, komm, nimm meine Hand und geh mit mir.»

«So nimm denn meine Hände und führe mich», sagte eine Frau.

Nelly und Nik drehten sich irritiert um und blickten einer attraktiven Unbekannten ins Gesicht. Sie war um die 20, hatte schwarze Haare, einen dunklen Teint und Mandelaugen, mit denen sie Nik und Nelly ungläubig anstarrte. «Sie ... hören mich?»

«Laut und deutlich», sagte Nik erfreut und sah sie interessiert an. «Wer sind Sie denn?»

«Angelina Leonardi, und Sie?»

Samstag, 15.30 Uhr

«Zwei Minuten und keine Sekunde mehr», sagte die Ärztin, «und auch das nur, weil er nach Ihnen verlangt hat. Sie können mein iPad benutzen.»

McKee nickte, ohne den Blick von Knorr abzuwenden, der angedockt an Schläuchen und Monitoren auf seinem Bett lag. Sein Gesicht war bleich, und er atmete schwer, aber die Augen hatte er weit offen.

«McKee, Kantonspolizei», sagte sie ohne Umschweife und setzte sich auf den Bettrand. «Herr Knorr, war es ein versuchter Mord?»

Knorr schüttelte den Kopf.

«Also ein misslungener Selbstmord?»

Der Pfarrer nickte.

«Gut. Ihre Warnung auf dem Computer – betraf sie das Attentat in der Waldhütte?»

Knorr nickte.

«Und die Täterschaft?»

McKee streckte ihm das iPad auf Brusthöhe entgegen. Knorr tippte mit unsicherer Hand.

Sie las und runzelte die Stirn. «Der Name sagt mir nichts.» Sie öffnete den Browser und googelte den Namen. «Der scheint gar nicht zu existieren, man findet nichts ausser seiner Wohnadresse, Weiherweg 19b, Birkweil.» Mit einem fragenden Blick streckte sie Knorr das iPad wieder entgegen.

Er tippte erneut. Sein Adamsapfel zuckte. Dann blickte er McKee eindringlich an.

McKee drehte das iPad um. «Froheaussicht Koch», murmelte sie und sah Knorr an.

Keine Minute später marschierte McKee durch die Hauptpforte in Richtung Parkplatz, ihr Smartphone am Ohr. «Gotti, verdammt noch mal, nimm ab! Die Hütte gesprengt hat ein Boris Zenger, er kocht in der *Frohen Aussicht*; falls du an der Abdankung bist, leg ihm Handschellen an.»

Samstag, 15.40 Uhr

Die Trauergäste marschierten zügig in den kleinen Saal, wo der Wirt, Dušanka und eine zweite Aushilfe mit geschäftiger Miene Salatschüsseln, Ketchupflaschen und Senftuben auf die Tische stellten und erste Getränkebestellungen aufnahmen. Die Gäste schlotterten, rieben sich die Hände und blinzelten über die Ränder ihrer beschlagenen Brillengläser.

Sonja lief am Tisch vorbei, an dem sie vor acht Tagen gesessen hatte, und steuerte zu einem langen Tisch auf der anderen Seite des kleinen Saals. Sheryl und Sascha folgten ihr. Auch Walter trottete hinterher, bestrahlte den Saal mit Vorfreude und suchte mit seinem Blick Tische und Theke nach Würstli ab.

Die nicht minder gut gelaunte Mutter der Verstorbenen trat ein, hinter ihr der schwarze Riese, statt im Talar in einem schlichten Anzug, anschliessend Nik, Nelly, gefolgt von Angelina, die sehr entzückt war, dass sie nicht mehr weiter alleine in Birkweil herumgeistern musste. Den anerkennenden Blick von Nik hatte sie durchaus wahrgenommen. Nelly ebenfalls.

«Siehst du jetzt», wisperte Nik Nelly zu und deutete zum Pfarrer. «Der Afrikaner hat sehr wohl etwas damit zu tun. Der kommt an dein Trauermahl, obwohl er dich nicht mal gekannt hat!»

«Doch nur, weil sie ihn anmacht.»

Nellys Mutter lächelte Sonja an und setzte sich an den Nebentisch, der Pfarrer schloss sich ihr an, genauso Korporal Abgottspon. Er schien sehr zufrieden mit seinem Platz, konnte er von hier aus doch den ganzen Saal unauffällig überblicken. Walter Jakob, die Hofmanns und der junge Deutsche sassen direkt am Nebentisch, und die reichlich suspekte Dušanka Laznik konnte er bei der Arbeit im Auge behalten.

Die beiden Plätze neben Sheryl auf der Sitzbank blieben leer, sodass Nik und Angelina sich an ihren Tisch gesellten. Nelly blieb neben dem Eingang stehen, prüfte im Antlitz der Gäste den Grad der Trauer und runzelte die Stirn. Sie schneuzten sich, aber nicht wegen ihr. Überhaupt war alles eine Spur zu festlich hier. Bloss weil morgen erster Advent war, hätten sie ja nicht heute schon Tannenzweige und Kerzen aufzufahren brauchen.

Die Türe hinter dem Buffet öffnete sich, Boris Zenger kam aus der Küche und ging zu Marga Schneiders Tisch. «Mein Beileid. Die Leute frieren, ich könnte heissen Apfelpunsch aufstellen, dauert keine fünf Minuten.»

Marga Schneider sah ihn überrascht an. «Das … ist … gut, danke.»

Boris verschwand wieder in der Küche.

«Das hätte ich ihm gar nicht zugetraut», sagte Marga und lächelte den Pfarrer an, «bestimmt hat er ein schlechtes Gewissen, weil er sich vor drei Tagen so unflätig aufgeführt hat.»

«Nie im Leben», brummte Nik. Der Punsch war Dušankas Idee gewesen, und Boris wollte auf nett machen, vielleicht gab es dann doch noch etwas Trinkgeld. Nik stand auf und folgte ihm in die Küche.

Angelina lief zu Nelly. «Kann man als Gespenst auch essen?»

«Kannst es ja ausprobieren, das Besteck liegt auf dem Tisch», erwiderte Nelly.

«Wieso geht Nik in die Küche?»

«Weil er glaubt, dass es heute Tote gibt.»

«Das wäre schön, dann wären wir drei nicht mehr so allein.»

Boris stand am Herd, die Büchse mit dem Instantapfelpunsch in der Hand. Das Wasser im Topf kochte, und Boris reduzierte die Gasflamme.

Beim Anblick der bläulichen Flamme hatte Nik einen Flashback. Ein Gedanke schoss ihm durch den Kopf.

Samstag, 15.55 Uhr

McKee drückte das Gaspedal ihres alten Minis durch. Er brachte es doch noch auf 100 Sachen.

Samstag, 15.56 Uhr

Nik trat durch die zweite Küchentüre, die in den Gang zum Hinterausgang führte, und stand Augenblicke später in der Gartenwirtschaft.

Die Veranda war leer geräumt und eingeschneit. Nach kurzem Überlegen machte er kehrt, ging zurück in den Gang und trat rechts durch die Kellertüre. Das Licht über der Treppe ging nicht an, der Bewegungsmelder erfasste keine Phantome. Nik tat in der Dunkelheit einen Fehltritt und stolperte die Kellertreppe hinunter. Für einen Toten war er erstaunlich schnell wieder auf den Beinen und stellte erleichtert fest, dass er sich keine Schmerzen oder Knochenbrüche einbildete. Wäre auch eigenartig gewesen, sich ein zweites Mal das Genick zu brechen. Da wäre er vielleicht schon wieder in eine andere Welt hineingestorben. Das zweite Mal in nur drei Wochen.

«Ist etwas passiert?», rief Angelina hinunter.

«Nein, ich suche nur den Grill.»

«Kann man als Gespenst grillieren?»

«Geh in die Küche und beobachte den Koch!»

Der Topf mit dem Glühwein stand bereits auf dem Buffet, als Nik Minuten später durch die Türe ins Restaurant stürmte. «Boris grilliert in der Gartenwirtschaft mit Gas!», rief er Nelly zu.

«Bei dieser Kälte?», fragte Walter.

Auch Nelly sah Nik fragend an.

«Nicht jetzt natürlich», zischte dieser, «aber im Keller steht ein Gasgrill, ohne Gasflasche!»

Es dauerte einen Augenblick, bis bei Nelly der Groschen fiel. «Boris also!», sagte sie und verzog das Gesicht. «Ja, dem traue ich das alles zu.»

«Natürlich!» Nik keuchte vor Aufregung. «Knorr war der Einzige im Dorf, mit dem er auskam, und mit einigen von uns hatte er noch eine eigene Rechnung zu begleichen!»

Nelly lächelte. Boris, das war gut. Ein Bösewicht als Bösewicht war prima, da machte das Bestrafen mehr Spass.

Nik ballte die Fäuste. «Heute bringt er seinen Auftrag zu Ende, das spüre ich, er wird Sascha und Dušanka ...»
Er sah sich um. Gopf! Sascha sass ja an Sonjas Tisch. Je nachdem, was geschah, wurde auch seine Tochter in Mitleidenschaft gezogen.
«Vergiss es, heute wird garantiert nichts passieren», sagte Nelly.
«Wieso nicht?»
«Der bringt nicht an seinem eigenen Arbeitsplatz jemanden um.»
«Doch, so durchgeknallt ist er», sagte Nik. «Angenommen du wärst Boris, wie würdest du an seiner Stelle heute Sascha und Dušanka umbringen?»
«Mit Gift.»
«Wieso mit Gift?»
«Wir sind hier in einem vollen Restaurant, also Gift, was denn sonst, es wirkt leiser als ein Küchenmesser oder eine Pistole, und man kann es überall beimischen.»
«Was für Gift? Und woher soll er es haben?»
«Rattengift vielleicht, ich dachte, du hättest öfter Krimis geschaut.»
Nik sah sich um. «Es gibt keinen Tellerservice sondern Platten, der würde ja die ganze Gesellschaft vergiften!»
«Eben, darum macht er es weder heute noch hier.»
«Was soll dann dein blödes Geplapper von Gift?», knurrte Nik.
«Du hast mich danach gefragt!», antwortete Nelly trotzig. «Und du weisst ja noch nicht mal, ob er es ist. Ein Gasgrill beweist doch nichts. Vielleicht hast du die fehlende Gasflasche übersehen oder er lagert sie anderswo oder es ist ein ausgemusterter Grill, was weiss ich. Du bist einfach nur paranoid.»
Der Duft von heissem Apfelpunsch erfüllte den kleinen Saal, die ersten Gäste zogen ihre Mäntel und Jacken aus. Der schwarze Pfarrer zündete die Kerze auf dem Tisch an, Marga Schneider blickte verzückt. Korporal Abgottspon sass wichtigtuerisch daneben.
Nik schluckte leer. Nelly hatte recht. Er war wirklich paranoid. Nicht einmal Boris würde eine ganze Gesellschaft vergiften. Dass in der Waldhütte eine ganze Party anwesend war, hatte er ja nicht wissen können, als er die Gasflasche im Kamin deponiert hatte.

Dušanka stellte vier Gläser Apfelpunsch auf Sonjas Tisch. «Wie war die Trauerfeier?»

«Ganz nett.» Sonja setzte ein trauriges Gesicht auf. «Wegen einer Stoffwechselkrankheit hatte die arme Nelly zu schwere Knochen.»

Dušanka hielt verblüfft inne. «Sagt wer?»

«Der Lebenslauf.»

Die beiden sahen sich an und grinsten. «Schöne Idee», sagte Dušanka und liess den Ring in der Augenbraue wackeln. «Ich ziehe um sieben Leine und komme dann rüber.»

Sonja nickte, zückte ihr iPhone und warf einen Blick auf die Zeitanzeige.

Korporal Abgottspon schaute vom Nebentisch aus zu und realisierte, dass sein Smartphone seit der Trauerfeier in der Kirche immer noch im Flugmodus war. Er zog es aus der Tasche, aktivierte es und sah auf dem Display, dass eine Voicemail eingegangen war. Er hielt sich das Smartphone ans Ohr.

Nik stand neben dem Buffet und sah dem Treiben zu.

Dušanka verteilte die Platten mit den heissen Würstli. Im Saal war es ruhiger geworden, die Hungrigen machten sich bereits über Brotkörbchen und Salatplatten her. Walter strahlte. Er griff zur Mayonnaise und öffnete die Tube. Abgottspon stand auf und ging zur Türe, um die Voicemail draussen zu hören, wo es leiser war.

Nik sah Walter zu, wie er sich einen ordentlichen Hundekegel Mayonnaise auf den Teller drückte, und plötzlich schoss sein Puls erneut in die Höhe. Auf jedem Tisch stand eine Tube Mayonnaise. Boris konnte also auch tischweise vergiften. Wenn also die Tube auf Saschas Tisch ...

Walter tunkte ein Würstli in die Mayonnaise und schob es sich in den Mund.

«Nicht essen, Walter!», brüllte Nik.

Walter biss eine Hälfte ab und hielt erschrocken inne.

«Nicht hinunterschlucken, Walter, es ist vergiftet!»

Walter konnte nicht antworten, denn mit vollem Mund spricht man nicht. Er kaute.

«Lass es raus, Walter, es ist vergiftet!»

Walter schüttelte den Kopf und schluckte es hinunter. «Vergiftet würde ich schmecken», rief er.

Abgottspon horchte auf, blieb bei der Türe stehen, drehte sich um und starrte Walter an. «Vergiftet? Was ist vergiftet?»

«Herrgott, Walter, iss nicht weiter, das ist vergiftet!», brüllte Nik.

«Chabis vergiftet!», sagte Walter trocken und griff nach dem Brot.

«Der Chabis! Shit!» Dušanka starrte den Kabissalat auf der Salatplatte an. «Giftalarm», brüllte sie geistesgegenwärtig in den Saal, «nicht weiteressen!»

Ein erschrockenes Raunen ging durch die Trauergesellschaft.

Mit einem lauten Knall flog die Türe auf und krachte Abgottspon geradewegs in den Rücken. Er fiel vornüber und wurde zwischen der Türe und der Rückwand eingeklemmt. McKee stürmte in den Saal, erblickte den Mann in Kochmontur am Buffet und rief: «Boris Zenger, ich nehme Sie fest wegen Verdacht auf Mord.»

Boris machte grosse Augen und sah erst Dušanka und dann McKee an. «Gift? Um Himmels willen, das wäre ja schrecklich.»

«Umdrehen und Hände hinter den Rücken!», befahl McKee und zog Handschellen aus der Tasche.

«Hör mal, Tara!», krächzte vom Eingang her Abgottspons Stimme. Alle Köpfe drehten sich zu Abgottspon, der mit blutender Nase hinter der Türe hervorkroch. «Warum auf einmal der Koch? Ich wüsste lieber, wieso die Laznik bei der Waldhütte ganz zufällig vom Gas wusste und jetzt dieselbe Laznik ganz zufällig vom Gift weiss.»

McKee dachte nach. Es war jetzt mucksmäuschenstill im Saal.

Dann sah Boris McKee an und deutete auf Dušanka: «Statt mich sollten Sie wohl eher die gut informierte Frau Laznik verhaften.»

«Dieses Schwein», zischte Nik. Es gab keine Zweifel mehr, dass Boris Knorrs Komplize war, und sein Plan war wirklich perfid.

Auch Nelly starrte Boris an. «Er will Sascha und Sonja aus dem Weg räumen und es Dušanka anhängen. Drei Fliegen auf einen Streich.»

McKee dachte immer noch nach. Gotti hatte recht, gegen die Laznik sprach einiges. Gegen Zenger sprach nur Knorr, und der konnte sie auch angelogen haben. Andererseits würde die Laznik wohl kaum zwei solche Sabotageakte in die Wege leiten, um dann Sekunden vorher zu warnen. Eine Untersuchungshaft war wohl für beide angebracht.

Dušanka wandte sich an die Trauergäste, die wie gebannt zugeschaut und vor Aufregung den Atem angehalten hatten. «Wer hat bereits vom Kabissalat gegessen?»

Augenblicklich kam Bewegung in die Menge. Die meisten atmeten hörbar auf, mehrere liessen ihr Besteck fallen, einige stürzten ein Getränk hinunter, und bei Hännes und zwei, drei andern setzte ein sportliches Würgen ein.

«Wieso Kabissalat?», rief Nik verwirrt und sah Nelly an, «es ist doch die Mayonnaise! Walter! Die Mayonnaise!»

«Die Mayonnaise?», wiederholte Walter.

Dušanka kniff die Augen zusammen. «Verfluchte Scheisse, wer hatte schon Mayonnaise?»

Im Saal machte sich Erleichterung breit. Nur Walter betrachtete den riesigen Mayonnaisekegel auf seinem Teller. «Ja, ich. Oh je. Von Mayonnaise bekommt man schnell den Dünnpfiff.» Sein Gesichtsausdruck verdüsterte sich. «Ich glaub, jetzt wird es mir grad schlecht», sagte er und sah Sonja mit grossen Augen an. «Das ist keine besonders gute Win-win-Situation.»

«Jetzt sind wir sicher bald zu viert», bemerkte Angelina zufrieden.

Mittwoch, 14.25 Uhr

«Ich war attraktiv, muskulös und verhaltensoriginell», stellte Walter fest, als er in den Sarg blickte und zum voraussichtlich letzten Mal seine Leiche musterte. «Ihr hingegen wart nur verhaltensoriginell.»

«Lange her», erklärte Nelly, schwang ihre schwarzen Locken nach hinten und schenkte Walter einen tiefen Blick.

Verhaltensoriginell. Wieder so ein Walterwort. Nik hatte seit Walters Tod durch Vergiftung vor vier Tagen öfter gestaunt, was für ein unerhört geistreicher Kerl doch in ihm steckte. Walter hatte innert kürzester Zeit mehr begriffen als er selber, Nelly und Angelina zusammen. Und dabei hatte er im Gegensatz zu den andern seine Erstbegegnung mit der Stimme erst noch vor sich.

Die Kirchenglocken schlugen halb drei. Erste Trauergäste trafen ein, eingepackt in dicke Mäntel und mit Sonnenbrillen auf den roten Nasen. Janosch für alles hatte den Sarg diesmal draussen platziert, wie immer, wenn die Sonne schien.

«Was hat die Stimme eigentlich bei euch gesagt?», fragte Angelina.

«Das behalte ich für mich», sagte Nelly.

Nik nickte. «Ich auch. Wir haben Stillschweigen vereinbart. Weil die andern sonst alle dasselbe wollen würden, meinte sie.»

«Ich bin sehr zufrieden mit der Laufbahnberatung», bemerkte Nelly.

«Ich auch.»

«Selber schuld, dann verrate ich auch nichts», schmollte Angelina, wandte sich dann aber Walter zu und sagte: «Kannst dich entspannen, Walter, mit dir wird sie auch nett sein.»

Hännes marschierte daher, im Schlepptau vier Bewohnerinnen und Betreuerinnen aus der *Abendsonne*. Er legte Walter einen Satz Jasskarten in den Sarg, schneuzte sich und ging weiter.

Den Betagten folgten einige fremde Gesichter.

«Das sind Journalisten», sagte Nik und deutete mit einem Kopfnicken auf zwei junge Männer. «Die haben heute Morgen am Waldrand Dušanka interviewt. Sie hat 300 Euro Honorar ausgehandelt und ihnen dann erzählt, Boris trinke täglich einen Liter Blutorangensaft und schlafe daheim in einem Sarg.»

Nelly stutzte. «Wieso Euro?»

«Die kamen aus Deutschland. Wir sind überall dick in den Schlagzeilen.»

Nelly musterte Nik gespannt. «Deutschland?»

«Ja, und?»

«Wo bleibt dein bissiger Kommentar zu deinen Deutschlingen?»

«Hm.» Nik hielt erstaunt inne. «Den habe ich doch tatsächlich vergessen.»

Walter lächelte.

«Dann sind wir also im Fernsehen und in den Zeitungen?», hakte Nelly nach.

«Und wie!» Nik grinste. «Nach ihren zwei Tagen Untersuchungshaft hat Dušanka denen ein halbes Dutzend Interviews verkauft, eins exklusiver als das andere.»

Die Leiterin der *Abendsonne* trat gemessenen Schrittes zu Walters Sarg und seufzte erlöst hinein.

«Sie lebt jetzt in einer besseren Welt», bemerkte Walter trocken.

Nelly lachte und schenkte Walter einen tiefen Blick. Er hatte die Augen von Ralph Fiennes und das Lächeln von Robert Redford. Und wenn Nik schon Angelina anlächeln konnte, dann konnte sie ja auch Walter anlächeln.

«Eins wüsste ich doch gern», sagte Walter und sah in die Runde. «Diese Stimme – ist sie denn nun Gott oder nicht?»

Nik zuckte die Schultern. «Keine Ahnung. Ich bin jetzt Ignostiker.»

«Hä?»

«Ignostiker sagen: Ich weiss nicht mal, was du mit dem Begriff Gott meinst, und darum kann ich auch gar nicht darüber spekulieren, ob es so etwas gibt.»

«Nonsenso!», rief Angelina, «mit mir hat die Stimme gesprochen, also existiert sie.»

«Und wenn sie nur Einbildung ist?» Nik verwarf die Hände. «Ich bin bis heute nicht schlau geworden. Vorgestern hat sie zu mir gesagt: Wenn du dir schon eine höhere Macht einbildest, dann wenigstens nicht eine, die sich ständig an deine Erwartungen halten muss. Sonst bildest du dir bloss dich selber ein. Vor einer Woche führten wir ein besonders schräges Gespräch. Nachher bin ich aufgewacht und habe gemerkt, dass ich es nur geträumt habe. Vielleicht waren die andern Gespräche auch Tagträume.»

Walter grinste.

«Bestimmt nicht», sagte Angelina dezidiert, «die Stimme ist echt!»

«Wie auch immer, jedenfalls ist sie unberechenbar. Geholfen hat sie mir auch nicht, nicht einmal Tipps gab sie mir. Mich hat sie ein paar Mal geärgert. Sie sprach und schwieg und kam und ging, wann sie wollte.»

«Johanna hat immer gesagt, der Wind bläst eben, wo er will», sagte Walter.

Nik runzelte die Stirn. «Wir werden sehen. Ich glaub's erst, wenn es mit meiner Laufbahn heute nach dem Trauermahl in der *Abendsonne* losgeht.»

«Ich glaub's jetzt schon und freu mich drauf!», rief Angelina.

«Schaut mal, Sherlock Holmes», bemerkte Nelly und deutete auf Abgottspon, der sich beim Eingang zur Kirche postierte und die Leute beobachtete.

«Was will der denn noch hier, sie haben Boris doch überführt?»

«Er sucht wohl nach weiteren Tätern», sagte Walter, «für den kann ein Fall ja nie gross genug sein, der wird noch Geheimdienstchef und später Thrillerautor.»

«Ich habe immer noch nicht begriffen, wieso Boris Knorr bei diesem Wahnsinn geholfen hat», bemerkte Nelly, «Hilfsbereitschaft war sonst nicht gerade seine Stärke.»

«Vielleicht, weil sonst niemand je seine Hilfe wollte», bemerkte Walter. «Knorr war doch wie eine Art Onkel für ihn, und ansonsten war er immer ein Ausgestossener.»

«Hätte er sich mal die Zähne geputzt …»

«Dank Knorr hatte er wohl einfach einen Sinn im Leben», fuhr Walter fort. «Zwei, die sich von Gott und der Welt verraten fühlen und alles ungerecht finden …»

«Meinetwegen können sie ihre Laufbahnen in der Hölle beenden», sagte Nelly.

«Boris geht vielleicht noch zu Lebzeiten durch die Hölle», bemerkte Walter, «und Knorr hat sie wohl schon hinter sich. Du solltest denen doch dankbar sein Nelly, dir geht es tot besser als lebendig.»

«Nelly vielleicht, aber mir nicht», murrte Nik. «47 ist zu jung zum Sterben.»

«Hast du dich bei der Stimme denn darüber beschwert?»

«Natürlich, aber mit der zu diskutieren ist sinnlos.»

Nelly nickte. «Ich fragte sie nach dem Sinn des Lebens. Und dann sagte sie, den müsse man schon selber herausfinden. Immer muss man alles selber machen!»

«Meine Mutter Johanna hat auch oft nach dem Sinn des Lebens gefragt», sagte Walter. «Immer wenn ich ihr auf den Geist gegangen bin, also mehrmals pro Tag.»

«Und was hast du geantwortet?»

«Würstli, habe ich gesagt. Und dann hat sie geantwortet: Nein du Birne, Bündnerfleisch. Ehrlich, das hat sie gesagt. Der Sinn des Lebens ist wie Bündnerfleisch. Am Stück zu gross, aber in dünnen Tranchen ganz bekömmlich.»

Angelina machte grosse Augen. «Tranchen von Sinn?»

«Ja, Kalendersprüche und so.»

Nik verdrehte die Augen. «Oh je. Der Weg ist das Ziel.»

«Genau!», rief Nelly.

«Quatsch. Nicht das Frisieren ist das Ziel, sondern die Frisur.»

«Also mir gefällt der Spruch!»

«Hast du noch bessere Tranchen, Walter?»

«Zufrieden sterben.»

«Ging in die Hose», brummte Nik.

«Jedes Leben hat seinen eigenen Sinn. In deinem Fall würde passen: Schönes schaffen und Gutes hinterlassen.»

Nelly nickte. «Schönes als Coiffeur, Gutes als Vater, du Glückspilz. Ich hinterlasse nur Zigaretten.»

Sonja und Sascha näherten sich. Sonja trug ihre dunklen Winterstiefel, den ockerfarbenen Pullover von Sheryl und eine sandfarbene neue Winterjacke, die Nik noch nie gesehen hatte. Sie trat zum Sarg, musterte Walters Leichnam lange und weinte lautlos.

Walter liess seinen Blick auf Sonja ruhen. «Ein Juwel», sagte er.

Nik atmete tief durch.

Sonja und Sascha verschwanden in der Kirche.

«Vielleicht hat das Leben ja auch überhaupt keinen Sinn», bemerkte Nik.

«Die Alternative zum Leben ist auch nicht besser», sagte Walter.

«Hatte Johanna noch weitere Tranchen?», fragte Angelina.

«Ja. Glücklich machen und glücklich sein.»

«Das passte zu dir, Walter», sagte Nelly und lächelte ihn süss an, «mit deinem sonnigen Gemüt warst du wohl glücklicher als wir alle.»

«Also ich hatte durchaus sehr glückliche Phasen», sagte Nik.

«Glücklicher als ich warst du kaum!», rief Angelina, «drei schöne Kinder, ein paar flotte Freunde, von denen ich einen geheiratet habe, obwohl er Schweizer war, drei, vier schöne Reisen und natürlich eine unterhaltsame Kindheit in Brescello.»

«Wo?» Nik blieb der Mund offen. «Sag das noch mal!»

Angelina lachte. «Ich sehe, du kennst Don Camillo.»

«Den ersten Film kenne ich fast auswendig!»

«Ich auch. Der Dreh 1952 war *das* Ereignis. Viele von uns waren Statisten, ich spielte eine Tochter von Peppone.»

«Dann bist du seither ja immer wieder im Fernsehen gekommen», bemerkte Nelly.

«Ja, und Fernandel, der die Hauptrolle spielte, den habe damals gefragt, ob er nicht die Soutane anbehalten und als Priester bei uns im Dorf bleiben könne.»

«Wieso?»

«Weil er sich so toll prügeln konnte. Und weil der Jesus am Kruzifix mit ihm geplaudert hat. Als Kind glaubt man so etwas ja noch.»

«Als Erwachsener nicht mehr?», fragte Nik.

«Für so etwas muss man ein Kind bleiben», sagte Walter, und beugte sich über seinen Sarg, um ein letztes Mal sein Gesicht zu betrachten.

Einen Moment lang schwiegen alle, und Nik kam plötzlich ein Gedanke: Wenn Gott aussehen konnte wie Whoopi Goldberg oder wie irgendwer, warum nicht auch wie Walter Jakob?

Walter sah auf, Nik direkt in die Augen, setzte ein breites Grinsen auf und zwinkerte mit den Augen.

Ende.

Was aus ihnen wurde

Nik

Nik wünschte sich bei der Laufbahnplanung, Schutzengel von Sonja und ihren Kindern zu werden. Er wurde es und erfüllte seine Aufgabe wie stets zur vollsten Zufriedenheit der Kundschaft. Er blieb sogar gelassen, als Sonjas älteste Tochter Johanna in Neurotheologie habilitierte und furchterregend gescheite Bücher schrieb, in denen sie übersinnliche Erlebnisse oder Gotteserfahrungen auf neurologische Vorgänge zurückführte. Nur gelegentlich entfuhr ihm ein leises «Gopf!», wenn sie vom Coiffeur heimkam.

Sonja und Sascha

Sonja kaufte aus Niks Erbe Walters altes Haus und vermietete es günstig an eine Arbeiterfamilie. Dann zog sie mit Sascha nach München, wo sie Philosophie studierte. Sie heirateten und hatten drei Kinder. Nach der Scheidung kam Sonja zurück in die Schweiz, liess Walters Haus renovieren und zog selber ein. Sie studierte berufsbegleitend Spiritual Care und richtete im historischen Coiffeursalon ein Zentrum für Meditation und Autogenes Training ein.

Sheryl

Sheryl blieb Ärztin in München, flog aber öfter in ihre irische Heimat und ging dann jeweils in die Wicklow Mountains zum Hiken. Als ihre Enkelinnen älter wurden, nahm sie sie oft mit. Sie genoss jede Sekunde als Grossmutter. Wenn Nik als Sonjas Schutzengel mal nicht allzu viel zu tun hatte, beschützte er auch Sheryl ein bisschen, obwohl sie die Wattepads immer noch in die Toilette schmiss.

Nelly

Nelly zögerte die Planung ihrer Laufbahn noch mehrere Wochen hinaus, weil sie sich nicht zwischen dem Tunnel ins Licht und der Reinkarnation entscheiden konnte. Sie wünschte sich schliesslich eine Reinkarnation und kam in der Folge südlich von Rio de Janeiro als Penelope auf die Welt. Nach einer erfolgreichen Modelkarriere eröffnete sie mit 28 Jahren zusammen mit zwei Freundinnen eine Bar. Nicht wenige Stammgäste erklärten offen, ihr Essen tauge nichts, aber sie sehe nun mal aus wie Salma Hayek. Und quasi sei das total achtsam.

Knorr

Knorr kam nicht mehr richtig auf die Beine, musste seine Gefängnisstrafe aufgrund seiner Gesundheit nicht antreten und wurde stattdessen in einem Heim untergebracht. Nach ein paar Monaten startete er einen zweiten Versuch, und diesmal hielt der Knoten. Bei der Laufbahnplanung entschied er sich für die Selbstauflösung, weil er fand, er habe das Paradies nicht verdient. Die Stimme erklärte daraufhin, verdienen könne man sich das Paradies sowieso nicht. Knorr bekam einen Platz am Tisch neben seiner Frau und seiner Tochter.

Marga Schneider

Marga heiratete Momodou Kouyaté, der die vakante Pfarstelle in Birkweil antrat, und errang nationale Bekanntheit als engagierte Aktivistin für veganes Abendmahlsgebäck. Den daraufhin einsetzenden Mitgliederschwund in der Kirche vermochte Momodou Kouyaté mit kräftigen Predigten und guter Seelsorge in einen Aufschwung zu verwandeln und auch bei den Kollektenerträgen eine Trendwende einzuleiten. Eines Abends erlebte Marga im Wohnzimmer des Pfarrhauses einen Flashback, sah den malträtierten Knorr hinter der Türe stehen und starb an einem Herzstillstand. Sie wählte den Tunnel ins ewige Licht. Beim Eingang verteilten sie Sonnenbrillen.

Boris

Boris lief mehrere Jahre im Gefängnishof auf und ab und fristete dann sein Leben als Randständiger, bis ihm ein Bekehrungserlebnis erstmals seit seinen ruchlosen Taten für Knorr das Gefühl gab, gebraucht zu werden. Neun Jahre lang war er für ein Hilfswerk in Malaysia als Koch tätig und setzte sich überdies bei einer NGO für die weltweite Ächtung der Todesstrafe ein. Im Alter von 48 Jahren kam er wieder vom guten Weg ab, mit dem Motorrad, endgültig. Er bat um Einzug in die ewigen Jagdgründe, was ihm gewährt wurde, mit Gewehr, aber ohne Magazin.

Dušanka Laznik

Dušanka machte sich eines Nachts davon, kam nach 20 Jahren mit Ringen unter den Augen zurück, mietete sich bei Sonja im ehemaligen Coiffeursalon einen Raum und eröffnete ein Tattoostudio. Nach zwei Monaten zog sie aus, weil Sonjas Kundinnen sich oben im Institut beim autogenen Training nicht konzentrieren konnten wegen des Geschreis in Dušankas Tattoostudio. Danach eröffnete sie in Hardstadt einen Shisha-Shop und verdiente sich eine goldene Nase (mit Ring).

Janosch für alles

Janosch übernahm die *Frohe Aussicht*, taufte sie um in *Janoschs historisch frohe Aussicht* und ging noch im selben Jahr in Konkurs. Seinen Lebensabend verbrachte er bei Jass und Tiramisu in der *Abendsonne*, nebenher schrieb er das umfassende vierteilige Standardwerk *Fluchen im Alter*. Mit 104 Jahren fiel er dem Alter selber zum Opfer, absolvierte anschliessend im katholischen Fegefeuer einen zweiwöchigen Kurs im Knigge und reüssierte im nächsten Leben mit diskutablem Erfolg als Prinzessin im englischen Adel.

Tara McKee

Tara McKee schaffte es noch mehrere Jahre, nicht nur Täter zu sehen, sondern Menschen. Auf einer Weltreise blieb sie in Irland hängen, eröffnete in Carrick-on-Shannon in der Grafschaft Leitrim ein Pub, wurde Lebenspartnerin eines alleinerziehenden Bootsvermieters und adoptierte ab und zu eine verwitwete Katze.

Reinhold Abgottspon

Gotti wurde Chef eines Geheimdienstes und später ein Thrillerautor (Fachgebiet Verschwörungstheorien), bis er bei einem Flugzeugabsturz in New Mexico ums Leben kam. Bei der Planung seiner Laufbahn beharrte er auf der Selbstauflösung, denn er war überzeugt, dass die Selbstauflösung nur eine Inszenierung war und noch mehr dahintersteckte. Was aber nicht der Fall war.

Angelina Leonardi

Angelina wollte in den katholischen Himmel und bekam dort wie gewünscht einen Platz am Tisch von Fernandel, der seine Soutane anbehalten hatte und gelegentlich eine freundschaftliche Schlägerei anzettelte.

Miranda

Sie bekam die Helene-Fischer-CD.

Walter

Walter trat auch weiterhin auf: als afghanisches Flüchtlingsmädchen, als Pastoralassistent in der Po-Ebene, Grossmutter in Nordkorea, Bluessänger in New Orleans, arbeitsloser Stammgast in Rio, Lehrerin in Bombai, Aushilfsmetzger im Bündnerland, ironische Stimme in der Zwischenwelt oder verhaltensorigineller Zeitgenosse in Büchern. Er lächelte über die Grossen, lachte mit den Kleinen und liess die Menschen leben.

*«Gott ist den Menschen überall gleich nah, Don Camillo.
Hier scheint er dir nur näher zu sein, weil du dir selber näher bist.»
Der Gekreuzigte zu Don Camillo in der Kirche von Brescello.*

Danke

Danke allen, die dem brotlosen Autoren dann und wann eine warme Mahlzeit vorbeibrachten. Oder Inspiration, Kritik, Enthusiasmus, Freundschaft und Zeit. So wie Albin Kirchhofer, Andreas Malessa, Anton Mosimann, Anita Stingelin, Beatrice Rieder, Cornelia Schmidt Messingschlager und Peter Messingschlager, Erika und Walter Bösch, Fernandel (1903–1971), Giovanni Guareschi (1908–1968), Helene Karrer, Isabelle und Hans-Rudolf Ballmer, Dr. Jakob «Oheim» Bösch, Nicole Hunziker, René Roth, Roland «der Andere» Bischofberger, Rolf Schlatter, Stefan Gubser, Stefan Jaeger, Verena Birchler und Dr. Wolfgang Bittner.

Danke meiner Familie, Rebekka, Dominique und Leonie, für alle Nachsicht und Geduld.

Und dir, liebe Leserin und lieber Leser, danke ich, dass du mein Buch gelesen hast. Und noch eins kaufst und verschenkst. Und wenn du eine Lesung organisieren möchtest für deine Kulturkommission, dein Restaurant, deine Kirchgemeinde, deine Kleinbühne, deine Bibliothek, deine Buchhandlung, dein Wohnzimmer, dann wäre das eine Win-win-Situation. Quasi.

Willi Näf
www.willinäf.ch
willinaef@willinaef.ch

Der Verlag Johannes Petri ist ein Imprint des Druck- und Verlagshauses Schwabe, dessen Geschichte bis in die Anfänge der Buchdruckerkunst zurückreicht. Im Jahre 1488 gründete Johannes Petri, der das Druckerhandwerk in Mainz zur Zeit Gutenbergs erlernt hatte, in Basel ein eigenes Unternehmen, aus dem das heutige Medienhaus Schwabe hervorgegangen ist. Mit der ausdrücklichen Bezugnahme auf unseren Firmengründer knüpft der Verlag Johannes Petri an die lange Tradition des Mutterhauses an und bürgt für die von Generation zu Generation weitergegebene Erfahrung im Büchermachen.